全国高职高专院校药学类与食品药品类专业"十三五"规划教材

公共关系实务

（供药学类、 药品制造类、 食品药品管理类、 食品类专业用）

主 编　李朝霞　李占文

副主编　林莉莉　王 力　魏 松

编 者　（以姓氏笔画为序）

王 力（江西中医药大学）

王丽丽（山西药科职业学院）

冯俊淇（辽宁医药职业学院）

李占文（辽宁医药职业学院）

李朝霞（山西药科职业学院）

汪 琛（重庆医药高等专科学校）

林莉莉（山东中医药高等专科学校）

魏 松（重庆三峡医药高等专科学校）

中国健康传媒集团

中国医药科技出版社

内 容 提 要

　　本教材是全国高职高专院校药学类与食品药品类专业"十三五"规划教材之一，系根据《公共关系实务》教学大纲的基本要求、课程特点和药学类、药品制造类、食品药品管理类、食品类专业的人才培养目标，以应用能力培养为主线，针对高职高专院校教学需求编写而成。全书共分 8 个项目，分别是公共关系基础知识、公共关系协调、公共关系工作程序、公共关系专题活动、组织形象管理、公共关系危机、网络公共关系、公共关系礼仪。

　　本教材结构清晰，体例新颖，内容丰富，力求体现职业教育的特点，突出实用性、应用性、适用性和可读性。针对高职高专学生的学习特点，本教材追求在理论上通俗易懂，在实践上易于操作，每个项目均附有"学习目标""案例导入""拓展阅读""案例讨论""重点小结"和"目标检测"，非常适合全国高职高专院校药学类、药品制造类、食品药品管理类、食品类专业教学使用。本教材也可以作为公共关系人员、市场营销人员、商业服务人员行业培训及广大公共关系爱好者的自我学习用书。

图书在版编目（CIP）数据

公共关系实务／李朝霞，李占文主编 . —北京：中国医药科技出版社，2017. 1

全国高职高专院校药学类与食品药品类专业"十三五"规划教材

ISBN 978 – 7 – 5067 – 8812 – 0

Ⅰ. ①公…　Ⅱ. ①李…　②李…　Ⅲ. ①公共关系学—高等职业教育—教材　Ⅳ. ①C912. 31

中国版本图书馆 CIP 数据核字（2016）第 294674 号

美术编辑　陈君杞
版式设计　锋尚设计

出版　**中国健康传媒集团** | 中国医药科技出版社
地址　北京市海淀区文慧园北路甲 22 号
邮编　100082
电话　发行：010 – 62227427　邮购：010 – 62236938
网址　www. cmstp. com
规格　787 × 1092mm ¹⁄₁₆
印张　11 ¼
字数　241 千字
版次　2017 年 1 月第 1 版
印次　2018 年 10 月第 2 次印刷
印刷　北京市密东印刷有限公司
经销　全国各地新华书店
书号　ISBN 978 – 7 – 5067 – 8812 – 0
定价　**28. 00 元**

全国高职高专院校药学类与食品药品类专业 "十三五" 规划教材

出 版 说 明

全国高职高专院校药学类与食品药品类专业"十三五"规划教材（第三轮规划教材），是在教育部、国家食品药品监督管理总局领导下，在全国食品药品职业教育教学指导委员会和全国卫生职业教育教学指导委员会专家的指导下，在全国高职高专院校药学类与食品药品类专业"十三五"规划教材建设指导委员会的支持下，中国医药科技出版社在2013年修订出版"全国医药高等职业教育药学类规划教材"（第二轮规划教材）（共40门教材，其中24门为教育部"十二五"国家规划教材）的基础上，根据高等职业教育教改新精神和《普通高等学校高等职业教育（专科）专业目录（2015年）》（以下简称《专业目录（2015年）》）的新要求，于2016年4月组织全国70余所高职高专院校及相关单位和企业1000余名教学与实践经验丰富的专家、教师悉心编撰而成。

本套教材共计57种，其中19种教材配套"医药大学堂"在线学习平台。主要供全国高职高专院校药学类、药品制造类、食品药品管理类、食品类有关专业〔即：药学专业、中药学专业、中药生产与加工专业、制药设备应用技术专业、药品生产技术专业（药物制剂、生物药物生产技术、化学药生产技术、中药生产技术方向）、药品质量与安全专业（药品质量检测、食品药品监督管理方向）、药品经营与管理专业（药品营销方向）、药品服务与管理专业（药品管理方向）、食品质量与安全专业、食品检测技术专业〕及其相关专业师生教学使用，也可供医药卫生行业从业人员继续教育和培训使用。

本套教材定位清晰，特点鲜明，主要体现在如下几个方面。

1.坚持职教改革精神，科学规划准确定位

编写教材，坚持现代职教改革方向，体现高职教育特色，根据新《专业目录》要求，以培养目标为依据，以岗位需求为导向，以学生就业创业能力培养为核心，以培养满足岗位需求、教学需求和社会需求的高素质技能型人才为根本。并做到衔接中职相应专业、接续本科相关专业。科学规划、准确定位教材。

2.体现行业准入要求，注重学生持续发展

紧密结合《中国药典》（2015年版）、国家执业药师资格考试、GSP（2016年）、《中华人民共和国职业分类大典》（2015年）等标准要求，按照行业用人要求，以职业资格准入为指导，做到教考、课证融合。同时注重职业素质教育和培养可持续发展能力，满足培养应用型、复合型、技能型人才的要求，为学生持续发展奠定扎实基础。

3. 遵循教材编写规律，强化实践技能训练

遵循"三基、五性、三特定"的教材编写规律。准确把握教材理论知识的深浅度，做到理论知识"必需、够用"为度；坚持与时俱进，重视吸收新知识、新技术、新方法；注重实践技能训练，将实验实训类内容与主干教材贯穿一起。

4. 注重教材科学架构，有机衔接前后内容

科学设计教材内容，既体现专业课程的培养目标与任务要求，又符合教学规律、循序渐进。使相关教材之间有机衔接，坚持上游课程教材为下游服务，专业课教材内容与学生就业岗位的知识和能力要求相对接。

5. 工学结合产教对接，优化编者组建团队

专业技能课教材，吸纳具有丰富实践经验的医疗、食品药品监管与质量检测单位及食品药品生产与经营企业人员参与编写，保证教材内容与岗位实际密切衔接。

6. 创新教材编写形式，设计模块便教易学

在保持教材主体内容基础上，设计了"案例导入""案例讨论""课堂互动""拓展阅读""岗位对接"等编写模块。通过"案例导入"或"案例讨论"模块，列举在专业岗位或现实生活中常见的问题，引导学生讨论与思考，提升教材的可读性，提高学生的学习兴趣和联系实际的能力。

7. 纸质数字教材同步，多媒融合增值服务

在纸质教材建设的同时，本套教材的部分教材搭建了与纸质教材配套的"医药大学堂"在线学习平台（如电子教材、课程PPT、试题、视频、动画等），使教材内容更加生动化、形象化。纸质教材与数字教材融合，提供师生多种形式的教学资源共享，以满足教学的需要。

8. 教材大纲配套开发，方便教师开展教学

依据教改精神和行业要求，在科学、准确定位各门课程之后，研究起草了各门课程的《教学大纲》（《课程标准》），并以此为依据编写相应教材，使教材与《教学大纲》相配套。同时，有利于教师参考《教学大纲》开展教学。

编写出版本套高质量教材，得到了全国食品药品职业教育教学指导委员会和全国卫生职业教育教学指导委员会有关专家和全国各有关院校领导与编者的大力支持，在此一并表示衷心感谢。出版发行本套教材，希望受到广大师生欢迎，并在教学中积极使用本套教材和提出宝贵意见，以便修订完善，共同打造精品教材，为促进我国高职高专院校药学类与食品药品类相关专业教育教学改革和人才培养作出积极贡献。

中国医药科技出版社

2016年11月

教材目录

序号	书　名	主　编	适用专业
1	高等数学（第2版）	方媛璐　孙永霞	药学类、药品制造类、食品药品管理类、食品类专业
2	医药数理统计*（第3版）	高祖新　刘更新	药学类、药品制造类、食品药品管理类、食品类专业
3	计算机基础（第2版）	叶　青　刘中军	药学类、药品制造类、食品药品管理类、食品类专业
4	文献检索△	章新友	药学类、药品制造类、食品药品管理类、食品类专业
5	医药英语（第2版）	崔成红　李正亚	药学类、药品制造类、食品药品管理类、食品类专业
6	公共关系实务	李朝霞　李占文	药学类、药品制造类、食品药品管理类、食品类专业
7	医药应用文写作（第2版）	廖楚珍　梁建青	药学类、药品制造类、食品药品管理类、食品类专业
8	大学生就业创业指导△	贾　强　包有或	药学类、药品制造类、食品药品管理类、食品类专业
9	大学生心理健康	徐贤淑	药学类、药品制造类、食品药品管理类、食品类专业
10	人体解剖生理学*△（第3版）	唐晓伟　唐省三	药学类、药品制造类、食品药品管理类、食品类专业
11	无机化学△（第3版）	蔡自由　叶国华	药学类、药品制造类、食品药品管理类、食品类专业
12	有机化学△（第3版）	张雪昀　宋海南	药学类、药品制造类、食品药品管理类、食品类专业
13	分析化学*△（第3版）	舟启文　黄月君	药学类、药品制造类、食品药品管理类、食品类专业
14	生物化学*△（第3版）	毕见州　何文胜	药学类、药品制造类、食品药品管理类、食品类专业
15	药用微生物学基础（第3版）	陈明琪	药品制造类、药学类、食品药品管理类专业
16	病原生物与免疫学	甘晓玲　刘文辉	药学类、食品药品管理类专业
17	天然药物学△	祖炬雄　李本俊	药学、药品经营与管理、药品服务与管理、药品生产技术专业
18	药学服务实务	陈地龙　张　庆	药学类及药品经营与管理、药品服务与管理专业
19	天然药物化学△（第3版）	张雷红　杨　红	药学类及药品生产技术、药品质量与安全专业
20	药物化学*（第3版）	刘文娟　李群力	药学类、药品制造类专业
21	药理学*（第3版）	张　虹　秦红兵	药学类，食品药品管理类及药品服务与管理、药品质量与安全专业
22	临床药物治疗学	方士英　赵　文	药学类及药品经营与管理、药品服务与管理专业
23	药剂学	朱照静　张荷兰	药学、药品生产技术、药品质量与安全、药品经营与管理专业
24	仪器分析技术*△（第2版）	毛金银　杜学勤	药品质量与管理、药品生产技术、食品检测技术专业
25	药物分析*△（第3版）	欧阳卉　唐　倩	药学、药品质量与安全、药品生产技术专业
26	药品储存与养护技术（第3版）	秦泽平　张万隆	药学类与食品药品管理类专业
27	GMP实务教程*△（第3版）	何思煌　罗文华	药品制造类、生物技术类和食品药品管理类专业
28	GSP实用教程（第2版）	丛淑芹　丁　静	药学类与食品药品类专业

1

序号	书　名	主　编	适用专业
29	药事管理与法规*（第3版）	沈　力　吴美香	药学类、药品制造类、食品药品管理类专业
30	实用药物学基础	邱利芝　邓庆华	药品生产技术专业
31	药物制剂技术*（第3版）	胡　英　王晓娟	药学类、药品制造类专业
32	药物检测技术	王文洁　张亚红	药品生产技术专业
33	药物制剂辅料与包装材料△	关志宇	药学、药品生产技术专业
34	药物制剂设备（第2版）	杨宗发　董天梅	药学、中药学、药品生产技术专业
35	化工制图技术	朱金艳	药学、中药学、药品生产技术专业
36	实用发酵工程技术	臧学丽　胡莉娟	药品生产技术、药品生物技术、药学专业
37	生物制药工艺技术	陈梁军	药品生产技术专业
38	生物药物检测技术	杨元娟	药品生产技术、药品生物技术专业
39	医药市场营销实务*△（第3版）	甘湘宁　周凤莲	药学类及药品经营与管理、药品服务与管理专业
40	实用医药商务礼仪（第3版）	张　丽　位汶军	药学类及药品经营与管理、药品服务与管理专业
41	药店经营与管理（第2版）	梁春贤　俞双燕	药学类及药品经营与管理、药品服务与管理专业
42	医药伦理学	周鸿艳　郝军燕	药学类、药品制造类、食品药品管理类、食品类专业
43	医药商品学*△（第2版）	王雁群	药品经营与管理、药学专业
44	制药过程原理与设备*△（第2版）	姜爱霞　吴建明	药品生产技术、制药设备应用技术、药品质量与安全、药学专业
45	中医学基础△（第2版）	周少林　宋诚挚	中医药类专业
46	中药学（第3版）	陈信云　黄丽平	中药学专业
47	实用方剂与中成药△	赵宝林　陆鸿奎	药学、中药学、药品经营与管理、药品质量与安全、药品生产技术专业
48	中药调剂技术*（第2版）	黄欣碧　傅　红	中药学、药品生产技术及药品服务与管理专业
49	中药药剂学（第2版）	易东阳　刘　葵	中药学、药品生产技术、中药生产与加工专业
50	中药制剂检测技术*△（第2版）	卓　菊　宋金玉	药品制造类、药学类专业
51	中药鉴定技术*（第3版）	姚荣林　刘耀武	中药学专业
52	中药炮制技术（第3版）	陈秀瑷　吕桂凤	中药学、药品生产技术专业
53	中药药膳技术	梁　军　许慧艳	中药学、食品营养与卫生、康复治疗技术专业
54	化学基础与分析技术	林　珍　潘志斌	食品药品类专业用
55	食品化学	马丽杰	食品类、医学营养及健康类专业
56	公共营养学	周建军　詹　杰	食品与营养相关专业用
57	食品理化分析技术△	胡雪琴	食品质量与安全、食品检测技术、食品营养与检测等专业用

*为"十二五"职业教育国家规划教材，△为配备"医药大学堂"在线学习平台的教材。

全国高职高专院校药学类与食品药品类专业
"十三五"规划教材

建设指导委员会

主 任 委 员　　姚文兵（中国药科大学）

常务副主任委员　（以姓氏笔画为序）

王利华（天津生物工程职业技术学院）

王潮临（广西卫生职业技术学院）

龙敏南（福建生物工程职业技术学院）

冯连贵（重庆医药高等专科学校）

乔学斌（盐城卫生职业技术学院）

刘更新（廊坊卫生职业学院）

刘柏炎（益阳医学高等专科学校）

李爱玲（山东药品食品职业学院）

吴少祯（中国健康传媒集团）

张立祥（山东中医药高等专科学校）

张彦文（天津医学高等专科学校）

张震云（山西药科职业学院）

陈地龙（重庆三峡医药高等专科学校）

郑彦云（广东食品药品职业学院）

柴锡庆（河北化工医药职业技术学院）

喻友军（长沙卫生职业学院）

副 主 任 委 员　（以姓氏笔画为序）

马　波（安徽中医药高等专科学校）

王润霞（安徽医学高等专科学校）

方士英（皖西卫生职业学院）

甘湘宁（湖南食品药品职业学院）

朱照静（重庆医药高等专科学校）

刘　伟（长春医学高等专科学校）

刘晓松（天津生物工程职业技术学院）

许莉勇（浙江医药高等专科学校）

李榆梅（天津生物工程职业技术学院）

张雪昀（湖南食品药品职业学院）

陈国忠（盐城卫生职业技术学院）

罗晓清（苏州卫生职业技术学院）

周建军（重庆三峡医药高等专科学校）

昝雪峰（楚雄医药高等专科学校）

袁　龙（江苏省徐州医药高等职业学校）

贾　强（山东药品食品职业学院）

郭积燕（北京卫生职业学院）

曹庆旭（黔东南民族职业技术学院）

葛　虹（广东食品药品职业学院）

谭　工（重庆三峡医药高等专科学校）

潘树枫（辽宁医药职业学院）

委　　　员（以姓氏笔画为序）

王　宁（盐城卫生职业技术学院）

王广珠（山东药品食品职业学院）

王仙芝（山西药科职业学院）

王海东（马应龙药业集团研究院）

韦　超（广西卫生职业技术学院）

向　敏（苏州卫生职业技术学院）

邬瑞斌（中国药科大学）

刘书华（黔东南民族职业技术学院）

许建新（曲靖医学高等专科学校）

孙　莹（长春医学高等专科学校）

李群力（金华职业技术学院）

杨　鑫（长春医学高等专科学校）

杨元娟（重庆医药高等专科学校）

杨先振（楚雄医药高等专科学校）

肖　兰（长沙卫生职业学院）

吴　勇（黔东南民族职业技术学院）

吴海侠（广东食品药品职业学院）

邹隆琼（重庆三峡云海药业股份有限公司）

沈　力（重庆三峡医药高等专科学校）

宋海南（安徽医学高等专科学校）

张　海（四川联成迅康医药股份有限公司）

张　建（天津生物工程职业技术学院）

张春强（长沙卫生职业学院）

张炳盛（山东中医药高等专科学校）

张健泓（广东食品药品职业学院）

范继业（河北化工医药职业技术学院）

明广奇（中国药科大学高等职业技术学院）

罗兴洪（先声药业集团政策事务部）

罗跃娥（天津医学高等专科学校）

郝晶晶（北京卫生职业学院）

贾　平（益阳医学高等专科学校）

徐宣富（江苏恒瑞医药股份有限公司）

黄丽平（安徽中医药高等专科学校）

黄家利（中国药科大学高等职业技术学院）

崔山风（浙江医药高等专科学校）

潘志斌（福建生物工程职业技术学院）

　　随着社会经济和现代信息传播技术的发展以及组织间市场竞争的日益加剧，社会组织愈来愈重视运用公共关系手段来拓展合作关系，引导社会舆论，加强竞争能力和改善发展环境。因此，公共关系学已经成为高职高专院校药学类、药品制造类、食品药品管理类、食品类专业的一门必修课程。通过本课程的学习，可以使学习者在实践中培养公共关系意识和公共关系协调、公共关系策划与实施、公共关系危机管理等经营管理类人才所必需的公共关系知识和技能，为将来从事经营管理工作或自主创业奠定良好的基础。

　　本教材为全国高职高专院校药学类与食品药品类专业"十三五"规划教材之一，系在教育部 2015 年 10 月新颁布的《普通高等学校高等职业教育（专科）专业目录（2015 年）》指导下，根据本套教材的编写总原则和要求编写而成的。本教材在编写体例和内容上进行了一定创新，具有以下主要特色。

　　1. 根据高职高专教育的要求，结合高职高专学生的特点和公关人员职业标准，以培养高素质管理类人才为目标，突出实用性、应用性、适用性、可读性等特点。

　　2. 体现以技能要求为导向的教学主导思想，以项目和任务为引领，突出"理论知识够用，注重技能训练"的特点，将教学内容编写成公共关系基础知识、公共关系协调、公共关系工作程序、公共关系专题活动、组织形象管理、公共关系危机、网络公共关系、公共关系礼仪 8 个项目共计 21 个任务，形成了一个具有完整性、逻辑性、专业技能性的教学框架。

　　3. 注重强化教材的可读性、便捷性和内容的丰富性，在每个项目或任务中编写了"学习目标""案例导入""拓展阅读""案例讨论""重点小结""目标检测"，非常便于教师的教和学生的学。

　　本教材由李朝霞、李占文任主编，林莉莉、王力、魏松任副主编。具体分工为：李占文编写项目一，林莉莉编写项目二和项目八，冯俊淇编写项目三，王力编写项目四，魏松编写项目五，李朝霞、汪琛编写项目六，王丽丽编写项目七。全书由李朝霞、李占文统稿和修改。

　　本教材供全国高职高专院校药学类、药品制造类、食品药品管理类、食品类专业教学使用，也可供公共关系人员、市场营销人员、商业服务人员行业培训及广大公共关系爱好者自我学习使用。

　　本教材编写过程中，参考和吸收了国内学者的最新研究成果，也得到了编辑们的耐心指导，在此向各位专家、学者表示衷心的感谢！

　　由于编者水平有限，书中难免有不足和疏漏之处，敬请广大学者、教师、学生批评和指正，以便再版时加以改进。

编　者
2016 年 8 月

目 录
CONTENTS

项目一

公共关系基础知识

学习目标

知识要求　1. **掌握**　公共关系的内涵及构成要素。
　　　　　2. **熟悉**　公共关系的原则和职能。
　　　　　3. **了解**　公共关系的基本特征。

技能要求　1. 熟练掌握公共关系的基本知识，树立公共关系意识。
　　　　　2. 学会正确辨析公共关系与人际关系等相关领域的异同，充分运用公共
　　　　　关系职能，提高公共关系活动水平。

案例导入

　　案例：百服宁制药有限公司为了提高知名度，曾经举办了一次数字游戏活动，即"850 有奖征答"活动。

　　"850"是感冒药百服宁的谐音，根据游戏规则，"850 有奖征答"活动有 3 个方向：一是征求谐音词句。广告提示说明"850"就是百服宁。这是最佳答案。为了激发产生更好的答案，这个答案不给奖，公众应该构思其他谐音。二是征求有意义的构想。如某条公交线路是"850"，某个人的身份证末尾三个数字是"850"。三是征求相关的有趣发现，如 8 个儿女年龄总和是 50 岁，某对恋人初次相遇在 850 路公交车上。由于答案的范围很广，游戏色彩比较浓，吸引了众多公众参与，颇具影响力，并从中找到了宣传语："百服宁，保护您"。

　　讨论：百服宁制药有限公司开展的"850 有奖征答"活动立足点在哪里？

任务一　认知公共关系

　　公共关系也称"公众关系"，简称"公关"。作为一种客观存在，公共关系是现代社会的产物。1903 年，公共关系作为一种职业诞生；1923 年，《舆论之凝结》一书的出版，标志着公共关系成为一门学科。经过百年洗礼，它随着市场经济和传播技术的发展，越来越成为现代社会的一种普遍现象，它的社会作用也表现得越来越重要，作为一门科学形态的公共关系正是在此基础上产生的。

一、公共关系的定义与内涵

（一）公共关系的定义

　　公共关系的定义是公共关系理论与实践研究中首先面临的问题，也是公共关系理论中的核心内容之一。由于公共关系涉及面广、内容丰富以及人们认识的角度不同，对公共关

系定义所强调的侧面的理解也各有差异。因此，人们对其所下的定义有成百上千种，并且各种诠释众说纷纭。但在各种对公共关系定义的表述中，最具代表性的有以下三种。

1. 管理职能方面的定义 公共关系是社会组织对公众的一种有目的、有意识的调整和控制行为。它更多的是从公共关系的功能特点出发，突出公共关系独特的管理职能。

2. 传播沟通方面的定义 公共关系是社会组织对公众的一种有目的、有意识的传播沟通行为。它更多的是从公共关系的运作特点上来考虑，认为公共关系是社会组织与公众的一种传播沟通方式，强调公共关系的手段是传播沟通。

3. 社会关系方面的定义 公共关系是社会关系的一种，并且是一种特殊的社会关系，即组织与公众的关系。它更多的是从公共关系产生的社会根源入手来把握和分析公共关系的实质，侧重公共关系的社会属性。

以上这些定义，从不同角度、不同层次描述了公共关系，它们都是人们在研究公共关系的概念时形成的成果，并形成了突出公共关系某一职能的学派，其主要源于传播管理说、传播说、关系说等。对这些研究成果进行分析和总结，有助于我们全面深刻地认识公共关系。

公共关系是社会组织为了塑造自身形象，通过运用传播手段，与公众进行双向交流沟通，以达到相互了解、信任与支持的合作关系的科学和艺术。

（二）公共关系的内涵

对于公共关系的内涵，我们可以从以下五个方面来予以理解和把握。

1. 公共关系活动的根本目的是塑造社会组织自身的良好形象 组织形象是公共关系理论的核心概念，是贯穿公共关系理论与运作的一条主线。

2. 公共关系是一种公众关系 公共关系的主体是社会组织，客体是公众，手段是传播沟通。社会组织、公众、传播沟通是构成公共关系的三大要素。

3. 公共关系的本质是双向的信息交流与沟通 只有通过双向交流与沟通，公众才能接受社会组织发出的信息，社会组织也才能接受公众的信息反馈，从而不断改善组织生存和发展的环境，调整自身形象，实现组织的最终目标。

4. 公共关系既是一种状态，也是一种活动 公共关系是一种客观的社会状态，它在特定的社会关系状态和公众舆论状态的基础上展开并影响和造成一定的社会关系状态和公众舆论状态。公共关系同时又是一种活动，它是社会组织在一系列比较规范和专业化的公关活动中与其公众进行沟通、交流，以求互相尊重、理解、支持与合作，达到树立组织良好形象的最终目的。

5. 公共关系既是一门科学，又是一门艺术 从理论上讲，公共关系是一门科学，它有比较完整的学科体系；从运作上讲，公共关系又是一种艺术，这种艺术掌握和运用得好坏，直接影响着公共关系工作的成败。所以说，公共关系是科学与艺术的统一体。

📎 拓展阅读

公共关系与相关领域的区别

☆ **公共关系与人际关系的区别** 人际关系是发生在个人与个人之间的社会联系活动。公共关系与人际关系的区别：一是主体不同。公共关系的行为主体是组织，人际关系的行为主体是个人。在公共关系活动中，个人也是以组织的身份与公众交往的，是组织的化身与代表。二是对象不同。公共关系的对象是与组织相关的所有公众及其舆论，而人际关系则包含许多与组织无关的私人关系。三是传播沟通手段不同。公共关系非常强调运用大众传媒的方式做远距离、大范围的公众沟通，人际关系则比较局限于面对面的交流方式。

☆ 公共关系与庸俗关系的区别　庸俗关系是一种不健康的、被扭曲的、庸俗化的社会人际关系，也就是人们通常所讲的"拉关系"、"走后门"之类。公共关系与庸俗关系的区别：一是产生的基础不同。公共关系是由于市场繁荣和物质丰富引起的。而庸俗关系产生的原因则是物资供应不丰富、商品匮乏、市场萧条。二是活动方式不同。公共关系借助传播以及社会服务等手段来提高社会组织在公众中的知名度和美誉度。而庸俗关系是以人情、礼情为筹码的等价交换。三是目的和内容不同。公共关系是以树立良好的社会形象为根本目的。而庸俗关系是以损公肥私、损人利己为目的。四是实际效果不同。公共关系对社会发展起促进作用。而庸俗关系会给社会带来各种各样的矛盾。

二、公共关系的基本特征

公共关系是社会关系的一种表现形态，它不同于一般的人际关系．作为一种传播过程，它又与其他传播形式有着本质的区别，科学形态的公共关系有其独特的特征，概括起来主要有六个方面。

（一）以公众为对象

公共关系是社会组织与其所面对的公众之间的关系。公众是社会组织开展公共关系工作的对象，是社会组织好坏的最终评价者，公众的舆论和评价关系到组织的生死存亡，因此公共关系的出发点和立足点都是公众，一旦忽视公众的利益和喜好则最终不利于组织的长远发展。

（二）以美誉为目标

在公众中树立社会组织的良好形象、提高社会组织的美誉度，是公共关系活动的根本目的。塑造良好的组织形象是公共关系的核心问题，建立信誉是公共关系活动追求的理想目标。

（三）以沟通为手段

沟通是社会组织公共关系目标得以实现的手段。在组织发展的每个阶段，都需要与公众进行有效的沟通。组织刚创立时需要，发展顺利时需要，遭遇危机时更需要。所以，要将公共关系的目标和计划付诸实施，离不开沟通这一手段。

（四）以利益为纽带

在现代社会中，组织与公众的关系是平等的，双方都具有自己的利益要求，只有以利益为纽带，在互利互惠的情况下，这种关系才能保持相对的稳定，也才能呈现出积极的状态。组织的公共关系工作之所以有效、之所以必要，恰恰在于它能够以协调双方的利益关系为基础。

（五）以真诚为信条

在公共关系传播活动中必须贯彻真诚的原则，如果缺乏真诚的态度，用虚假的信息蒙骗公众，最终损失的是组织的形象。唯有真诚，才能赢得合作，也才能最终塑造良好的组织形象。

（六）以长远为方针

社会组织与公众之间建立起良好的关系，获得美好的声誉，让公众获益，所有这一切，都必须经过长期的艰苦努力。组织开展公共关系活动追求的不是短期的经济利益，而是长远的社会效益。

拓展阅读

对公共关系的误解

☆ 朋友间的玩笑话。有人去上公共关系课，遇见熟人，告知自己的去向，朋友笑问：你还要学公共关系？你拉关系的手段不是很强么？这些话语，表明了一般民众对公共关系的误会和曲解。

☆ 调研时的尴尬。一次，某调研人员去安徽一家公司调研，公司人热心，请来喝酒高手外号曹千克的作陪，称他为公关高手，喝酒健将。显然，这也是把庸俗关系当作公共关系了。

☆ 招收公关人员的误区。现在许多公司招聘公关人员，多是关注外貌、身材、性别、年龄，很少关注个人的素质、能力与水平。把公共关系当作迎宾、花瓶看待了。

任务二　熟知公共关系的原则和职能

一、公共关系的原则

公共关系工作是公关人员在公共关系的基本思想指导下，为实现本组织的公共关系目标，运用公共关系的技术技能而开展的一系列职业活动。由于组织的类型不同，各时期所面临的具体问题不同，各个组织公共关系工作的内容和形式也不可能是相同的。而且公共关系本身是一门艺术，公关工作的成功很大程度上取决于公关人员的创造性劳动。但是，公共关系又是一门科学，任何组织在策划和实施公共关系时，必须遵循共同的基本原则，即公共关系的基本原则。

（一）实事求是原则

实事求是，就是从客观事物中找出其固有的而不是臆造的规律性，作为我们行动的向导。公共关系必须遵循这一原则。这是因为：第一，公共关系这一新的学科和职业本身就是一定社会事实的产物。第二，公共关系工作的开展也是立足于以事实为依据的。所以，任何一个公关机构或公关人员，在着手进行某项公关活动之前，首先就应以实事求是的态度，尽可能全面、客观地掌握事实材料，了解事实真相，并在此基础上制定工作方案。在这里，"事实胜于雄辩"同样应成为公关工作的格言。

（二）双向沟通原则

公共关系的重要手段就是传播、沟通，而这种沟通，不是社会组织单方面向外发布信息，而是指沟通双方相互传播，相互了解。这就是现代公关工作所强调的双向沟通原则。贯彻这一原则应注意以下几个方面：一是沟通双方应具有一定的"共识域"，否则，信息反馈无法形成。二是沟通双方应互为角色，即一方是传者，另一方就是受者，反之也一样。

如此反复，使沟通成为一种良性循环活动。三是沟通双方应根据反馈来自我调节，不断完善自身形象，达到既定目标。

（三）互惠互利原则

公共关系的行为规范明确指出，公共关系是以社会效益为依据的。所谓社会效益，既包括了社会组织的自身利益，也包括了社会公众的利益。可见，公共关系是以组织与公众互惠互利、平等交易为基础的。组织与公众联系的过程，实际上就是双方彼此谋求需要满足的过程，只有双方都感到得大于失或至少是得失相当，关系才能持续和发展。这就要求公共关系工作人员必须奉行在实现本组织自身目标的同时，也要让公众获益的互惠互利、共同发展的原则。

（四）开拓创新原则

开拓创新是使一个组织永远保持生命活力的重要因素，也是公共关系工作的一个基本原则。任何一个社会组织，只有在激烈的市场竞争中不断开拓创新，才能使自己立于不败之地。正如有的公关理论工作者所指出的："敢于创新，才能做到人无我有；善于创新，才能达到人有我新；离开创新，公共关系就陷入绝境。"从许多公共关系的案例中都可以看到，一个崭新的创意、一个崭新的举措，往往能使公共关系工作出奇制胜，获得意想不到的好效果。

（五）尊重人格原则

这一原则又被视为全世界公关从业人员的职业准则、道德准则。公共关系是现代社会、现代文明的产物，它从产生之日起就强调对人的尊严的重视。世界上许多国家的公关文件都对此作了原则性阐述。

（六）全员 PR 原则

这是现代公共关系的一个重要原则。它强调公共关系工作决不仅仅是公关专业人员的专利，任何一个社会组织，上至最高领导，下至普通员工，也都应把自己看作是公共关系的工作人员。因为，公共关系不是抽象的，而是具体的；不是神秘的，而是实在的。一个组织要想在公众中树立美好形象，仅凭公关机构策划几次专题公关活动是远远不够的。它要求组织的全体成员自觉具有"公关意识"，通过自己的一举一动、一言一行，很自然地进入公关角色，大家共同努力，塑造本组织的美好形象。

案例讨论

案例： 广州有一家街道化工厂，几年前生产了一种质量很好的灭蟑药笔，他们为这种产品做了不少推销活动，但销售效果并不理想，因为当时市场上各种杀虫产品竞争激烈，这个产品很不起眼。后来这个厂用制造新闻的手段诱发了《羊城晚报》的一篇新闻报道。这一天他们厂派两个宣传人员跑到羊城晚报编辑部，他们先在地板上放了一个纸盒，声称要为记者、编辑们做一个现场表演，只见他们掏出一个粉笔头，在纸盒周围划上一个白圈，然后小心谨慎地打开那个纸盒一抖，只见从纸盒里爬出十几只蟑螂，很快爬到桌子底下、柜子底下去了，这一举动可把记者、编辑们气坏了，但这两个人不慌不忙的给他们解释了事情的原因，并留下了二三十盒带去的灭蟑药笔。第二天，记者、编辑们发现躲起来的那些蟑螂果然都爬出来死掉了。大家一看效果不错，就把厂家带去的灭蟑药笔分光了，用后都反映灭蟑效果很好。记者有感而发，写了一篇名为《死给你看》的新闻，新闻见报后，成千上万的订货单像雪片一样飞到厂家，为该产品打开了销售市场。该厂在巴黎、莫斯科举办的中国轻工产品展览会上如法炮制，也很快打开了国际市场。这个案例告诉我们，产品可以先不卖，但要让你先知道我、了解我、喜欢我，等需要时你就会想到我。

讨论：该化工厂在策划和实施公共关系时遵循了什么原则？

二、公共关系的职能

公共关系的职能是指公共关系对社会组织和个人以及对整个社会所担负的职责及其发挥的促进作用或影响。这些作用或影响既显示着公共关系对促进社会组织发展的积极、独特的价值和意义，同时也预示着它的存在和发展具有强大的生命力。公共关系作为一个独特的职业、作为一门专门的学科、作为一种专业活动，它对社会组织和个人以及对整个社会所发挥的作用不可忽视。

（一）公共关系对社会组织的职能

公共关系对社会组织的职能，是公共关系的直接功能。概括起来说就是组织形象的设计师。具体作用表现在以下几个方面。

1. 塑造形象　塑造良好的组织形象是公共关系的基本职能，也是组织开展公共关系活动的出发点和归宿点。组织形象的好坏，不仅关系到组织的声誉，而且还关系到公众对组织的态度，同时更制约着组织生存和发展的环境。因此，形象对组织具有生死攸关的决定性作用。良好的组织形象是组织十分宝贵的无形财富。

2. 信息收集　现代社会是信息社会，人类已经进入了信息时代。信息是组织决策的依据，是塑造组织形象的支柱。在当今社会信息就是财富，尤其是随着市场经济的不断发展，信息已经成为一项宝贵的资源，具有非常特殊的价值与功能，它是组织提高竞争力和创造经济成就以及塑造良好组织形象的关键性因素。

3. 咨询建议　咨询建议是指公共关系专业人员向组织领导提供有关公众方面的可靠情况说明和意见。咨询建议是专门性的创造性的服务。

4. 沟通协调　公共关系沟通协调主要是帮助组织在公众中树立起一种具有亲和力的形象，为组织的发展创造一个"人和"的环境。沟通协调是组织处理"关系"的润滑剂，是组织"内求团结、外求发展"的基础。

5. 宣传推广　公共关系在组织经营中发挥着宣传推广的作用，即通过各种传播媒介，将组织的有关信息及时、准确、有效地传播出去，争取公众对组织的理解与支持，进而为组织的发展创造良好的公众舆论环境，树立良好的社会形象。

6. 危机处理　组织危机是指组织与公众发生冲突，或出现冲突事件时公众舆论反应激烈，组织形象受到严重损害而陷入困境的状况。无论是一般纠纷还是恶性突发事件，都会影响组织的形象和声誉，甚至危及组织的生存。处理危机事件是公共关系的一项重要职能。

（二）公共关系对个人的职能

公共关系对个人的职能是公共关系的间接功能。公共关系对提高个人素质，使其适应现代社会发展有着积极的作用。

1. 公共关系能够促使个人观念更新　公共关系在给社会组织带来效益的同时，也把许多现代观念传入人们的大脑，进而促进了人们的观念更新。比如注重个人形象的观念、尊重他人的观念、交往沟通的观念、合作的观念等。

2. 公共关系能够促使个人知识更新　公关人员的知识结构是公共关系知识体系在公关

人员头脑中的内化。随着社会的不断进步和发展，成功的公共关系活动在实现组织公共关系目标的同时，还能促使个人知识的更新。比如公关实务知识、相关学科知识等。

3. 良好的公共关系有助于个人能力的提高 从事公共关系工作除了能够促使个人观念更新外，还有助于个人能力的提高。比如创新能力的提高、交际能力的提高、自我调节能力的提高、应变能力的提高等。

（三）公共关系对社会的职能

公共关系对社会的职能是公共关系的间接功能。公共关系活动可以促进社会环境优化。社会环境包括社会互动环境、社会心理环境、社会经济环境和社会政治环境。

社会互动环境的优化主要通过沟通社会信息、协调社会行为和净化社会风气来实现；社会心理环境的优化是用真诚以及广泛的社会交往来帮助人们摆脱孤独、恐惧和忧虑并且获得一种心理自控能力和心理释放能力来实现；社会经济环境的优化有助于营利性组织争取最好的经济效益，从而促使整个社会经济繁荣和协调发展；社会政治环境的优化既能增强社会管理人员的公仆意识，又能满足人民群众积极参与社会公共事务决策和管理的愿望，从而达到优化社会政治环境的目的。

任务三　掌握公共关系构成要素

一、公共关系的主体

公共关系的主体是社会组织，在公共关系活动中发挥主导作用，是公共关系活动的承担者、策划者和实施者。社会组织有其自身的特点和类型，并且与其所处的社会环境有着密不可分的联系。

为了树立社会组织的良好形象、提高组织的社会声誉，协调公共关系、改善周围环境，在沟通内外联系、谋求支持与合作中发挥社会组织的作用，必然要对社会组织所处环境及其公共关系组织机构进行分析，以实现社会组织的公共关系目标为前提，最终实现社会组织的总目标。

拓展阅读

公共关系主体的广泛性

随着社会的发展，公共关系在人们经济社会生活中所发挥的作用越来越大，公共关系的主体范围越来越广泛，除企业外学校、医院、城市、国家等都经常成为公共关系的主体。例如 2009 年 5 月 6 日《南方都市报》曾报道香港特别行政区政府针对甲型 H1N1 流感事件的公共关系案例，香港特别行政区政府就是公共关系的主体。香港确诊首例甲型 H1N1 流感的第 5 天，香港政府采取了一系列的措施，行政长官曾荫权以粤语、英语及普通话向受到影响的人士致歉。同时他还代表特区政府，感谢受影响人士的谅解。

（一）社会组织

社会组织不同，其公共关系的对象也会有所不同；处于不同发展时期或公共关系环境下的社会组织，其公共关系的目标、策略和方法也会有所不同。

1. 社会组织及其特点 社会组织简称组织，是人们有计划、有组织地建立起来的一种社会机构，它有领导、有目标，成员之间有明确的分工和相应的职责范围，还有一套工作制度和行为规范。

作为公共关系主体的社会组织，一般包含以下几方面的特点。

（1）组织的整体性　社会组织的成员和部门都是该组织的构成部分，没有哪个人和部门不隶属于某个特定的组织。社会组织是人类社会的结合形式，是社会关系的一种有组织的表现。

（2）组织的目的性　社会组织的成员和部门都是在共同目标基础上结合起来的。实现社会组织的公共关系目标就是为了最终实现社会组织的总目标，社会组织的总目标是社会组织公共关系目标的最终归宿。

（3）组织的适应性　社会组织成员之间、部门之间、成员与部门之间、成员部门与整体之间，社会组织与外部环境之间必须相互适应。只有这样，该组织才能达到"内求团结、外求发展"的目的，也才能最终树立良好的自身形象。

（4）组织的多样性　社会组织是整个社会大系统之中的小系统，它是因为社会分工的需要而建立起来的，所以组织本身必然呈现出多样性的特点。不同的社会组织，其性质、结构形态和职能也是不一样的。

2. 社会组织的分类　在公共关系实践中，公共关系的主体是各种类型的特定社会组织。由于社会组织的多样性，导致组织的目标、组织的原则以及组织的利益往往有很大的差异，再加上人们认识的不同，社会组织的划分方法也会有很多种。下面我们从公共关系的角度，依据社会组织的对象、目标和工作方式等方面的差异，将社会组织划分为以下几种类型。

（1）互益性组织　这是一种以组织内部成员间互获利益为目标的组织。其追求的目标是组织内部成员之间的互惠互利，如政党组织、工会组织、职业团体、宗教团体等。

（2）营利性组织　这种类型的组织以营利为目的，追求经济效益最大化。它以其所有者和经营者的利益为目标，如工商企业、旅游服务业、保险公司、金融机构等经济组织。

（3）服务性组织　这类组织不以营利为目的，而以服务对象的利益为目标，如学校、医院、社会慈善机构、社会福利机构、社会公用事业机构等。

（4）公益性组织　这类组织通常是指为整个社会和一般公众服务的组织，它以国家和社会整体利益为目标，其公众对象是社会各界，如政府、军队、消防部门、治安机关等。

拓展阅读
各类社会组织公关活动的重点

社会组织的多样性决定了社会组织公关活动的重点不同。互益性组织侧重开展内部沟通型、社会公益型公共关系活动；营利性组织侧重开展促销型公共关系活动；服务性组织侧重开展公益服务型、实力展示型的公共关系活动；公益性组织侧重开展公益服务型公共关系活动。

（二）社会组织与环境

社会组织的存在与发展总是为了达到一些特定的目标。环境构成了组织发展的基本条件。对环境的重视和管理是组织管理功能进一步深入发展的结果，也是公共关系工作的一项根本任务。

1. 环境的内容　在公共关系学中，社会组织所面临的环境一般是指排斥了与之发生联系的公众的组织环境。

拓展阅读

社会组织的宏观环境与微观环境

社会组织的宏观环境一般包括六个方面：社会政治环境、社会经济环境、社会文化环境、科学技术环境、法律环境、国际环境。

社会组织的微观环境一般包括三个方面：自然物质环境、关系环境、意识环境。

2. 环境的特征　社会组织所面临的环境，无论是宏观环境还是微观环境，都具有以下一些特征。

（1）环境的不确定性　所谓环境的不确定性实质上就是社会组织的决策者对环境信息感知的不确定性。这种不确定性主要表现在以下几个方面：一是缺乏关于影响本组织决策的环境因素的信息；二是无法确定环境因素在什么程度下影响本组织决策部门的成功或失败；三是缺乏关于一项错误政策或行动的代价的信息，也就是信息的反馈。

（2）环境的可变性　一个社会组织的环境始终处于不断的变化之中。如果环境变化速度很快，而且变化的情况难以预测，那么立即会引出环境的不确定性这一问题，从而对正确决策构成困难。有些社会组织的环境变化速度慢，而且变化的趋势也容易预测，这些组织的结构和目标就会处于相对稳定状态。

（3）环境的复杂性　环境的复杂性主要是指有关环境因素的多少和它们的差异程度。具体地说，如果环境的构成因素较多，而且差异程度也比较高，这样的环境就比较复杂；反之，环境的复杂性就比较小。如果社会组织的决策者能够考虑到环境中的所有因素和每种因素的特殊性，那么就能做出适应环境的正确决策。

（三）公共关系的组织机构与从业人员

1. 公共关系的组织机构　随着公共关系的职业化和专门化，必然要有相应的专门机构来履行公共关系的职能、发挥公共关系的作用，使公共关系真正服务于社会组织、服务于社会公众。因此，在社会组织中设立专门的公共关系部门、在社会上组建公共关系公司以及各种类型的公共关系社团，为公共关系工作提供了有效的组织保证。

（1）公共关系部　公共关系部是社会组织贯彻其公共关系思想、实现其公共关系目标的专业性职能机构。人们一般把这些机构名称叫做公共事务部、公共信息部、公关广告部、公关办公室、传播部、新闻界关系部、沟通联络部等。

公共关系部的职责由于其所在组织的性质不同，或因其所处层级的不同而有所差异，但其主要职责大体相同，具体可以概括为以下几个方面：①收集和处理情报。任何关系到组织生存和发展的内部、外部情报，以及任何环境因素的发展变化，都是公共关系部情报收集的对象。公共关系部根据所收集到的情报，检测社会环境，了解社会政治、经济、文化等各种因素的变化，预测未来的发展趋势，提出科学的见解和方案。②新闻宣传和编辑制作。公共关系部担负着向公众宣传、解释组织的有关政策和行动，传递有关信息的重要职责。具体工作有：组织各类展览、参观、访问、联谊会、信息发布会、记者招待会、交流会以及各种专题活动。而完成这些任务，需要进行编辑和制作方面的工作，要根据不同的公众和不同时期的计划要求，撰写新闻稿，编辑各种内部刊物、宣传手册，并设计、制作各种有关的声像节目等。③咨询和建议。公共关系部的重要职责还在于对采集到的各种情报及时、认真地进行分析整理，分门别类地迅速反馈给组织的领寻层和各个职能部门，为领导层的决策提供咨询和建议。其具体工作有：协调组织与社会环境的关系而制定出可供选择的行动方案；协助决策者分析和权衡各种方案的利弊得失；预测组织政策和行为将产生的影响与结果；敦促和提醒决策者及时修正其会导致不良结果的政策及行为，等等。④协调和交往。公共关系部还担负着协调和社会交往的职责。它要通过正常的途径，妥善处理好各种关系，如内部公众之间的关系、组织之间的关系等。它需要接待来访、来信、投诉等，必要时需协助组织协调各种适宜的社交活动，广泛接触社会各界组织和人士。公共关系部通过协调关系和社会交往，能使组织内部各类成员之间、组织和组织之间增强理解与合作，同时也能使组织与外界加强横向联系，减少社会摩擦，广交朋友，建立良好的社会关系网络，赢得社会的理解和支持。

（2）公共关系公司　公共关系公司是社会组织外部的公共关系机构。它是由各具专长的公共关系专家组成，运用专门知识、技能和经验，受客户委托，专门从事公共关系活动和咨询的服务性机构。

作为社会组织外部公共关系机构的公共关系公司，从不同的角度可划分为不同的类型：①从工作范围划分：有跨地区、跨国度经营的大公司，也有局限于一个地区、小范围的小公司。②从业务内容划分：有可以承办数项乃至数十项业务的公司，也有只承办单项业务的公司。③从服务对象划分：有为各行业服务的综合性公司，也有为特定行业服务的专业公司。④从规模上划分：有单一型公共关系公司和集团型公共关系公司两类。单一型公共关系公司包括公共关系顾问和公共关系顾问公司两种；集团型公共关系公司一方面是指公共关系组织自身的集团性，另一方面是指公共关系组织所在机构的集团性。

公共关系公司的工作，要根据自身的条件、与委托人合作时间的长短以及委托单位的特点等，既要顾及委托单位或委托人的良好形象、美好声誉和实际利益，又要对广大社会公众负责，维护公众的利益，为委托人提供各种形式的公共关系服务。

公共关系公司的服务方式：一是充当对外关系的联系人或协调者；二是向委托人提供各种公共关系咨询；三是代理服务；四是技术提供；五是危机处理；六是为委托人培训公共关系工作人员。

拓展阅读

2015 年全球公关公司排行榜

全球权威公关行业资讯机构 The Holmes Report 发布了 2015 年全球公关公司排行榜 TOP 250，排名前十的公关代理机构为：爱德曼、万博宣伟、福莱国际、凯旋公关、明思力集团、博雅公关、伟达公关、奥美公关、高诚公关、哈瓦斯公关。

（3）公共关系社团　公共关系社团泛指社会上自发组织起来的、非营利性的从事公共关系理论研究和实务活动的群众组织或群众团体。主要包括公共关系协会、公共关系学会、公共关系研究会、公共关系俱乐部、公共关系联谊会等组织。

公共关系社团的类型：一是综合性社团，主要是指不同地域范围的公共关系协会；二是学术型社团，主要包括公共关系学会、公共关系研究会、公共关系研究所等学术团体；三是行业型社团，这是一种行业公共关系组织；四是联谊型社团，主要包括公共关系俱乐部、公共关系沙龙、公共关系联谊会等；五是媒介型社团，主要是指通过报纸、杂志等传播媒介进行联络，并以此为依托组建的公共关系社团。

公共关系社团的工作内容：①宣传普及公共关系知识。这是公共关系社团一项经常性的工作，通过坚持不懈地向社会公众宣传、普及公共关系知识，来匡正社会公众对公共关系的误解，以提高全民的公共关系意识。②交流公共关系信息，开展公共关系咨询服务。公共关系社团应建立起自己的公共关系信息网络，将国内外的公共关系信息、市场信息等通报给社团成员，以便各方结合自己的实际，为当地社会组织提供咨询服务。③发展和联络会员。为了公共关系事业的发展，公共关系社团应把社会上各行各业的公共关系爱好者和实际工作者不断地吸收到社团中，并定期组织学术交流和经验交流，把社团办成"会员之家"，同时还要与其他公共关系社团之间建立横向联系，建立合作关系，形成网络系统。④制定公共关系职业道德。这是公共关系社团的一项基础性工作，也是衡量公共关系社团正规化的重要标准。⑤组织公共关系专业人员的培训工作。公共关系社团可以通过举办培训班、讲习班等形式来培训公共关系专业人才，以进一步提高他们的素质，同时还有责任组织公共关系人员参加职业资格考试培训。

2. 公共关系从业人员　公共关系从业人员是指以从事公共关系工作为职业的人员，不包括业余或兼职的公共关系人员。任何公共关系活动均要由人来组织实施，公共关系从业人员是整个公共关系活动的核心，其水平高低直接影响着公共关系活动的成败。

（1）公共关系从业人员的素质　公共关系从业人员的素质是指公共关系从业人员的必备条件，包括心理素质、职业道德素质、知识结构和能力结构等。

心理素质是指公共关系职业对从业人员的心理要求，主要表现在以下几个方面：一是自信。自信是对公共关系从业人员心理素质的基本要求，是取得事业成功的基石。充满自信的人，敢于竞争，勇于拼搏，充分发挥自身的潜能，往往能创造奇迹。而缺乏自信的人，遇事畏缩不前，常低估自身的能力，前怕狼后怕虎，行事不果断，往往容易失去建立组织形象的机会。二是开朗和善。公共关系工作需要与各种公众加强交往、建立联系，这就要求公共关系从业人员具有开朗和善的性格。既要热情大方、乐观风趣，又要耐心细致、善解人意，热情而不急躁，大方而不轻浮，和善而不迁就，果断而不鲁莽。三是豁达。公共关系从业人员与各类公众交往时，应有宽宏大度、容人容事的气量，能求同存异，包容他人的弱点与不足，不斤斤计较，在工作中善于控制自己的情绪，以豁达乐观的态度对待工作中的困难和挫折。面对情绪激动、性格暴躁的公众，能心平气和地听取其意见和建议。

职业道德素质是指公共关系作为一门职业与其他职业一样，有其独特的道德标准。个人的职业道德水准如何，直接影响到组织的形象与声誉。所以，公共关系从业人员必须严格遵守职业道德准则和行为规范。需要特别强调的主要有以下几个方面：一是为社会进步作贡献。为社会进步做贡献是一切公共关系组织的最高职责。公共关系必须维护全社会和全人类的最大利益，并为社会进步建设一个应有的道德和文化条件，使社会的每个成员都有被告知感、责任感、与社会合一感。二是尊重人格。公共关系人员必须在自己的职业活动中尊重并维护人类的尊严，确认每个人均有自己作判断的权利，尊重在论辩中各方均有解释自己观点的权利，尊重公众的选择、信念和生活方式。三是以自己的言行赢得公众的尊重和信赖。公共关系不仅要尊重和相信公众，而且必须通过自身的努力，使自己受到公众的尊重和信赖，否则，公共关系工作就寸步难行。四是坚持真理，真实传播信息。公共关系工作不得因维护自身利益而违背真理，不得传播没有确凿证据、欺骗性的信息，不得参与败坏公众传播渠道诚实性的活动。五是对公众必须公正。公共关系工作要对目前及以往的客户、新闻媒介、其他公众持公正态度，不得使用任何损害其他组织的客户、产品、事业、服务声誉的伎俩。六是维护公众利益。公共关系从业人员的职业行为都应符合公众利益，反对任何有损公众利益的行为。七是不谋私利。公共关系从业人员不得向客户提出按特殊情况收取费用或报酬的要求，也不能签订这种性质的收费合同。不得利用职务之便，谋取个人利益，不行贿受贿，不贪污侵占。八是不得损害其他组织的正当利益。公共关系机构和人员不得故意损害同行业人员的职业信誉。

合理的知识结构是公共关系从业人员正常开展工作和有效达成目标的重要保证。一般而言，公共关系从业人员应该掌握以下几个方面的知识：一是公共关系专业知识。公共关系从业人员只有掌握公共关系的基本原理和方法，遵循公共关系的基本规律，灵活运用公共关系技巧和方法，才能有效地达成公共关系工作的目标。二是与公共关系密切相关的知识。公共关系是一门涉及管理学、市场营销学、传播学、社会学、心理学等多学科的综合性的边缘应用学科，公共关系从业人员应该了解与其密切相关的这些学科的知识。三是开展特定公共关系工作所需的专业知识。如果一个企业要开拓国际市场，就需要了解国际公共关系知识、国际市场营销知识、国际市场竞争的基本格局，对象国的政治、经济、文化、风俗习惯等方面的知识。只有这样才能胸有成竹，有的放矢，取得良好的公共关系效果。

公共关系从业人员的能力是其知识、经验、个性等的综合体现。主要包括以下几个方面：一是创新应变能力。公共关系工作只有以新颖的策划、别开生面的形式、独具匠心的技巧，才能满足公众求新、求异的心理，为公众所关注。这就要求公共关系从业人员必须大胆探索，不断进取，敢于创新。二是组织能力。指有计划、有步骤地开展某种活动，并使之达到预期目标的实际操作能力。公共关系从业人员经常要组织各种庆典、参观、纪念、接待、记者招待会等活动，在组织这些活动时应该能够统筹安排，使每项活动都能主题明确、层次分明、时间紧凑、协调统一，以便给活动参加者留下深刻印象。三是表达能力。表达能力包括文字表达能力和口头表达能力。公共关系工作经常要借助于文字传播信息、表达思想、宣传组织、树立组织形象，这就要求公共关系从业人员要有较强的文字表达能力，而且这种能力不是一般人可替代的。公共关系工作的最终对象是人，任何一项工作都必须与人交往，口头表达能力强的公共关系从业人员，能准确、简洁、明了地表达思想，传播信息，做到吸引人、说服人、打动人的良好公共关系效果。四是自控能力。自控能力是一个人自己控制自己情绪的能力。公共关系从业人员经常要与各种类型、性格各异的公众打交道，经常要面对愤怒的消费者和客户，个人生活、工作中经常有令人不愉快的事而影响个人情绪，所有这些都要求公共关系从业人员要有较强的自控能力，不要把自己的情绪带到工作中，否则会影响组织的形象和声誉。五是社交能力。社交能力是指善于与他人交往的能力，它是衡量一个人对现代社会适应程度的标准之一。擅长社交的人能迅速消除自己与社会、周围环境、他人之间的隔阂，建立起和谐的关系，帮助组织达成公共关系目标。另外，在社交场合中，公共关系人员的一言一行不只是自身知识和修养的表现，还代表组织的形象和风貌，因此，任何时候，公共关系人员都应自觉地意识到自己是作为组织的化身出现的，自己的言行对组织形象有重大影响。六是专业技能。从事公共关系工作需要掌握和运用各种专业技能，如摄影、美工、制作、调查等。一个健全的公共关系组织需要配备有各种能力和技术专长的公共关系人员，但并不意味着每一个公共关系从业人员都需要具备各种能力。事实上，大多数公共关系人员只需要具备一种或几种能力，就能胜任工作。

（2）公共关系从业人员的培训　公共关系从业人员素质的提高依赖于培训，通过培训可以使公共关系从业人员掌握公共关系基本理论，具备一定的公共关系基本技能，适应社会对公共关系从业人员的需要。

公共关系从业人员的培训途径多种多样。目前，我国主要有学校教育、社会教育和组织培训三种方式。学校教育是指通过高等院校开设公共关系课程、设置公共关系专业培养公共关系专门人才。社会教育主要以面授和函授两种方式对成人进行培训，是学校教育的补充形式。组织培训是指社会组织根据自身的需要及人员的特点，组织公共关系从业人员进行培训。这种培训较注重实用性，学员经过培训后能很快适应工作需要。

公共关系是一门应用性很强的学科，仅借助于理论培训、知识普及很难造就出优秀的公共关系人才，公共关系从业人员只有理论联系实际，在实践中积极探索、勇于创新，并不断总结经验教训，才能成为出色的公共关系从业人员。

二、公共关系的客体

公众是公共关系的最基本的要素之一，是社会组织赖以生存和发展的基础，也是公共关系的工作对象。公共关系工作的目的就是要使本组织的各项政策和活动符合广大公众的要求，在公众中树立组织的良好形象，以谋求公众对本组织的了解、信任与合作，并实现组织与公众的共同利益。为此，必须深入研究公众及其分类、公众的特征以及处理与公众关系的原则，寻找并确立社会组织的目标公众，最终实现社会组织的总目标。

（一）公众及其分类

公众是公共关系学中的一个基本概念。正确理解这个概念并对公众进行科学分类，对于把握公共关系工作的实质至关重要。

1. 公众的定义　公众是公共关系的客体，也是公共关系的研究对象和工作对象。因此，正确认识和理解公众是开展公共关系工作的前提和先决条件。"公众"是一个具体的、稳定的概念，它最初是由英文"public"一词翻译而来，有泛指公众、民众的含义，也有特指某一方面公众、群众的含义。

日常生活中，人们往往把公众与"群众"、"人民"、"人民大众"、"人民群众"等词相互代替或混用。的确，从一般意义上讲，这些词的含义都基本相似，都可以指代社会上的大多数人。但作为公共关系学中的一个基本概念，公众与它们在内涵和外延上存在着很大差异。

在公共关系学中，一般把公众理解为因面临共同的问题而与特定的公共关系主体相互联系及相互作用的个人、群体或组织的总和。这个概念涵盖了公共关系工作的所有对象，凡是公共关系传播沟通的对象都可称之为公众。公众是公共关系对象的总称，公共关系的实质就是公众关系。

2. 公众的分类　为保证公共关系工作的针对性，使公共关系工作富有成效，我们往往根据不同的标准对公众进行不同的分类，以下是几种常见的分类方法。

（1）按照公众与组织的归属关系来划分，可将公众划分为内部公众和外部公众。内部公众，是指社会组织内部的所有成员。它不仅包括与组织具有人事关系的员工，而且还包括与组织具有投资关系的股东成员等。内部公众对公共关系来说是一种特别重要的公众。因为公共关系的工作目标就是要帮助社会组织树立良好的形象，而这一目标的实现需要依靠组织内部成员的共同努力。

外部公众，是指社会组织运行过程中除内部成员以外的、与社会组织发生某种关系的那部分公众。外部公众是社会组织得以生存和发展的重要条件，其内容取决于社会组织运行过程中与之发生关系的不同环节。顾客公众、政府公众、媒介公众、社区公众等是社会组织最为重要的外部公众。

（2）按照公众对组织的重要程度来划分，可将公众划分为首要公众、次要公众和边缘公众。首要公众，是对组织的生存、发展和成败有着极其重要影响力的公众。如对一个企业来讲，员工、用户和新闻界等都是首要公众。这类公众也是组织要花费很大人力、物力和财力来维持和改善关系的公众。次要公众，是对组织的生存发展有影响但不起决定作用的公众。如与企业或组织有来往的金融、财政、税收部门以及社区组织等。虽然这类公众对组织的生存发展不直接产生影响，但它们也从各个方面制约着组织。边缘公众，是指与组织有联系，但距离组织各项工作层次较远的公众。对这类公众，组织投入的精力和物力一般都较少。

（3）按照公众与组织关系的稳定程度来划分，可将公众划分为临时公众、周期公众和稳定公众。临时公众，是指因某一临时因素、偶发事件或特别活动而形成的公众对象，如因飞机航班误点而滞留机场的旅客等。它包括流散性公众和聚散性公众两大类。周期公众，是指按一定规律和周期出现的公众对象，如每逢节假日出现的旅客高峰、招生时期的考生和家长等。稳定公众，是指具有稳定结构和稳定关系的公众对象，如老主顾、社区居民等。公共关系工作首先要抓住稳定公众，目的是使他们对组织产生良好的印象，努力维持一种密切合作的关系状态。

（4）按照公众对组织的认同程度来划分，可将公众划分为顺意公众、逆意公众和独立公众。顺意公众，是指意见和态度与组织的行为保持一致的公众，这类公众与组织关系良好，能够相互理解和支持，对这类公众组织应采取维持性公共关系活动。逆意公众，是指对组织的政策与行为持否定意见或反对态度的公众。这类公众的数量少，但产生消极作用的可能性很大，对这类公众组织应采取矫正性公共关系活动。独立公众，是指对组织的政策和行为持中间态度或态度不明朗。这类公众数量较大，多数都有自己独立的需要，很少依赖于组织，在某些方面对组织可能还存在保留态度，对这类公众组织应采取进攻性公共关系活动。

（5）按照组织对公众的亲疏程度来划分，可将公众划分为受欢迎公众、不受欢迎公众和被追求公众。受欢迎公众，是指组织期望与其发展关系而对方也有相同需求，并主动对组织表示关心的公众。如股东、赞助者、为组织作正面宣传的新闻工作者等。不受欢迎公众，是指违背组织的利益和愿望，并对组织构成某种潜在或现实威胁的公众。如强拉赞助者、专门追踪报道负面新闻的记者等。被追求公众，是指行为与组织目标相吻合，但对组织本身并不感兴趣，缺乏交往意愿的公众。如意向尚不明朗的投资者、大批发商、大客户以及未与组织有所联系的社会名流和新闻单位等。

（二）公众的特征

1. 广泛性 任何组织都不能孤立地存在于社会之中，都必须因面临共同问题而与其他组织发生相互联系，并产生相互影响和相互作用，从而成为另外一些组织的公众。任何一个人，只要与某个社会组织在某一共同问题上产生相互联系、相互影响和相互作用，就会成为这一社会组织的公众。

2. 群体性 公众是由个人或组织结成的群体，是与公共关系主体发生联系并作为特定角色出现的。正是由于某个共同问题而把一些人或一些组织联结在一起，形成了公众。因此，公众都是以群体的形式出现的。

3. 同质性 公众的形成是因为公众成员遇到了共同的问题，而且这类问题将对公众成员的利益产生共同影响。虽然他们之间可能素不相识，但由于他们面临着同一个问题，有着共同的利害关系以及对问题的处理有相似的看法等，最终使他们成为某个社会组织的公众。

4. 可变性   公共关系所要处理的公众群体，始终处于动态变化之中。作为一个社会群体，公众的构成、数量、态度、行为和作用都不是一成不变的。公众群体随着问题的产生而形成，随着问题的解决而自然消失。

5. 多维性   公众存在的形式不是单一的，而是复杂多样的，可以是个人，也可以是社会团体或社会组织机构。即使是同一类公众，他们内部对问题的解决要求也不一定完全相同。这就导致公众的存在形式和层次呈现出多维的状态。

6. 可导性   由于公众的态度、动机和行为受到个体和环境两个方面因素的影响，所以公共关系主体经常借助于对环境因素的改变来达到逐渐影响公众态度和行为的目的。也就是通过积极有效的公共关系活动，促进有利于主体的公众行为的发生并防止不利于主体的公众行为的出现。

拓展阅读

处理与公众关系的原则

由于组织在运行过程中，面临的公众极其复杂多变，所以对不同的公共关系公众需要采取不同的方法和手段。处理与公众关系的原则主要有以下几个方面。

☆ 真实性原则   能否全面客观地掌握真实的公众信息，不但在根本上决定着公共关系的存在是否合乎实际，而且也决定着公共关系工作的成败。

☆ 公开性原则   在公共关系活动中，必须真实、全面、公正、公平、公开地传播有关信息。这是公共关系最起码的职业道德。

☆ 长期性原则   要使组织保持长远的发展，必须致力于公共关系的长期不懈的努力，持之以恒的公共关系努力能为组织广结良缘，从而为组织的发展创造一个和谐的环境。

☆ 科学性原则   公共关系作为调节组织与公众之间关系的特殊职能，它具有自身的运行规律和操作原则。因此，在公共关系活动中，处理与公众关系时坚持科学性原则是非常必要的。

三、公共关系传播

传播是公共关系活动的手段，是公共关系的媒介，也是公共关系活动的过程。公共关系作为社会关系的一种，正是通过传播来传递信息、协调公众行为和塑造良好组织形象的。没有传播，就无法在社会组织与公众之间建立联系，公共关系也便无从谈起。

（一）公共关系传播的含义与特点

1. 公共关系传播的含义   现代意义上的传播是指个人、组织和社会之间信息传递、接收、交流、分享与双向沟通的过程。公共关系传播是指社会组织为扩大影响、塑造形象，通过一定媒介实现与社会公众之间的相互沟通与相互协调，使信息达到交换、融通和分享的一种过程。通俗地说，就是社会组织运用各种媒介，将自身的信息或观点有计划地与公众进行交流的沟通活动，从而产生有利于组织的态度和信念，达到树立组织形象目标的过程。

2. 公共关系传播的特点

（1）社会性   任何一个社会组织都是社会的一个成员，是否适应周围环境直接决定它的生存和发展，这就要求社会组织的公共关系传播必须要站在社会的整体利益高度上，主动协调与社会诸多方面的关系，进而达到利益的一致性。

（2）互动性　传播活动是组织与组织、个人与个人、组织与个人之间进行的一种双向的、相互的过程。在公共关系传播活动中，组织不仅要把自己的政策和行动告知公众，同时也要收集公众对组织的意见和看法。

（3）道德性　道德是一种特殊的社会意识形式，它是以善恶为评价方式，主要依靠社会舆论、传统习俗和内心信念来发挥作用的行为规范的总和。公共关系传播的道德性就是要慎重选择传播内容，不能做虚假欺骗性的宣传，不能以非法手段进行竞争。

（4）情感性　公共关系的传播目标就是要使公众产生组织所期望的态度和行为。因此，组织一定要注重传受双方的接近性，强调情感交流，进而达成利益上的接近性以及心理空间上的接近性，缩短双方的心理距离。

（5）针对性　由于传播对象的不同，公共关系传播的媒介方式和渠道选择必须要有针对性，有时为了达到一定的公共关系传播目标，还要将不同的媒介综合起来运用，以便真正实现公关活动的目的。

（二）公共关系传播的要素

1948年传播学的总体研究范畴规划者、美国政治学家哈罗德·拉斯韦尔在《社会传播的结构与功能》一书中明确提出了著名的"5W"传播模式，即谁传播（Who）；传播什么（Say What）；通过什么渠道（Through Which Channel）；向谁传播（To Whom）；传播的效果怎样（With What Effects）。公共关系传播是组织运用传播手段向公众传递信息的过程，它同样包含传播的基本要素，即公共关系的传播者、公共关系的传播内容、公共关系的传播媒介、公共关系的目标公众、公共关系的传播效果。

1. 公共关系的传播者　公共关系的传播者是指公共关系传播的主体，是组织信息的采集者和发布者，是代表组织行使传播职能的人，是构成公共关系传播过程的主导因素。其在协调组织内外公众关系、改善组织周围环境、树立组织自身形象、提高组织信誉度和美誉度以及谋求公众支持与合作的过程中居于主导地位，同时还起着控制者与组织者的作用。其任务就是将外部信息传达给组织的内部公众，将组织的有关信息发布出去，传递至目标公众。

2. 公共关系的传播内容　公共关系的传播内容是指公共关系的传播者发布的有关组织的所有信息。其基本内容一般包括：组织的基本情况、组织的实力情况、组织的产品与服务情况、组织的生产与工作情况、组织的管理与文化建设情况、组织的重要活动情况、组织的荣誉和社会影响情况、公众对组织的评价和反映情况等。传播内容的好坏和多少，是决定信息传播有效程度的关键之一。

3. 公共关系的传播媒介　公共关系的传播媒介是指信息流通的载体，也称媒介或工具，可以分为四大类，即人际传播、大众传播、组织传播、群体传播。不同的传播媒介的功能和效果有所不同，影响的范围和传播的速度也有所差异，组织在运用时应当进行综合考虑，在信息传播过程中应该选择最恰当的媒介方式，进而实现传播目标，达到传播目的，收到传播效果。

4. 公共关系的目标公众　公共关系的目标公众是指与组织有着某种利益关系的特定公众。公共关系的目标公众是传播的目标和归宿，是公关活动的重点对象，在传播活动中虽然处于被动地位，但在对信息的接受上却有着决定权。因此，公共关系传播只有充分尊重公众的需要，切实反映公众的利益，并且还要从传播内容上确保公众接收的可能性，才能使公众真正接收和分享组织传来的信息，进而取得良好的传播效果。

5. 公共关系的传播效果 公共关系的传播效果是指目标公众对信息传播的反应，也是公共关系人员对目标公众的影响程度。在公共关系活动中，公关人员可以通过各种调查手段来了解公众对信息的接受程度，以便及时调整传播策略。除此之外，公关人员还应当采取多种传播方式扩大传播效果。

（三）公共关系传播的方式

1. 人际传播 人际传播是指人与人之间直接进行沟通和交流的传播方式。它是人际关系得以建立、维持和发展的基础，也是构成并维持社会关系的前提，更是最常见、使用范围最广泛的一种传播方式。人际传播包括直接传播和间接传播两种方式。直接传播是指双方面对面的交流方式，通过言语、表情和体态等进行沟通，如组织举办的招待宴会、招待晚会等方式；间接传播主要是指利用书信、电话、电子邮件以及即时通讯工具等非面对面沟通交流的传播方式。

人际传播与其他传播方式相比，具有自己的特点。

（1）双方参与性高 人际传播是典型的双向互动的信息沟通交流方式，双方在面对面进行沟通交流时，人体所有的感觉器官都可能参与到信息的传递和接收上来，并且信息的接收者在传播的过程中并不是被动地接收信息，同时也能够对信息作出一定的反应，进而对传播者产生重要影响。

（2）信息反馈及时 在面对面的信息传播过程中，信息传播者能够第一时间了解到信息接收者对所传信息的反应，并且能够根据接收者的反馈情况及时地调整自己的传播方式，使公共关系工作能够更有效地进行。另外，即使是在非面对面的信息传播中，信息接收者也能够通过回复信息传播者的邮件、电话等进行适时地反馈。

（3）传播符号多样 在人际传播过程中，传播者不仅可以使用语言，而且还可以使用大量的非语言符号，如表情、眼神、动作、姿势、语气和语调等，在这种情况下，信息的意义也更为丰富和复杂，并且许多信息都是通过非语言符号获得的。而大众传播所使用的非语言符号相对较少。

（4）传播范围小 人际传播是人与人之间的传播。一方面，发出的信息往往只在瞬间起作用，传播双方的观点如果不借助录制设备，就只能留存在对方的记忆中；另一方面，信息传播的覆盖范围小，无法同时让众多的公众得到传播的信息；除此之外，复制信息的能力也不强。

2. 大众传播 大众传播是指职业的传播者通过大众传播媒介将信息进行大量地复制传递给分散的大众的一种信息传播方式，它是特定的组织利用报纸、杂志、书籍、广播、电影或电视等大众媒介向社会大多数成员传送消息和知识的过程。

大众传播的特点：一般通过专业化的组织机构来运行，传播的专业水平高；影响范围广，传播速度快；面向全体公众，不具备保密性；许多信息都具有时效性和易逝性；其受众分布在不同地区、不同阶层和不同年龄段，具有复杂性；大部分传播媒介具有单向性，传播者无法及时收到公众反馈，即使有信息反馈，通常也比较滞后。

3. 组织传播 组织传播是指组织机构之间、组织机构同公众之间、组织机构同社会环境之间的信息交流与沟通。这种传播的主体是社会组织。

组织传播的特点有以下几个方面。

（1）传播主体组织化 组织传播的主体是社会组织而不是个人。传播活动受组织目标和公关计划的制约与影响，整个传播过程都在组织的管理与控制之下。组织传播是组织经营管理的一个重要手段。

拓展阅读

各大众传播媒介的特点

☆ 报纸　传播优点：信息比较详细，阅读不受时间限制；读者可自由选择阅读的内容和顺序；信息具有可保留性，便于保存；信息成本低廉，覆盖人群广。传播缺点：对受众有受教育水平的要求；对受众有工作状况的限制；以静态的文字和图片为主；时效性偏弱，传播不够广泛。

☆ 期刊　传播优点：专业性和针对性强，读者群比较稳定；报道比较深入、详尽；保存期限较长；印刷精良。传播缺点：信息传递不及时；发行范围受到一定限制。

☆ 广播　传播优点：信息传播速度快，收听方便，时效性强；信息受众广泛，覆盖面大，不受时间、空间和文化水平限制；信息传播方便灵活，声情并茂，可以运用语言的特点吸引听众；制作成本与播出的费用低廉。传播缺点：传播方式单一；信息转瞬即逝，不易存查；盲目性大，选择性差；不如电视形象、生动，感染力较差。

☆ 电视　传播优点：在社会中普及程度高，受众范围广；直观性强，受众不受文化程度的限制；有较强的冲击力和感染力；趣味性强，记忆效果好。传播缺点：受收视环境的影响大，不易把握传播效果；节目制作、播放的费用昂贵，要求也较高；受众选择信息的范围小；瞬间传达，被动接受，受时间、地点和条件的限制，不如其他媒介灵活。

（2）传播对象复杂化　组织传播对象既有内部公众，又有外部公众；既有近距离的沟通，又有远距离的沟通；既有封闭沟通，又有开放沟通；既有受欢迎的公众，又有中立和敌对的公众。这就要求组织传播要区分对象，借助媒介有的放矢，提高传播效果。

（3）内部传播有序化　组织内部传播属于封闭沟通，有自上而下传播、自下而上传播和平行部门传播三种形式，这种传播具有层次性、有序性等特点。组织内部传播的层次性和有序性保证了组织内部系统的高效运行。

（4）外部传播手段多样化　外部传播属于开放沟通，由于组织外部公众对象的广泛性和复杂性，因此，外部传播具有公众性、大众性等特点，在传播活动中必须综合运用人际传播、大众传播等多种方式。

（5）传播目标可控化　组织传播都具有明确的目的性，那就是实现社会组织的目标。为此，组织传播具有严格的可控性，即服从组织总目标而有良好的控制性能。

4. 群体传播　群体传播是指自发的一群人按照一定的聚集方式，在一定的场合为达到某种目的而接受的传播。群体传播的传播者是在一定的条件下与受传者进行信息交流沟通的，而受传者本身也往往是为了共同的目的和兴趣聚集在一起，因此，双方的交流形式灵活自由，参与者在相互交流的过程中获得了满足，进而实现了共同协作。

（四）公共关系传播的效果

1. 影响公共关系传播效果的因素

（1）传播媒介　不同的传播媒介对公众的影响力是不同的，各种传播媒介有着各自的优势和劣势，在传播过程中形成的效果也各不相同。因此，要根据传播的目的对传播媒介进行选择，以达到最优的传播效果。总的来说，公众对传播媒介的要求，一是使用起来比较简便，容易掌握，同时也容易获得；二是传播媒介有效，它的使用效果得到普遍的重视与承认。

（2）信息内容与表现形式　信息的内容即传播者传播的信息是否被公众所关心和感兴趣，是否重要和新鲜，是否可靠和可信，这是公众价值判断的核心，也是决定传播效果的关键所在。除此之外，传播形式也非常重要，如果形式和方法不当，再好的内容也难以传播出去，同时还可能会引起误解甚至反感。

（3）信息的重复　一个人接触某一信息的次数越多，就越容易接受它。同样的信息多次发出，公众会逐渐由生疏到熟悉、由漠然到亲切，甚至在长期接触以后，会把这一特定的内容和形式融入到自己的生活。因此，同样的信息在相当长的时间里重复出现，是取得甚至增强传播效果的重要因素。

（4）公众接收信息的条件　时间、空间对公众接收信息是否有利，对传播效果有相当大的影响。如果公众接收的环境存在各种干扰或者没有足够的时间接收，那么就会影响公众接收信息，影响公众接收信息的投入度，还会使接收效果大打折扣。

（5）传播者的特点　传播者的形象、权威性以及遣词造句的方法、语气和语调等方面也能对传播效果产生一定的影响。一般来说，有魅力的传播者容易引起公众的注意，而缺乏魅力的传播者容易被人忽视；被认为成功的或可靠的传播者比那些不成功或不可靠的传播者更有影响力。除此之外，传播者的地位和能力对传播效果也很重要。

（6）传播的类型　从传播类型来看，不同种类的传播类型其效果也各不相同。人际传播在各类传播形式中传播效果最好，而其他传播形式的传播效果相对较差，但人际传播的影响范围较小。随着传播群体的增大，传播内容的针对性和具体性下降，反馈的质量和数量也在下降，人际传播与大众传播效果的差距比较模糊，并且表现不太明显。

2. 增强公共关系传播效果的途径与技巧　为求传播的最佳效果，实现传播行为所达到的预期目的，必须要为传播过程的各个环节创造有利条件，排除各种干扰，扫清各种障碍。

（1）选择恰当的传播者　树立传播者自身的良好声誉和形象对改善传播效果至关重要。传播者的声誉与形象往往和他的权威性、客观性以及与公众关系的亲密性直接相关，即传播者越是有权威，讲话越是客观，与传播对象越是亲密，其传播效果就越好。

（2）建立最好的信息条件　按信息内容或事实选择合适的信息表现形式，不同的信息形式适合表现不同的信息内容；传播者要根据受者的经验制作传播内容，扩大与公众的共同经验范围，使其有较多的共同语言，才能引起公众对其传播的兴趣与共鸣；信息内容要针对公众的特点，要把信息内容与公众利益紧密联系起来。同时还要及时改进信息内容，以满足公众的个人需要。

（3）认真研究公众对象　有效的传播要看信息是否为公众所接受，要看公众接受信息之后在认识上、态度上是否引起变化，还要看公众在认识上和态度上变化之后，是否在行动上也随之变化，进而引起传播者所希望的行动。公众在接受信息时并不是被动的，他对信息具有选择性注意、选择性理解和选择性记忆，它是传播过程中的重要干扰。

（4）注意传播环境气氛的影响　一切传播活动都是在一定的社会环境、具体场合和一定的情景气氛中进行的，这些环境、场合和情景气氛就构成了传播的背景。有效的传播不可忽视具体的环境、场合以及情景气氛的影响和作用。环境不同、场合不同、情景不同，传播的形式就不同。同样的传播内容，在不同的环境、场合和背景下，就会有不同的传播效果。

（5）完善传播沟通的技巧　传播效果与传播技巧的高低是直接相关的。善于运用语言文字和非语言符号的人，能准确、通畅、淋漓尽致地表达自己的思想观点，吸引、说服、感染他的公众，达到传播的目的，一个口讷的人，就难以表达内心的激情。熟悉并掌握各种传播技巧，有利于提高传播效果。

（6）信息结构与信息数量要合理　信息结构是信息的组织与搭配方式。信息的结构性因素很多，包括信息的先后次序与空间分布等。信息的先后次序不同、空间分布不同，传播的效果往往也会不同。另外，信息的结构性因素还包括刺激程度、对比程度、重复程度、新鲜程度等；信息数量要适宜，过少达不到传播要求，过多会使主要的信息被淹没。在必须传播较多的信息时，一定要注意分次、分阶段进行。

（7）正确选择传播媒体　不同的媒体，其特点不同，适用的传播类型也不相同，媒体选用得当，可取得事半功倍的效果；不同的传播内容应该选用不同的传播媒体；传播对象不同，媒体的选择也应该不同；使用任何传播媒体都要支付一定的费用，因此，组织在进行公关传播时，必须要同时考虑传播成本与预期传播效果两个方面。没有雄厚经济实力的组织，不应为了追求声势而盲目选用大众传播媒体。

重点小结

公共关系是社会组织为了塑造自身形象，通过运用传播手段，与公众进行双向交流沟通，以达到相互了解、信任与支持的合作关系的科学和艺术。它以公众为对象、以美誉为目标、以沟通为手段、以利益为纽带、以真诚为信条、以长远为方针。重视和加强组织的公共关系工作，对于提高组织竞争力，保证组织获得最大的经济与社会效益起着非常重要的作用。本项目主要讲述了公共关系的涵义、公共关系的原则、公共关系的职能、公共关系的构成要素等内容，对于正确认知公共关系奠定了良好的基础。

目标检测

运用所学知识，分析以下案例。

1. 某药房连锁有限公司为了方便顾客，规定凡来药店购药者都可办理 1 张积分卡。积分卡可以在该连锁公司的所有药房使用，总店和每个分店都将为持卡者提供周到的服务并给予优惠。每次购药结账时，购药金额全部由计算机记入顾客的积分卡内。当累计购买 500 元的药品时，药店就会赠送 50 元的礼品。办理积分卡不用交费，临走时药店还给新客户赠送 1 份纪念品。如果引荐朋友同去，也会因介绍新客户有功而得到药店的奖品。礼品虽不贵重，但制作精细，让人爱不释手，吸引了不少人。活动的第一天，药店门前插遍彩旗，旗上写着"双倍日"三个醒目大字。"双倍日"是指在这一天顾客凡购买 100 元的药品，他的积分卡上就按 200 元数以双倍记入，这样顾客就可以在积分卡上更快地积累购药额，从而得到药店赠送的更多礼品。（购药积分赠礼制度）

问题：该药房连锁有限公司开展购药积分赠礼制度的目的是什么？其行为是否属于公关行为或体现公关色彩？

2. 1995 年 8 月 15 日，杭州三株营销有限公司（以下简称"杭州三株公司"）驻杭州地区富阳市的销售主管王某某，未经杭州三株公司企划部审核，擅自在《富阳报》的一条通栏广告中，夸大了"三株口服液"的疗效，违反了"广告法"。杭州三株公司发现这一错误后，根据"广告法"的有关规定，三天后在《富阳报》上做了更正广告。然而，这一因企业失误所刊登的违反"广告法"的信息一事，最终还是引起社会各界的强烈反响。《杭州日报》下午版从 9 月 5 日到 9 月中旬在头版以醒目的标题刊出了下列数篇批评报道："三株发布虚假广告影响恶劣——有关专家明确表示：如此广告扰乱医疗秩序，其至会误人性命"，"如此利令智昏实属罕见——富阳市民纷纷谴责'三株'广告"，"岂能把病人生命当儿戏——省市医疗专家指责'三株'不法行为"，"传染病学专家、副市长徐兆骥指出'三株'广告纯属信口开河，不负责任严重违反科学"，"省人大常委会副主任、浙医大校长郑树发表讲话——必须严肃对待'三株'虚假广告"等等。

危机发生后，杭州三株公司对导致这场公关危机的企业内部原因及各类公众对事件所持的态度及环境恶化程度，进行了分析，并积极开展了丰富多彩的公关活动，重塑了企业形象，挽回了企业信誉。这些策划活动主要有如下几项。

（1）1995 年 9 月，杭州三株公司发起"公正推选三株名誉员工"活动。让消费者参与企业的经营和管理，监督企业的行为，反馈产品质量和服务质量，以确保企业不偏离"来源于社会，奉献于社会"的轨道。

（2）1995 年 10 月，杭州三株公司与浙江省《经济生活报》联合推出"全民健身活动"。

（3）1995 年 11 月，杭州三株公司出资 10 万元作为浙江省卫生学校建设和发展基金。在签字仪式上，省卫生厅、省医药管理局领导到会并发表讲话，省市多家报纸、电台、电视台都予以了报道。

（4）1995 年 12 月，杭州三株公司在杭州市梅苑宾馆召开了"迎新茶话会"。向杭州市各主要媒体发出邀请，到会的数十家单位一百余位来宾在会上向三株公司献计献策，畅所欲言。杭州三株公司公关部经理的发言将企业与媒体的关系更拉近了一步，她坦诚地对来宾都十分关注的"95 三株危机"，对企业的失误作了评论，对媒体的监督表示了感谢，衷心希望在新的一年里，各界朋友给予企业更多的理解和更大的支持。

问题：杭州三株公司为消除顾客的心理顾虑、愈合公众的心理创伤，策划了哪些公共关系活动？这些公共关系活动起到了怎样的作用？

项目二

公共关系协调

学习目标

知识要求　1. **掌握**　内、外部公共关系协调的方法与技巧。
　　　　　2. **熟悉**　内、外部公共关系协调的重要性。
　　　　　3. **了解**　公共关系协调的意义和内容。

技能要求　1. 树立全员公关理念。
　　　　　2. 能够妥善处理组织的内外部公共关系。

案例导入

案例： 羊城药厂建有一座碑廊，碑廊内耸立着 5 块 2 米多高的大理石碑，上面篆刻的，是本厂 195 位普通工人的名字，他们都是立功受奖的人员，厂里为他们"树碑立传"。

羊城药厂曾有一段时间境况不佳。为了扭转这种状况，该厂领导号召全厂职工振奋精神，积极献计出力，打好翻身仗。195 位普通职工努力工作，为厂子的振兴做出了突出的贡献，立下了汗马功劳。之后，羊城药厂举行评奖活动，这 195 位普通工人分别荣获金羊奖、银羊奖和铜羊奖。羊城药厂领导认为，广大工人是企业的主人。这 195 位有功人员虽不是什么英雄，但是他们发挥了主人翁的精神，对厂子的翻身兴旺做出了突出的贡献，因此，他们的名字应该载入本厂的史册，永志不忘。于是，就为这 195 位普通工人树起了纪功碑。

这些纪功碑树立起来后，在羊城药厂引起很大的反响。碑上有名者感到自豪，受到鼓舞。老工人曹求抚摸着碑上自己的名字自语道，从没有想过自己竟有被"树碑立传"的一天！他决心为厂子的发展做出更大的贡献。而碑上无名者也感到学有榜样，干有方向，纷纷表示自己也要干出成绩来，争取自己的名字也被刻上纪功碑。因为他们看到，那 5 块纪功碑中的最后一块是空白的，它将留给后来人。一位小伙子说，他相信通过努力，终有一天也会使自己的名字被刻在碑上。

讨论： 为普通工人树碑立传，给你怎样的启示？

任务一　内部公共关系协调

组织内部的公共关系，是指社会组织与其内部各类公众构成的社会关系。

一般来说，在社会组织内部，首要公众就是员工。任何组织作为一个社会单位，首先是由它的全体工作人员即员工构成的。所以，组织内部的公共关系，主要是指员工关系，即组织与员工之间纵向横向的关系。其中，纵向关系包括领导与群众的关系、上级与下级的关系等；横向关系包括同级的部门与部门之间的关系以及正式组织与非正式组织之间的关系等。

在现代市场经济条件下，股份制已经成为重要的组织形式。股东是组织的投资者，股东大会是组织的最高权力机构，由股东大会选举产生的董事会是组织的最高权力执行机构，并且，相当一部分员工也持有股票成为股东，因此，股东属于组织内部的公众，股东关系也是组织内部重要的公共关系。

很明显，现代公共关系首先是促使组织把自身的工作做得更好，然后才是开展各种与外界的交往活动，并在社会公众心目中树立自身良好的形象。美国著名公共关系专家亨得利·拉尔特（J. Handly Wright）明确指出：公共关系90%靠自己做，10%才靠宣传。因此，良好的组织形象和卓越的事业成就，来自组织全体员工的共同努力和不懈奋斗，来自组织内部良好的公共关系。

一、与员工关系的协调

员工是公共关系的第一公众。公关的首要任务是处理好员工关系，增强组织内部的凝聚力和向心力。员工是组织的细胞和组织的主人，员工关系协调是组织成功的源泉和内因，良好的员工关系又是构建良好的组织外部公共关系的条件和基础。

（一）员工关系的含义

员工关系是指社会组织与其员工之间通过双向沟通方式，在互惠互利原则下寻求并达成和谐、一致、互动的一种内部管理职能，简单的讲，就是通过良好的信息沟通，使组织与员工消除内耗，齐心协力达成共同奋斗目标。

拓展阅读

员工关系与其他内部组织关系的区别

员工关系不同于组织内部的一般人事关系。人事关系一般包括人员雇佣、人力资源开发、员工培训与轮训、工作分配、人事制度与纪律的制定、执行、检查，它更多的是从规范上约束组织内部员工与组织目标保持一致。

员工关系也不同于组织内部的一般劳动关系。劳动关系一般包括就业稳定性、工资奖金制度、员工福利及劳动合同的制定与执行，它更倾向于从法律、规章上明确组织与员工之间的权利与义务关系。

（二）员工沟通的原则

1. 管理部门必须有诚意让员工了解组织各方面情况 每个管理者应视与员工的交流沟通为己任，只有与员工真心相待，员工才会真心的关心、爱护组织。

2. 同员工进行沟通应尽量采用双向方式 各类信息产生后，应有专人进行调查，了解员工的反映，并以此作为信息内容合理性及传播方式科学性的检验标准；信息接收后，也应马上作出反应，不能石沉大海，员工能给组织提一条意见、写一封信、谈一点看法、说一条建议，说明员工心里有组织，不答复就是对员工的不尊重，迟早员工也会抛弃组织。正如有的员工说，意见提了也没用，反正上面也不采纳，这实际上是对组织失去信心的一个信号。无论是正面的直接答复，还是无法直接回答，都应给员工一个回音，表明组织对员工的重视。特别要重视的是对员工提出的意见和投诉不能忽视，一定要在某个时限内给予答复，并对员工此举表示由衷的感谢。如果不及时反馈信息，还会产生谣言，谣言往往是由于不能及时得到准确消息，由此产生的种种猜想。及时反馈就能把谣言减少到最低限度。及时反馈，也可以缓和由谣言所引起的紧张关系。

3. 坚持诚实与公平的道德和行为准则 组织的管理者直接代表着组织的形象和精神面貌，员工也会仿效管理者的行为方式，因此，组织的管理者应起到楷模作用，以身作则。在对待员工关系上必须要做到诚实无私、秉公办事，没有这种信念与作风，就不可能取得员工的信任与爱戴，更谈不上与员工的真诚合作和良好员工关系的建立与维系。

4. 与员工切身利益相关的信息应进行及时全面的沟通 组织重大发展决策、主要人事变动、新的技术和市场投入等与员工切身利益相关的信息，都应该告诉员工，让他们知晓，并欢迎他们参与讨论，从中吸取合理的修正意见。只有让员工参与决策，才能将员工的才智充分发挥出来。

此外，组织同员工之间重要信息的传递要以适当的形式，选择适当的渠道进行，以保证信息的详实准确，避免被任意增删而造成不必要的误会和误传。

（三）员工沟通的形式

组织与员工沟通的方式很多，有的是以传递解释上级政策为主，有的则是将基层员工的意见和建议传递到组织高层领导那里；还有的则兼有这两重任务。当然，沟通的方式应根据组织特点、员工文化素质及有关条件许可灵活运用。

1. 内部刊物 内部刊物包括员工刊物、通讯、小报及宣传小册子。以员工刊物为例，员工刊物是对员工传达本单位方针、动态，同时反映员工工作业绩的一种内部传播媒介，它具有沟通领导与员工、协调上下关系，保证组织政策的准确理解和顺畅执行的作用，加之刊物内容丰富，与员工关系密切，是一种相当有效的公关内部宣传媒介物。

2. 会议 会议包括传达组织政策的会议、管理层与员工直接对话的听证会，以及由员工主持的座谈交流会或工作研讨会，是一种面对面的最明朗、最率直的联系方法。美国一位公关专家说："会议是公共关系活动的窗口。"调查和研究表明，把内情告诉员工，促进相互之间了解的最佳方法是多举行几次会议，这绝不是指会议次数及时间可以漫无边际，有计划的、虽简短但能把握重点的会议，对增进管理者与员工之间的了解是极有好处的。

拓展阅读

如何保证会议效果

☆ 会议的内容必须是与会者共同感兴趣的东西，或者是与他们密切相关的事情。即使会议的主题比较客观、长远和间接，也应通过与他们有密切关系的事情来阐明解释，只有做到这点才能确保与会者精力集中，保证信息的充分接收。

☆ 会议时间应尽量缩短。要顾及到员工的情绪、心理和注意力、忍耐力。法国伦理学家罗雪夫克说过这样一句名言："真正的雄辩是重要的事不必全说，不重要的事则绝口不提。"对于必须召开的会议，一定要简明扼要地讲清楚事情，即对于重要的内容，讲出其主要脉络和关键的地方就可以了，而不必进行过多的解释。对于不重要的事情、可说可不说的情况，则应绝口不提，切忌冗长、拖拉。最起码应保证能按时散会，谁也无权浪费别人的时间。

☆ 态度要自然、亲切，讲话要浅显生动，尽量少用各类专业术语。对员工的人格尊重与否也表现在管理者以怎样一种口气与员工对话。如果管理者与员工平等交流，以诚相待，语调自然而亲切，使会议气氛如同家人团聚一般的随和，员工也会感到受到尊重并回之友善的回报，增强员工的归属感和团队精神的目的也就自然达到了。另外，话题的入手应引起主持者的重视，会议的气氛及员工的注意力能否集中，关键在于话题的引入上，一般应从浅近处开始，用活生生的事例引出主题为妥，并在讲话中多运用通俗易懂、生动活泼的词语，避免深奥难懂的专业用语，保证信息传播的接收效果。

3. 公告牌 公告牌包括黑板报、墙报和宣传窗这类专用性信息发布地。公告牌是最古老也是最常用的传播工具，就传播内容而言，既可以是组织决策及服务方针的广泛宣传，也可以是组织新闻、员工业绩的正面鼓励，还可以对员工感兴趣的问题进行分析讨论，寻求统一的观点和对策。由于制作简单、费用低廉，加之方式灵活、传播时效性好，因此是每个组织公共关系人员必须重视并精通的一种传播工具。

拓展阅读

如何提高公告牌的传播效果

☆ 公告内容的多样化，避免过多的说教和事务性公告，应着重刊登组织的有关内部新闻，尤其是好人好事和直接关系到组织及员工利益的重大事件。我们经常看到不少组织的板报内容枯燥，抄报纸、写口号、出通知，时间一长，员工自然懒得去关注了。

☆ 注意新闻的时间性，无论是通告还是新闻都有其时效性，一旦时过境迁，公告牌内容就要及时更换，谁也不会去注意那种已经挂了好几个月的"旧新闻"。内容的适时变动也能给员工以新鲜感，会促使他经常关注公告牌的内容。

☆ 要接近员工需要，关注"热点"新闻，内容主要围绕员工关心的组织新闻、员工动态、文体活动、表彰奖励及员工家庭新闻、知识百科等。

☆ 公告牌应安置在适当的地方，如员工的饭堂、主要通道。如果是宣传橱窗，最好摆放在员工看得见的地方，这对引起员工注意，便于员工观看和增强被宣传人物的心理满足感都不无裨益。

4. 给员工的信 组织负责人写信给员工或员工家属，汇报组织情况并请教和讨论组织有关事务，也是一种较为有效的传播方式。尤其是这种信件花费有限，但能传达对员工的关心，容易为人接受并获得员工的信赖，科学地运用此法往往能起到相当好的效果。

拓展阅读

如何给员工写信

☆ 主题明确。每次写信最好只讨论一个题目，便于员工慎重考虑并给予回复，内容过多反而会让人模糊，无所适从。在内容表述上要力求简明扼要、不能冗长。

☆ 应注意情感交流。既然是给私人的信件就应具备起码的礼仪，在用词、语调、格式上都要注意分寸，既不能冠冕堂皇、官腔十足，也不要低声下气，失去权威感，亲近之中不失尊严。

☆ 在运用的时间和频率上不能过多过滥。偶然一封信件往往能得到员工的极大敬意，信件多了就显得平淡无奇了。在沟通的时间上不能临时抱佛脚，有求于人时才写信，这样容易让人认为是在利用他，而应注意平时的沟通，这需要其他方式的配合。

☆ 在寄发对象上，有时可以给员工，有时可以直接给家属，尤其是当组织面临危难而需要员工的共同努力时，给家属的效果可能会更明显。

5. 员工手册及活页印刷品　编印员工手册，给员工每人一册，通常与口袋一样大小，以便于携带，内容包括有关部门的规章、政策、义务、禁止事项、奖罚规则等，近似于一本工作守则。通过对固定性内容的传播，让员工对组织的有关政策、制度有全面、清楚的了解和认识，并以此为行为规范，自我约束。为克服员工手册因命令条例过多而可能导致的员工反感心理，可以适当增加些组织历史及发展介绍、产品及服务内容介绍、组织与员工光荣业绩等，以补充手册内容之不足。可另编活页的印刷品来报道新的情报、人事变动或福利计划和组织的有关新近政策，使员工随时了解本组织新的业务和进展。活页印刷品的发放可以直接分发、寄发，也可以放入员工的工资袋中，一般在领取工资时必然心情愉快，这个时候与员工沟通是很少会被拒绝的。

6. 其他活动性沟通方式　如家访、请员工就餐、集体性娱乐活动、业余文体活动及其他特殊沟通方式。

二、与股东关系的协调

所谓股东关系，就是股份企业与投资者之间的关系，又称"投资者关系"。股东，一般包括个体投资者和团体投资者。个体投资者分为股票持有者和股票交易者。股票持有者持有股票并非为了卖出，他们中有组织外部的投资者，有的则是组织的员工；而股票交易者则专门从事股票的交易。广泛吸引个体投资者，对于避免股票的高度集中有一定作用。团体投资者是指金融机构或其他组织的投资，它们中有的握有一定份额的股票，对组织举足轻重。

股东是组织的投资者，直接影响着组织的发展。因此，股东关系的协调有着重要意义。股东是企业的投资者。股东不仅是企业的"财源"，也是市场和销售伙伴。良好的股东关系可稳定和扩大股东队伍，创造良好的引资环境，扩大企业的财源，还能开辟新的市场，为企业在市场竞争中不断发展创造有利的条件。在协调处理股东关系时，应注意以下几点。

1. 激发股东的主人意识和投资热情　股东是组织的投资者和股份的所有者，是组织主要经济活动的决策者，因而在组织中享有一定的权利，是组织当然的主人。组织公共关系部门应该敦促和协同企业领导，从尊重股东"权利意识"出发，满足股东了解各种情况、掌握组织信息、参与企业管理的要求，使他们感受到自己在组织中的主人翁地位。

2. 稳妥经营，为股东谋利，保证股东应有的经济权益　一是及时地发放真实的股金红利或增配股，二是切实保障股东享有退换货转让股金的权利。

3. 艺术地调动股东积极性，扩大销售网络　组织应积极鼓励股东献计献策，并激发股东身体力行，既做公司产品或服务的消费者，又做公司产品或服务的宣传者和推销者。

4. 积极主动与股东保持有效沟通　重视股东的意见、态度、建议、投资兴趣等。利用年度报告、股东会议、信函、电话、调查表、参观等方式，告知企业状况，增强其信心。

5. 感情联络，攻心为上　利用节日、庆典、纪念日等喜庆机会，通过信函、贺卡、电话、参观、联欢、赠品、福利等方式，联络感情。

任务二　外部公共关系协调

　　所谓外部公共关系是指社会组织主体与其内部公众以外的其他公众的关系总和，它包括服务对象公众、传媒公众、社区公众、政府公众、业务伙伴公众等各类对组织生存与发展有着某种联系的公众。

　　从辩证的角度分析，当事物的内因确定之后，外因就会成为影响事物发展变化的关键因素，任何一个社会组织，既然存在于社会环境之中，就必须重视环境条件对组织的影响作用，所谓"适者生存"，就是这个道理。

　　从公共关系"内求团结、外求发展"的目标分析，"内求团结"是前提，"外求发展"才是根本。没有"外求发展"的目标，"内求团结"也变得毫无必要。社会组织只有在"内求团结"的基础上，及时、主动、有效地与外部公众建立良好的沟通与传播渠道，取得外部公众对组织的认同、理解、支持与合作，才能让组织进入"人和'的境界。

一、与政府关系的协调

（一）政府对社会组织的影响

　　政府是社会组织一个重要环境因素。政府之所以重要，一言以蔽之，就是因为它是拥有权力的公众，是综合协调、宏观调节的权力机构。它的许多职能部门，如国家卫生和计划生育部门、国家食品药品监督管理部门、国家工商行政管理部门、国家税务部门、各级物价部门以及审计、公安、海关部门等，都在自己的职权范围内行使行政管理职能。

（二）组织与政府关系的协调

　　组织的一切活动必须和政府的发展规划、产业政策、法律法规保持一致。医药企业在处理与政府的关系时应注意以下几个方面。

　　1. 经常沟通信息　政府作为行政管理机构，对企业一般不实行直接管理，但也需要掌握各企业的动态，以便归纳出带有普遍倾向性的问题，为宏观调控打下基础。因而，企业在举行庆典、产品投产、联谊活动、周年庆祝等活动时，应邀请政府有关方面官员参加，加强企业与政府公众在感情上的沟通，并经常上门汇报企业动态，争取获得政府的支持和扶持。

　　2. 争取良好的经济效益　企业是以营利为目的的经济组织，它是国家、企业、个人三者利益的交织点，企业只有取得良好的经济效益，国家才能以利税形式取得管理国民经济所需的经费，企业职工的生活水平才能提高，企业本身也能得到更大的发展。因而，经济效益好的企业往往能倍受政府公众的重视。

　　3. 良好的社会表现　热心公益事业，积极参与社区事务，以企业利益服从国家利益的企业，均有助于政府对其产生良好的印象。

　　4. 遵纪守法　政府通过各种法律、法令、条例、政策等来管理社会生活，规范个人和企业的各种行为，企业必须严格遵守这些规定。作为立法和执法的各级政府，当然信任、赞赏遵纪守法的企业，任何偷税漏税、违章作业、假冒伪劣、行贿受贿的企业，理所当然地不受政府欢迎。

二、与媒介关系的协调

　　新闻媒介，包括报纸、杂志、广播和电视等，又称大众传播媒介。所谓"大众传媒"

有两个意思：一是受众数量巨大而广泛，一份报纸的读者可达几百万，电视、电台的受众则更达数亿之巨；二是指信息大量复制，报纸的印数可达几百万份，杂志可达上千万份，广播电视更是信息丰富，甚至泛滥。

（一）新闻传媒对社会组织的影响

新闻媒介具有不容忽视的特征：它传递信息迅速，远在万里之遥也能目睹"即刻"发生的事件；它的影响力大、威望度高，无论是对政治、经济、文化等均有巨大的影响力。所以西方有些国家把新闻媒介看成是立法、司法和行政三大权力以外的"第四权力"，或称之为"无冕之王"。

在现代信息社会里，大众传媒是社会信息流通过程的"把关人"，他们决定哪些信息应该中转、疏导、传播，哪些信息应该中止、抑制、封锁。公众每天所接触到的信息，大部分是经过层层"把关人"的精心筛选后报道出来的。一个企业、一个人物、一件产品，一旦被新闻界选中，成为集中报道的热点，会立即成为广大公众议论的中心，成为具有公众影响力的话题，这就是新闻界的"确定议程"功能。一个企业、一个人物、一件产品一旦成为公众议论的话题、舆论的热点，也就自然地获得较高的社会知名度，被赋予较重要的社会地位，这就是"授予地位"功能。显然，企业离不开大众媒介的支持，否则无法争取广大公众的了解和赞誉。反之，企业如有失误，如经媒介的披露则会火上加油，严重的还会危及企业的生存。因而，处理好与大众传媒的关系十分重要。

（二）组织与新闻传媒关系的协调

1. 经常提供有新闻价值的信息　据美国新闻界统计，美国各大众传媒上的新闻、消息，一半以上是由各类社会组织提供的。因此，企业在与新闻界交往时，除适时召开记者招待会、组织记者参观访问外，还应及时、经常、客观地向新闻界提供具有新闻价值的、符合新闻传播规律的新闻稿，这是受新闻界欢迎的举措。

当然，在大众传媒面前企业是被动的，没有准予报道的决定权，但企业仍可以通过自身努力，争取大众传媒的注意和报道。为此，要充分了解大众传播媒介特点，掌握各新闻机构的编辑方针和报道计划。要知道什么信息具有新闻价值，这些价值的信息该如何用文字、图像来表达。

2. 与大众传媒建立长期稳定的联系　经常及时地向大众传媒提供企业内的有关情况，供其选择，尽可能使大众传媒有机会参与企业的各项活动，使其成为企业中的一员。当传媒有困难时，要及时提供帮助。最好指定专人负责与有关记者、编辑保持联系，争取建立超过一般工作关系的人际关系。有了这样一批新闻界人士，他们会在必要时助一臂之力。

当然，对待记者要一视同仁，以礼相待。不论大报小报、中央地方，不论写表扬稿或批评稿的记者，都要以同样的热情和规格相待。

3. 以礼相待，提供真实情况　新闻必须具有真实性，向记者提供虚假的信息，一旦揭露出来，不但失信于社会公众，而且也失去了大众传媒这一特殊公众的信任。企业中发生的事情并不一定同新闻界有关，但他们往往比那些直接关联人更有兴趣，更为好奇。企业从自身利益出发，倾向于提供好消息，掩饰坏消息，这就酝酿着企业和新闻界之间的矛盾和磨擦。因此，对于企业中的家丑决不可掩盖起来，而应该讲真话，说实情，并提出解决问题的措施，从而取得新闻界及广大公众的谅解和支持，使坏事变成好事。

4. 以"淡化矛盾"原则处理与媒介的冲突　企业与媒介之间由于立场、角度等不同，不可避免地会产生一些分歧。对此，企业应以淡化矛盾为原则，以解决问题为基础，避免矛盾的产生。因为企业只有依靠媒介公众，并与之建立良好关系，才能为自己开创一个良好的舆论环境。

"淡化矛盾"指在发生纠纷时，应循求同存异的思维，而不是抓住枝节不放，把自己放在媒介的对立面。当企业确有失误时，应敢于承认错误，避免与媒介矛盾激发。即使出现了失实报道，也应侧重于沟通情况，促进相互了解，消除沟通中的障碍。

三、与顾客关系的协调

顾客在这里不仅仅指生活资料消费者，也包括生产资料消费者；既包括物质产品消费者，也包括精神产品的消费者；不仅仅指个体消费者，也包括集体消费者。因而，我们可以把"顾客"定义为：使用进入消费领域的产品和服务的消费者和生产者。对于一个企业而言，顾客就是企业组织活动的目标市场，其影响程度远超过前两个方面，因为失去了顾客就意味着失去了市场，赢得了顾客就赢得了市场，医药企业的一切营销活动都是以满足顾客需求为中心的。

（一）顾客需求的分类

对社会组织来说，顾客需求是千差万别的，可以从不同角度分类。

1. 消费资料需求和生产资料需求　消费资料需求是消费者出于自身的生理和心理上某种尚未得到满足的需求，生产资料需求则是生产者在生产过程中派生出来的需求。两者至少有两个不同点。第一，消费需求的目的是为了满足自身的需要，生产者需求则是为了盈利。第二，消费资料需求以个人满足为基准，决策往往是非合理的，有时还是冲动的；生产资料需求一般以计划、专业技术为基准，对决策的要求趋向理性。因此，生产资料需求要求品质优良、价格低廉、销售服务周到。

2. 现实需求和潜在需求　现实需求是指有支付能力并且已经意识到的需求，潜在需求是指在未来时期内对商品或劳务可能产生具有支付能力的需求。潜在需求的形成有两方面原因。一是对商品和劳务的需求是具备的，但因购买力原因使需求一时不能实现；二是消费者具有一定的购买力，可是由于商务或劳务不符合需要，或者由于价格、储蓄利率、服务质量、市场稳定等因素使消费者持币待购。由此可见，消费需求具有相互的伸缩性，受一系列因素影响消费会发生程度不同的量变，同时，这一系列因素又成了调节消费量的手段和工具。

3. 个人消费需求和团体消费需求　个人消费需求和团体消费需求不能等同于消费资料需求和生产资料需求，在团体消费需求中也有购买消费品的需求，如政府机构采购、企事业单位的非生产性采购、集体福利购买等。这部分购买力大，值得企业关注。

4. 生存需求、享受需求和发展需求　生存需求主要是基本的食物、衣着、住房和其他与生存相关的商品，对于这类商品，消费者在选择时不很复杂，企业所需要的销售技术也比较简单。随着生产力的提高和生活条件的改善，消费需求会不断变化。特别是当人们闲暇时间增多以后，享受发展方面的需求也就越来越多，休闲商品、观赏商品、礼品等就有了足够的发展。

（二）企业与顾客关系的协调

顾客关系是企业与本企业产品或服务的购买者、消费者之间的关系。在现代社会，顾客关系的对象是广义的，包括一切物质产品、文化产品及服务的购买者、消费者。处理好与顾客的关系是重要的，因为在商品经济条件下，顾客就是企业的市场，市场导向实质上就是顾客导向。只有在顾客心目中树立良好的形象，企业的生存和发展才有了保证。正是从这个意义上，我们才讲"顾客是上帝"，建立良好顾客关系的主要方法如下。

1. 提供优质的产品和服务　顾客花钱是为了能给自己带来某种享受，满足自己某种需要，这一切首先取决于产品和服务的质量。如果在这一问题上有闪失，企业在顾客心中的形象将毁于一旦。

2. 认真听取顾客意见 我们经常可以听到这样一句话："顾客永远是正确的。"事实上，挑剔的、无理取闹的顾客不是没有，但现代商人仍把这句话看作是一种哲理。这是因为，这句话典型地概括了企业和顾客的关系，说明企业在处理这一关系时要处于主动地位，应负主要责任。听取顾客意见，这是尊重顾客态度的一种表现。国内外不少企业还"主动"花钱买意见，从顾客意见、建议中了解顾客需要和期望，为进一步改进工作打下基础。对于顾客的各种投诉也应正确对待。不少企业在销售时热情接待，而遇到投诉或要求退货时往往不冷静、不热情，争吵成了家常便饭。

3. 维护顾客的基本权益 对于顾客来说，希望企业能尊重和维护自身的权益。20 世纪 60 年代初，美国总统肯尼迪在给国会的一份报告中提出了 4 项消费者权利，现在这 4 项权利已被世界各国所认可。这 4 项权力是：索赔权（当使用与其陈述不符的产品而受到损害时，有权要求得到补偿）；知晓权（消费者有权了解商品制造、使用和维护方面的信息和知识）；陈述权（有权对商品的质量、款式、性能、价格等提出意见，并有权要求有关方面听取）；选择权（消费者有权挑选商品的式样、种类，有权不买不喜欢的商品和服务）。

企业应站在顾客的立场上，想顾客之想，急顾客之急。尊重顾客的权益，这本身也是一种信誉、一种形象。

拓展阅读
我国《消费者权益保护法》规定的消费者的权利

☆ 消费者在购买、使用商品和接受服务时享有人身、财产安全不受损害的权利。

☆ 消费者享有知悉其购买、使用的商品或者接受的服务的真实情况的权利。

☆ 消费者享有自主选择商品或者服务的权利。

☆ 消费者享有公平交易的权利。

☆ 消费者因购买、使用商品或者接受服务受到人身、财产损害的，享有依法获得赔偿的权利。

☆ 消费者享有依法成立维护自身合法权益的社会组织的权利。

☆ 消费者享有获得有关消费和消费者权益保护方面的知识的权利。

☆ 消费者在购买、使用商品和接受服务时，享有人格尊严、民族风俗习惯得到尊重的权利，享有个人信息依法得到保护的权利。

☆ 消费者享有对商品和服务以及保护消费者权益工作进行监督的权利。

☆ 网购消费者享有 7 日"退货权"，但易消易腐品、数字化商品及刊物等除外。

4. 培养、引导积极的消费者意识 消费者希望和企业之间建立一种商品交换关系之外的关系。国外一些企业认为，要为现代企业营造一个健康、良好、稳定的消费者环境，就必须通过各种工作，培养现代消费意识。企业通过印发指导性手册、举办操作表演会、实物展览会、举办培训班、开设陈列室、成立企业消费者俱乐部等方式，培养清醒的、健康的、能自觉维护自身权限的消费者。

拓展阅读

七招助你平息客户的怒火

☆ 合作　首先需要找一个双方都认同的观点，比如说："我有一个建议，您是否愿意听一下？"这么做是为了让他认同你的提议，而这个提议是中立的。

☆ 询问对方的想法　通常我们自以为知道别人的想法。为什么不问一下对方的想法呢？只有当对方描述他的想法的时候，我们才能真正确定，才可能达成双方都接受的解决方案。

☆ 回形针策略　这是一个获得认同、缓解紧张气氛的小技巧。当工作人员接待情绪激动的客户时，用表现得很随意的方式请求客户随手递给他一些诸如回形针、笔和纸等东西，当客户递给他时，他便马上感谢对方，并在两人之间逐步创造出一种相互配合的氛围，引导客户进入一种相互合作而达成一致的状态。

☆ 柔道术　当了解了客户的情况，你就可以抓住扭转局面的机会利用他施加给你的压力。如"我很高兴您告诉我这些问题，我相信其他人遇到这种情况也会和您一样的。现在请允许我提一个问题，您看这样处理是否合您的心意"。

☆ 探询"需要"　我们经常发现客户提出的需求并不一定最符合他的需要。通常你在问对方问题时，对方总是会有答案的。如果你问他们为什么，他们就会把准备好的答案告诉你。但是，只有你沿着这个答案再次逐项地追问下去，他们才会告诉你真正的原因，你才会有满足客户"需要"的方案。最好的探询需要的问题是多问几个"为什么"。

☆ 管理对方的期望　在向他说明你能做什么，不能做什么时，你就应该着手管理对方的期望了。大多数人所犯的错误是告诉对方我们不能做什么。请直接询问客户，他到底期望你做些什么？

☆ 感谢　感谢比道歉更加重要。客户的抱怨往往起源于我们的失误，客户的愤怒往往起源于我们的冷漠和推诿。所以他打电话来之前会预期这将是个艰苦的对决，而你真诚的感谢大大出乎他的预料，他的情绪也将很快得到平复。

四、与供应商、经销商关系的协调

（一）供应商对企业的影响

供应商是向企业提供生产产品和服务所需资源的企业或个人。企业要从事生产和经营活动，没有原材料、资金、能源、人力、设备等资源的输入是无法正常运转的。供应商对企业活动的影响主要体现在以下几个方面。

1. 供货的及时性和稳定性　现代市场经济中，市场需求千变万化且变化迅速，企业必须针对瞬息万变的市场及时调整计划，而这一调整又需要及时地提供相应的生产资料，否则，这一调整只是一句空话。企业为了在时间上和连续性上保证得到适当的货源，就应该和供应商保持良好的关系。

2. 供货的质量水平　任何企业生产的产品质量，除了严格的管理以外，与供应商供应的生产资料本身的质量好坏有密切的联系。其质量水平可从下列方面进行判断：医药生产企业或医药批发企业主体是否合法；企业的规模、信誉如何；能否提供合格的产品报验资料、药检报告、授权委托书、增值税发票；医药商品的生产或经营是否符合国家政策法规；

医药商品的质量如何；医药商品的价格是否合理；包装是否有利于保证质量和进行销售；医药生产企业能否提供全套的市场开发操作计划；广告力度、促销支持和服务水平如何；有无严格的市场保护措施以杜绝窜货和不正当竞争；有无完备的退货制度；医药生产企业或医药批发企业的付款是否具有优惠条件。

3. 供货的价格水平 供货的价格直接影响到产品的成本，最终会影响到产品在市场上的竞争能力。企业在日常工作中应密切注意供货价格的变动趋势，特别要密切注意构成产品重要部分的原材料的变化，使企业应变自如，不至于措手不及。

（二）企业与供应商关系的协调

1. 树立互惠互利观念 现代社会经济交往中的主要原则是"双赢原则"，即通过互惠互利的交往，使交易双方均成为胜利者。企业和供应商虽有竞争的关系，但更应该成为合作伙伴，更应注意建立长期的稳定的伙伴关系和供应链，使外部交易成本下降，避免两败俱伤。

2. 加强双向信息沟通 处理与供应商关系的重要手段是加强信息沟通。企业应及时将自身经营状况、产品调整情况、企业对供应货物的要求（价格、供货期限、质量要求等）告知供应商，以便协调双方立场。

3. 对供应商进行分类管理 根据供应商供应货物的重要程度、稀缺程度、供应量大小等标准划分不同等级，以便重点协调，兼顾一般。

4. 使供应商多样化 企业过分依赖一个或几个供应商，会导致供应商任何的细微变化都会过分影响企业的正常经营运作。为此，企业应使供应商多样化，使企业始终处在一个有利的位置。当然，在确定这一原则时还必须与一些主要供应商保持良好关系，处理好多样化和特殊性的关系。

（1）长期供货商 指企业对某一供货的医药商品比较满意，与此供货商有着长期的良好的业务关系，并且建立了业务情感。

（2）随机供货商 指企业在经营长期业务过程中，为了应对市场或其他外在条件的有利时机，随机向供应商进行采购。随机供货商有可能转化为长期供货商。

（3）最佳交易供货商 指企业在经营的过程中，并不是一成不变的按固有的交易条件从长期供应商处采购商品。他们会关注市场动向，改变交易条件，从而选择最佳交易条件的供货商。如果长期供货商，能够满足这些条件，他们仍然会选择长期供货商供货。否则，将会减少或不从长期供货商处进货，而重新选择供货商。

（4）创造性供货商 指企业根据市场需求提出一些创造性的想法，并且致力于把此种想法付诸于实践中。他们或向原有的供货商提出要求，或寻找新的供货商。

（三）经销商

经销商是把产品从生产者流向消费者的中间环节，是专门从事商品流通的经济组织，主要包括批发商和零售商两大类。医药批发商是专门从事医药产品采购然后再转售给零售商的经营企业，为生产企业储存医药产品，帮助企业开展促销活动，为企业提供反馈信息等，对组织发展有重要作用。医药零售商是将医药产品直接销售给消费者以盈利的组织。目前履行医药零售商职能的最重要的两种组织就是医院与药店。医院中所消耗的医药产品占医药零售额的80%，是医药生产企业的主要用户，但是其消耗量受到医院高层、相关药剂科室、医护人员（尤其是医生）乃至政府医院管理部门等多种因素的影响，比较复杂。药店一般是医药公司、药材公司、单位、个人设立的用于获得营业利润的组织。

一般地说，与供应商相比，经销商更为重要。这是因为经销商处在一种十分灵活和可以选择的地位，当一种商品滞销，经销商可以转向另一家生产厂商进货。尤其在供大于求的市场态势下，对于许多生产厂商而言，与经销商关系的协调是十分紧迫的。

与经销商关系的协调是一个复杂的系统工程，包括经销商的选择、激励、监督、调整、评价等。

五、与社区关系的协调

社区关系是指与某个社会组织主体有地域上互邻且利益上相关的一种公众关系。

（一）社区关系协调的重要性

俗话说"远亲不如近邻"，社区是社会组织生存和发展的根基，组织能否"永续经营"，"睦邻"工作扮演着相当重要的角色。

1. 社区是劳动力的主要来源地　社区成员与组织员工间互相渗透，有着千丝万缕的关系，也正因为这样一种关系，组织内部的情况往往会很快被社区成员知晓。同时社会组织的主要管理骨干也往往是以本社区成员为主，这是因为生活在同一地域，在信息沟通上较易达成共识。

2. 组织的维系和发展有赖于社区的支持　从能源、水电、交通到邮政、网络、生活用品供应都必须寻求社区的支持。

3. 良好的社区关系能较好的促进组织主体的发展　曾有人问一位公共关系专家，社会组织为什么需要同社区公众建立良好的关系，这位专家回答"如果一家人经常同左邻右舍产生纠纷，他们的家庭生活能够幸福吗?"良好的社区关系有四个标志：第一，本组织的基本情况为社区公众所熟悉；第二，本组织所生产的产品或提供的服务使社区公众喜爱该组织；第三，组织受到社区政府部门和其他社会团体的尊重；第四，本组织成员同社区公众保持良好的人际关系。具备了上述四项条件，组织主体也就具备了良好的"人和"条件，一方面员工为在该组织工作而感到骄傲，并因此更加努力工作；另一方面，社区公众对组织形象的正面宣传，能进一步促进组织环境的和谐。

（二）社区关系协调的内容

1. 维护社区环境　保护人类的生存环境，珍爱地球上每个生命，是任何社会组织必须正视的问题。有许多社会组织在其运作过程中，存在着环保与效益的矛盾，即在生产效益的同时，也在生产着污染，尤其在一些不发达地区，更是将自身效益建立在对周边环境的恶意毁损上，许多地下造纸厂、化肥厂、农药厂不停地向外排放各种有毒污染物，使居民苦不堪言，甚至个别不法之徒从国外进口废塑料、洋垃圾，从中牟取暴利，而全然不顾环境保护。这一切随着政府对环境保护的日益重视和民众环保意识的逐步觉醒，会很快得到根治，对于现代组织而言，绿色营销（环保营销）是其发展的必由之路。

拓展阅读

绿色营销

所谓绿色营销是指组织在经营战略制定、市场细分与目标市场选择、产品生产、定价、分销、促销过程中注重个体利益与社会整体利益的协调统一，并在此前提下追求经济利益的一系列经营活动。它不仅包括保护生态环境，消除一切污染环境的经营行为和有不良副作用、危害消费者身体健康的产品，也包括保护消费者心理健康，树立良好的社会风尚。它体现了社会组织兼顾消费者利益，符合人类共同愿望，建立人类与大自然对立统一的协调机制，代表着组织未来的发展方向。

在保护社区环境的同时，社会组织还应积极美化社区环境，尤其是自身生产与经营环境的美化。实际上，整洁的建筑、充满大自然气息的厂区和宁静、祥和、卫生的工作环境，也是一种赢得公众喜爱的举措。

2. 支持社区公益活动　社区关系不能仅停留在社会组织自身行为约束上，而应积极参与社区建设，促进社区繁荣与发展，与所在社区形成"共存共荣"的关系，尤其是在对社区公益性活动的支持上，应不遗余力。

社区的各类领导者与意见领袖一般都希望本社区的社会组织能为社区的健康发展提供多方位的支持，尤其是在资金、人力等方面能给予扶植。如兴办教育、投资科技、赞助社区文体活动、安置老弱病残、支持社区绿化等。社会组织身为社区的成员应以此为己任，树立正确的社区意识，取之于民、用之于民，才能让"新睦邻"变成现实，让社区的所有公众真正以组织的存在为荣，从而建立起良好的"地利"环境。

3. 促进社区的安定与繁荣　让社区在繁荣发展过程中，同时拥有一种和睦、友善的氛围，一种高就业率、低犯罪率，人员间祥和、安定的生活环境，是每一位社区公众的理想，社会组织也应积极承担起此项职责。

4. 给社区带来光荣和骄傲　社区里有闻名的古迹、美丽的景观、漂亮的建筑，这些自然是社区居民引以为豪的资本，但如果让社区拥有一个令人侧目、让人尊敬的组织，又何尝不是社区居民的一件荣事呢，社区公众也会从自豪中发自内心的真心喜爱、关心这些给他们带来光荣和骄傲的组织。

（三）社区关系协调的手段

1. 通过社区传媒与公众沟通　利用社区大众传媒或组织通讯、年度报告书、小册子、组织刊物等，定期或不定期的向社区公众传递组织运作信息，包括组织运作状况、经营业绩、对社区的贡献等，营造良好的社区舆论环境。

2. 与社区领袖的主动接触沟通　有时，社区领袖也是政府公众关系对象，社会组织应主动向他们汇报组织运作计划与业绩，所承担的社会责任，并征求他们对组织的要求，让这些社区领袖在获得尊重中，更全面地了解组织，并通过他们进而影响社区其他公众的思想。

3. 开放组织　让公众到组织实地进行考察，亲眼目睹整个运作过程，加深对组织的了解。这种印象要比一般的宣传介绍更有效，同时也可借此纠正公众对组织的诸多误解。另外这种直接的接触也能加深组织与社区公众的感情联系，营造"人和"环境。

4. 发挥员工力量，开展全员"PR"　通过良好的内部沟通，增强员工的内聚力，进而充分调动员工积极性，发挥员工人数多、接触广的优势，利用各种场合，为组织作正面宣传，让社区公众在单个人际传播中接受组织信息，认同组织行为。

5. 展览与陈列　利用社区公共设施，抓住合适时机，一方面通过积极参与社区组织的专题宣传活动，展示组织的风采，如通过参加社区的"禁烟活动板报展示"、"社区建设成就汇展"、"社区文艺活动"等，让社区公众知晓组织的行为与立场；另一方面，主动发起组织某项主题宣传活动，让组织从中扮演社区活动热心倡导人角色。

6. 访问社区机构　配合某些特定日子，如重阳节、妇女节、儿童节、母亲节、教师节等，主动拜访社区学校、福利院、地方政府等有关机构，向他们表示慰问与感谢，适当时候还可赠送些礼品，让他们感受组织的亲和力。

重点小结

　　和谐的公共关系环境，是实现社会组织的目标与可持续发展的必要条件，搞好公共关系的协调是建立和谐的公共关系环境的根本保证。本项目主要讲述了组织内部公共关系的协调和组织外部公共关系的协调。组织内部的公共关系主要包括员工关系和股东关系，组织外部的公共关系主要包括政府关系、媒介关系、顾客关系、供应商和经销商关系、社区关系。公共关系协调职能是组织运作的润滑剂和缓冲器，是组织与内外公众交往的桥梁，目的是为组织的生存发展创造"人和"的环境。内求发展，外求团结，社会组织要善于运用各种协调手段，沟通、协调组织与公众之间的关系，减少摩擦，调解冲突，化"敌"为友。

目标检测

　　1. 一些医药企业为自己的员工过生日，为顾客过生日，这一做法运用沟通的哪种形式？有什么作用？

　　2. 你如何理解"搞公关，百分之九十是你做得好，百分之十是靠宣传"这句话？

　　3. 美国有一个安塞公司，在看到其所在的社区中一些单位或居民住所经常发生各种事故，大至房屋倒塌、火灾爆炸，小至设备故障、电器失灵后。公司决定，成立一个"抢救队"，由职工自愿参加，天天日夜值班，只要社区公众发生了事故打一个电话，他们就赶到公众家中或出事地点，帮助解决问题，不收报酬。公司这一举动，深受社区公众欢迎。请回答下列问题：

　　（1）什么是社区关系？安塞公司处理这一关系的目的是什么？

　　（2）处理好社区关系的重要性有哪些？

　　（3）假如你是该公司的公关人员，你还有其他的公关方法吗？

项目三

公共关系工作程序

学习目标

知识要求　**1.** **掌握**　公共关系调查的内容和方法及公共关系策划书的撰写方法。
　　　　　　2. **熟悉**　公共关系策划的程序、技巧和公共关系评估。
　　　　　　3. **了解**　公共关系工作过程。

技能要求　1. 会运用公共关系调查方法灵活开展调查，撰写调查报告。
　　　　　　2. 学会策划扩大组织社会影响力的公共关系专题活动，会撰写公共关系
　　　　　　　策划书。
　　　　　　3. 能够运用公共关系工作程序开展公共关系工作。

案例导入

　　案例：香港澳美制药公司是一名新闻事件的公关高手。由于其产品阿莫灵、澳广都是处方药，无法在公众媒体上进行广告宣传，于是香港澳美精心策划了一起新闻事件。2005 年 8 月，一封向国家卫生部建言普及肺功能检查，将肺功能检查列入常规体检项目的特快专递自香港寄出，建议单位正是香港澳美。第二天，《慢阻肺成生命第四杀手　香港澳美建议：将肺功能列入常规体检项目》、《药企上书卫生部体检标准不该重肝轻肺》、《体检不该"重肝轻肺"》等相关新闻报道纷纷见诸于媒体，近三百家平面媒体参与了报道。这次新闻事件，使得香港澳美、阿莫灵、澳广被作为一个有机整体出现在公众的视野中。同时，香港澳美这一公司品牌这一次的曝光除了引起业界的关注外，同时因为其从患者利益出发、为患者健康着想的真诚举动而赢得医院、渠道和广大消费者的尊敬和称道。香港澳美很好地利用公关帮助产品推广，也以此加强企业品牌形象的塑造，从而带来更好的正面影响。

　　讨论：本案例中，香港澳美制药公司通过成功策划并有效实施，公共关系工作取得巨大的成功，香港澳美很好地利用公关帮助产品推广，同时加强了企业品牌形象的塑造。那么，有效的公共关系工作应当怎样开展呢？

　　公共关系工作的基本内容即是公共关系主体在遵照和外化自身运营文化和理念的基础上，遵循公共关系学的科学理念和基本规律，通过采取科学确切的措施和手段妥善应对解决各类公共关系问题，有效开展公共关系工作，以推动社会组织与公众之间实现扩大共识、互信互谅、耦合互动的实践过程。在 1952 年出版的曾被誉为美国"公关圣经"的《有效公共关系》一书中，斯科特·卡特利普和森特提出了公共关系的"四步工作法"，即：公共关系调查、公共关系策划、公共关系实施和公共关系效果评估，从而确立了公共关系工作程序的基本范式。在实际当中，这四个环节既相互独立又相互衔接，构成了一个完整的公共关系工作周期。

任务一　公共关系调查

美国公共关系专家 R. 西蒙曾经说过："不论人们如何表达公共关系活动的流程，调查研究都是举足轻重的。如果把公共关系活动视为一个'车轮'，调查研究便是这个车轮的'轴'。"公共关系调查作为开展公共关系工作的第一步，是卓有成效开展公共关系工作的前提和基础，同时也是公共关系从业人员必须熟悉和掌握的基本方法和专业技能。

案例讨论

　　案例：美国亨氏集团与我国合资在广州建立婴幼儿食品厂。但是，生产什么样的食品来开拓广阔的中国市场呢？筹建食品厂的初期，亨氏集团做了大量调查工作，多次召开"母亲座谈会"，充分吸取公众的意见，广泛了解消费者的需求，征求母亲对婴儿产品的建议，摸清各类食品在婴儿哺养中的利弊。之后进行综合比较，分析研究，根据母亲们提出的意见，试制了些样品，免费提供给一些托幼单位试用；收集征求社会各界对产品的意见和要求，相应地调整原料配比，他们还针对中国儿童食物因缺少微量元素而造成儿童营养不平衡及影响身体发育的现状，在食品中加进一定量的微量元素，如锌、钙和铁等，使产品具有极大的吸引力，普遍地受到中国母亲的青睐。于是，亨氏婴儿营养米粉等系列产品迅速走进千千万万中国家庭。

　　讨论：亨氏集团为什么能一举成功？

公共关系调查的含义是指在特定的时空条件下，运用科学的方法、工具、技术及各类媒介，考察社会组织的内外公共关系状况，对社会组织公共关系工作开展所需涉及的各类信息进行搜集、整理、归纳、分析，从而为后续公共关系工作开展提供科学有效的指引。

从广义上看，公共关系调查属于社会调查的一种表现形式。公共关系调查兼具科学性和技巧性，既要确保调查效用，又要提高调查艺术。正确地进行公关调查并取得最佳效果，不仅要严格按照科学的原则、程序和方法施行，而且离不开必要的公共关系调查技巧。

一、公共关系调查的原则

（一）客观性原则

客观性原则是公共关系调查的首要原则。首先，要坚持公共关系调查内容的客观性。调查人员在公共关系调查过程中，必须始终坚持从客观事实出发，尤其应注意甄别公众的客观态度和主观臆想。其次，要坚持公共关系调查人员的客观性。公共关系调查人员在调查过程中，切忌主观性，既不可随意主观推断客观事实，也不可以主观猜测替代客观事实，而应始终坚持从客观事实出发，不回避、不掩盖事实。再次，要坚持公共关系调查过程的客观性。公共关系调查过程中的各个环节如对象的选取、数据的采集、信息的处理等必须始终按照科学的方法和程序来进行，只有这样，才能确保最终调查结果的信度和效度。

（二）全面性原则

全面性原则主要具有两层含义：其一是公共关系调查的对象必须具有公众的代表性；其二是指调查的资料必须全面，既要包含正面的、有利的因素，又要包含负面的、不利的因素。公共关系调查的全面性原则要求，公共关系调查中既要反映调查对象的正反两方面意见，又要涵盖各方公众的意见。公共关系调查切忌一叶障目、顾此失彼、以偏概全。

（三）时效性原则

公共关系调查的时效性原则具有两层含义：首先，公共关系调查只能了解调查对象在某一确定时段内的有关信息，一定时期内公共关系调查的结果会随着时间的变化而不断发生变化。公共关系调查人员既要准确把握有关信息发展变化的趋势和规律、及时形成有效的调查计划和方案，又要随时剔除过时和无用的信息。其次，一般而言，公共关系调查中对时效性信息反应和处理得越快，社会组织在竞争中所获得的优势和主动权也往往越大。所以，公共关系调查人员在确保客观性、全面性的基础上，也要充分重视信息传递的及时性和迅捷性。

（四）计划性原则

公共关系调查必须坚持计划性原则。首先，公共关系调查作为社会组织公共关系工作中的重要组成部分，必须列入组织的整体发展规划中，实现制度化、规范化。制度化、规范化可以增强公共关系调查的反应性和系统性，使组织不仅能够适时得到有价值的信息，而且能不断地总结调查的经验，提高公共关系调查工作的质量。其次，对一项具体公共关系调查而言，确立了完整、严密、务实的调查计划、合理规划好公共关系调查中所需的人力物力、对可能遇见的各类问题及其对策都提前做好预案，能够从根本上克服公共关系调查失败的风险，能够切实保证公共关系调查的顺利推进，降低公共关系调查的成本，提高公共关系调查的效率，并且能够更好地衔接公共关系调查同公共关系其他工作环节之间的关系。

（五）伦理原则

公共关系调查人员在实际工作中应始终坚守伦理的底限并努力扩大同公众的伦理共识。公共关系调查人员应尊重调查对象的人格尊严和人身权利，在真实、公开、坦诚的友好氛围中获取公众的信任和支持。公共关系调查人员既要确保调查的科学性，又要使其调查行为符合伦理道德规范。在公共关系调查的过程中，不能使调查对象受到任何伤害，不能对调查对象采取任何形式的欺诈或胁迫，不能使调查对象处于某种心理压力之下，在任何情况下都不得以牺牲伦理原则作为代价来获取某种有价值的资料。在进行信息处理时，也不能片面地引用调查事实，否则也被认为是违反伦理原则的行为。

二、公共关系调查的内容

公共关系调查主要包括社会组织的基本情况、社会组织的形象、公众的状况和社会环境状况等方面的调查。

（一）调查社会组织的基本情况

社会组织作为公共关系工作的主体，自身的基本状况从根本上影响和制约着一切公共关系工作的开展，因此，社会组织的基本情况是公共关系人员必须首先熟悉和掌握的。

社会组织的基本情况可以分为社会组织的基础性要素和社会组织的发展性要素。

1. 社会组织的基础性要素主要是指有关社会组织基本构成的关键性要素以及既有相对稳定性因素，主要包括以下几个方面。

（1）社会组织的总体情况，如社会组织的宗旨、类型、主业、规模，组织的管理模式、机构设置、主管部门等；

（2）社会组织的运营模式，如发展目标、发展模式、运营战略、为社会提供的产品、服务及特色等；

（3）社会组织的历史沿革及荣誉情况，如社会组织的发展历史、重大事件及影响，外界对社会组织的既有评价、社会组织所获得的各种称号和奖励等；

（4）社会组织的文化和理念，如社会组织的精神、道德规范、文化传统以及特有文化标识等。

2. 社会组织的发展性要素主要是指社会组织运营发展中能够创造经济效益和社会效益的物资基础和技术力量，主要包括以下几个方面。

（1）社会组织的既有物资基础，如用于生产经营的区域条件、生产经营设备、信息化支持技术及各种附属设施等；

（2）社会组织的技术能力，如所拥有技术人员的数量和知识结构、科研支撑、关键技术的领先程度等；

（3）社会组织的财务情况，如社会组织的固定资产和资产总额、现金流、平均利润率等；

（4）社会组织成员的待遇情况。如工资、奖金、津贴的水平及住房面积、劳动保护情况等。

（二）调查社会组织的形象

社会组织的形象是社会组织在公众心目中的映像。社会组织的形象调查主要是通过各种方法获知社会组织在公众当中的知名度和美誉度。

1. 知名度　知名度是衡量社会组织及其产品在社会公众中影响力的大小，表明公众对社会组织的知晓乃至熟悉的程度。

拓展阅读

知名度调查

知名度调查可分为知晓度调查和熟悉度调查。

☆ 知晓度调查侧重调查一个社会组织为社会公众所知晓的情况，主要内容包括知晓公众的总体数量、基本特点、区域分布情况及局部区域内知晓公众的比重等。

☆ 熟悉度调查侧重反映社会公众对社会组织的认识达到的熟悉程度，即在对社会组织充分知晓的基础上进一步达到能够区分社会组织信息有关细节、解读社会组织的深层文化的程度。熟悉度调查的主要内容包括熟悉公众在公众中所占的比重、区域分布、类型划分以及对其他公众的影响力等。

2. 美誉度　美誉度是衡量社会组织的公众当中，在充分认知、熟悉的基础上进一步产生情感趋同，对社会组织及其产品欢迎、喜爱、信赖、赞赏的人数比例的指标。美誉度是衡量社会组织与公众关系的一个关键性指标。获得美誉度的程度，实际上决定着社会组织与公众关系的性质和水平。

一般来说，一个真正良好的组织形象应该是既有知名度又有美誉度。有知名度不一定有美誉度，有美誉度也不一定有知名度。组织知名度高，其美誉度不一定高。组织知名度低，其美誉度不一定低。有知名度而无美誉度是一个不好的公关状态，有美誉度无知名度也将失去很好的市场机会（图 3 - 1）。

（三）调查公众的状况

调查公众的状况主要通过以下三个方面。

1. 公众构成情况

（1）内部公众构成情况　如内部公众的数量构成、职称职务构成、劳动态度构成、思

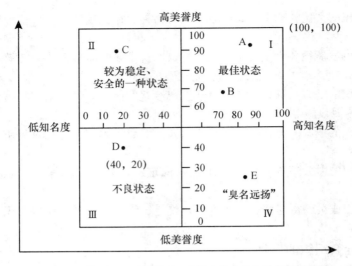

象限Ⅰ代表高知名度高美誉度，象限Ⅱ代表低知名度高美誉度
象限Ⅲ代表低知名度低美誉度，象限Ⅳ代表低美誉度高知名度
图 3-1 美誉度与知名度

想素质构成等。

（2）外部公众构成情况 如外部公众的数量构成、空间构成、特征构成、需求构成、观念构成、与组织的结构状态构成、对组织的重要性构成、对组织的依赖性构成等。

2. 公众需求情况 社会组织服务公众的本质即是有效恰当地满足公众的需要。因此，社会组织的公共关系工作，必须做好对公众需求情况的调查工作，准确掌握公众的需求信息。公众需求情况调查主要可以通过两个方面来进行：第一，公众的物质需求情况。如公众对改善物质生活环境的需求，公众对获得优质物质产品需求，公众对获得各种有形服务的需求。第二，公众的精神需求情况。如公众对组织接纳的需求，公众对合法权益的需求，公众对获得满意服务的需求，公众对获得重要信息的需求，公众对获得组织重视的需求等。

3. 公众评价情况调查 任何公共关系工作的开展，必须基于对组织实际社会形象的清楚认识。所谓组织形象，实际上是公众对社会组织各种评价的综合。因而，社会组织开展公共关系调查，必须着重收集公众对组织的评价性信息。公众对组织的评价主要有以下几种：第一，对组织产品的评价。如对产品的内在质量的评价，对产品外型的评价，对产品价值的评价等。第二，对组织服务质量的评价。如公众对组织服务项目、服务方式、服务措施、服务水平等的评价。第三，对组织管理水平的评价。如公众对组织管理机构及其办事效率评价，对组织经营创新和管理革新的评价，对组织管理效益的评价等。第四，对组织人员素质的评价。如公众对组织领导人、中层管理人员、专业技术人员、一般员工、公共关系人员及特殊人物等的评价。第五，对组织外向活动的评价。如公众对组织公关宣传活动、对外形象展示、慈善项目等的评价。

（四）调查社会环境状况

公共关系中所谓的社会环境是指社会组织在生存与发展的过程中所要面对的、能够对其产生促进和制约作用的各类公众和社会条件的总和。

1. 社会基本环境状况调查 需要调查分析与本组织相关的政治、经济、法律、文化环境，如党和国家颁布的各项相关的政策、法律、法规，评估其对组织发展的影响；国家及地方政府有关部门制定的规章制度对本组织经营行为的影响。

2. 市场经济环境状况调查 主要调查：第一，市场需求状况调查。如市场容量、社会的购买力、居民的消费结构和消费水平、现有的和潜在的购买人数、近期需求与长远需求及其需求变化趋势、国家是否鼓励某项消费等。第二，消费者消费欲望与购买动机、消费者的偏好及造成消费者偏好的意愿等方面情况。第三，市场竞争状况调查。如市场是否形成竞争态势，竞争对手的生产能力、产品特色、销售政策、服务措施、在消费者中的印象、与中间商和消费者的关系、广告宣传的力度、公关促销的措施等。

3. 行业环境状况调查 调查所属行业特定组织的经营方针、人员素质、技术力量、资金占有、经营管理水平、产品与服务方面的情况、在公众心目中的形象、在同行中的地位等。

三、公共关系调查的方法

所谓公共关系调查方法，是指用以保证公共关系调查目的得以顺利实现的途径、方式、手段、措施等。公共关系调查方法主要有科学观察法、询访调查法、问卷调查法、量表测量法、文献信息法等几种类型。

（一）科学观察法

科学观察法是指公共关系调查者根据一定的调查目的和调查任务的要求，亲临现场，具体观察调查对象的行为表现和所处状态，以搜集所需公共关系信息资料的调查方法。科学观察法大多是在观察对象没有察觉的情况下进行的，因此调查结果比较客观。但采用此方法往往只能了解被观察者的表面现象和行为活动，而不能看出其内部特征，尤其不能发现被观察者的内心世界，了解他们的行为动机、态度、打算等，因而调查深度显得不够。

（二）询访调查法

询访调查法是公共关系调查中常用的信息资料搜集方法之一，它是指公共关系调查者根据一定的调查目的和调查任务的要求，通过向调查对象提问，与调查对象交谈而搜集所需的公共关系信息资料的调查方法。询访调查法按其所采用的信息媒介与手段区分，可分为面谈询访、书面询访、电话询访、电子邮件询访等。各种询访方法各有长短，各具利弊，有一定的适用范围。如面谈方法主要适用于较为复杂的信息搜集，可对各种相关因素做细致的了解，但这种方法花费时间多，对询访者的语言表达能力和综合分析能力要求高，还需要询访者具有一定的临场经验和丰富的相关知识。因此，究竟采用哪种方法，应根据具体情况确定。一般来说，搜集简单的、时间性强的信息资料，以电话询问为好；搜集涉及面广、深度要求高的信息，则以面谈为佳；涉及不便当面谈的内容信息，则以书面询访为宜。

拓展阅读

访谈提纲

在访谈前，要设计访谈提纲。访谈提纲一般包括：确定访谈调查目的（为什么谈）、确定访员（谁去谈）、确定访谈记录方式（怎么记）、确定访谈报告方式（怎么写）。如果是标准化访谈，必须用组织统一设计的访谈问卷；如果是非标准化访谈，提纲则无须有严格的分类和固定的回答方式，但要求必须把与调查主题相关的主要项目和问题列出，问题要简练、明确。

（三）问卷调查法

问卷调查法是指由公共关系调查者向调查对象提供问卷并请其对问卷中的问题作答而

搜集所需的公共关系信息资料的调查方法。

问卷是用于搜集信息资料的一种重要工具，它的形式是一份精心设计的问题表格。问卷依其问题的构成特点可分为封闭式问卷和开放式问卷两种。封闭式问卷的提问是在提出问题的同时，还给出若干个备选方案，要求被调查者选择其中一个或几个作为回答；开放式问卷的提问是只提出问题，不提供具体答案，而由调查者自由填答。从问卷的结构来看，一般地说，各种问卷往往都包括封门信、指导语、问题、答案、编码等几个部分，其中问题和答案是问卷的主体。在问卷的设计过程中，关键是要设计好问卷的问题和答案。

问卷调查法是现代公共关系调查的一种科学规范的调查方法。其优点为：可以节省时间、经费和人力；具有较好的匿名性，有利于搜集真实的信息；所获得的信息资料便于定量处理和分析；可以较好地避免调查者的主观偏差，减少人为误差。其缺点为：回收率一般较低；不适于对文化水平低的人作调查；由于被调查者填写问卷时调查者一般不在场，因而所获得的信息资料的质量往往难以保证。

典型实例

桂林医学院附属医院公共关系调查问卷

1. 您的性别是（　　　）
   A. 男　　　　　　　　　　　B. 女
2. 您是（　　　）
   A. 本地人　　　　　　　　　B. 外地人
3. 您的年龄是？（　　　）
   A. 22 岁以下　　　　B. 23～35 岁　　　　C. 36～49 岁　　　　D. 50 岁及以上
4. 您的职业是（　　　）
   A. 教师　　　　　　B. 商人　　　　　　C. 学生　　　　　　D. 工人
   E. 公务员　　　　　F. 农民　　　　　　G. 其他
5. 您的家庭人均月收入是（　　　）
   A. 2000 元以下　　　B. 2001～4000 元　　C. 4001～6000 元　　D. 6000 元以上
6. 您是否有医疗保险（　　　）
   A. 是　　　　　　　　　　　B. 否
7. 您是否到桂林医学院附属医院就诊过？（　　　）
   A. 是　　　　　　　　　　　B. 否
8. 您是从何处了解到该医院的医生信息或就诊信息（　　　）
   A. 医院官网，微信公众号等　　　　　B. 报纸书刊
   C. 熟人朋友　　　　　　　　　　　　D. 其他
9. 您觉得桂林医学院附属医院的就医环境如何？（　　　）
   A. 干净整洁，井然有序　　　　　　　B. 不好不坏，很一般
   C. 环境杂乱，秩序混乱
10. 一般情况下您选择的挂号 or 预约方式是？（　　　）
    A. 网上挂号 or 预约　　　B. 窗口挂号 or 预约
11. 您在窗口挂号、划价、收费、取药所需的等候时间是？（　　　）
    A. 不超过 10 分钟　　　B. 10～20 分钟　　　C. 20 分钟以上
12. 您觉得该医院门诊医生、医护人员等工作人员的服务态度如何？（　　　）
    A. 满意　　　　　　B. 基本满意　　　　C. 不满意　　　　D. 非常不满意
13. 您对于医生针对您的病情合理使用药物和进行相关检查是否满意？（　　　）

    A. 满意   B. 基本满意   C. 不满意   D. 非常不满意

14. 您觉得该医院就医费用(　　　)

    A. 偏低   B. 合适   C. 偏高

15. 您每次在该医院的消费金额是(　　　)

    A.100 元以下   B.100～300 元   C.300 元以上

16. 您认为该医院急需解决的问题是(　　　)

    A. 就医环境问题   B. 医疗设备问题   C. 医务人员问题   D. 其他_____

17. 当您的权益受到侵害时，您会如何解决(　　　)

    A. 不知道该如何维权

    B. 情况较严重时才会采取正当的维权手段

    C. 知道维权手段，但觉得太繁琐所以放弃

    D. 只要权益受损就一定会采取维权手段

    E. 其他_____

18. 对于桂林市医学院附属医院，您还有什么想吐槽或者赞美的么？_____

（四）量表测量法

    量表测量法是指公共关系调查者根据一定的调查目的和调查任务的要求，借由测量量表对调查对象的主观态度和潜在特征进行测量，以搜集公共关系信息资料的调查方法。量表是适用于较精确地调查人们主观态度和潜在特征的调查工具，它由一组精心设计的问题构成，用以间接测量人们对某一事物的态度、观念和某一方面的潜在特征。

（五）文献信息法

    文献信息法是指公共关系调查者根据一定的调查目的和调查任务的要求，通过对现有文献的搜集来获取公共关系资料的调查方法。文献是指以文字、图像、符号、声频、视频等为主要记录手段的一切知识载体。利用文献信息法搜集公共关系信息资料，具有简单、快速、节省调研费用、不受时空限制等特点，尤其适用于对历史资料和远程区域信息资料的搜集。它既可作为一种独立的调查方法运用，也可以作为实地调查等方法的补充。

四、公共关系调查的程序

    公共关系调查的一般程序可以分为以下五个阶段。

（一）调查准备阶段

    调查准备阶段是公共关系调查的基础阶段和首要环节。公共关系调查能否达到满足公共关系工作所需公共关系信息的要求，在很大程度上取决于调查准备阶段的工作内容与工作质量。调查准备阶段的工作内容主要包括以下三项。

    1. 确立调查任务　公共关系调查者要通过对社会组织面临的现实的公共关系问题探讨，根据社会组织公共关系工作对公共关系信息的实际需要，确立具体、实在的公共关系调查任务，使公共关系调查真正做到有的放矢。

    2. 开展调查设计　要有效地完成公共关系调查的任务，首先必须进行周密的公共关系调查设计，而不是急于到社会环境中去搜集资料。公共关系调查设计的任务较多，主要包括调查课题设计、调查指标设计、调查样本设计、调查问卷设计、调查过程设计、调查方案设计等。

    3. 准备调查条件　调查条件主要涉及三个方面：一是人员条件。公共关系调查的人员条件不仅包括数量要求，而且包括知识、能力、素质等方面的质量要求，社会组织要根据

公共关系调查的需要，有针对性地开展调查人员的培训工作。二是经费条件。要努力确保经费充足和及时到位。三是物质技术条件。公共关系调查往往需要一些物质技术手段的支持，如录音机、录像机、摄像机、摄影机、计算机等。

（二）资料搜集阶段

资料搜集阶段也称为具体调查阶段，是整个公共关系调查过程中最为重要的阶段。

资料搜集阶段是公共关系调查唯一的现场实施阶段。因此，根据公共关系调查方案的要求，采取各种调查方法，实际搜集各种资料是搜集阶段的根本任务，资料搜集阶段的其他工作都要围绕这一根本任务的完成来进行。公共关系调查中所要搜集的资料可以分为两种：一是原始资料，二是现成资料。原始资料也称为第一手资料，即调查者深入现场实地调查所搜集的资料，它是公共关系对象中资料搜集的重点。现成材料也称第二手资料，即经过他人搜集、记录或已经整理的资料。无论是原始资料还是现成资料，都应以保障资料的真实、准确、全面、丰富为原则。

（三）整理分析阶段

整理分析阶段也称研究阶段，它是运用科学的方法，对搜集得来的公众调查资料进行提纯、整序，并加以分析、研究的信息处理过程。整理分析阶段的主要任务有两项：一是整理调查资料，二是分析调查资料。

1. 整理调查资料　公共关系调查资料整理的工作内容主要包括：第一，按照真实性、准确性、完整性、标准性的要求对调查资料进行审核；第二，按照科学性、实用性、渐进性、相斥性的原则对调查资料进行分类；第三，按照条理化、系统化、精练化、规范化的要求对调查资料进行加工。

2. 分析调查资料　公共关系调查资料的分析是指调查者运用一定的科学分析法，对公共关系调查资料的内容进行深度加工的过程。这一过程所运用的分析方法很多，一般可以概括为定性分析方法和定量分析方法两类。

拓展阅读
定性分析法和定量分析法

定性分析，就是对研究对象进行"质"的方面的分析。具体地说是运用归纳和演绎、分析与综合以及抽象与概括等方法，对获得的各种材料进行思维加工，从而能去粗取精、去伪存真、由此及彼、由表及里，达到认识事物本质、揭示内在规律的目的。

定量分析，对社会现象的数量特征、数量关系与数量变化的分析。其功能在于揭示和描述社会现象的相互作用和发展趋势。

定性分析与定量分析是相互补充的，定性分析是定量分析的基本前提，定量分析使定性更加科学、准确，可以促使定性分析得出广泛而深入的结论。在进行调查的时候，必须将两者有机结合起来，这样才能对所调查的问题进行一个比较系统的分析，才能得出一个比较正确的结论。

（四）报告写作阶段

在调查中，当完成了调查资料的整理分析后，要写调查报告。调查报告是指用以反映调查所获得的主要信息成果或初步认识成果的一种书面报告。通过调查报告，调查者可以将调查过程中获得的信息成果和认识成果集中呈现出来，以方便社会组织的领导者或公共关系部门的负责人参考利用，有利于将公共关系调查成果尽快地应用于公共关系科学运作过程中，取得公共关系科学运作的良好收效。

拓展阅读

公共关系调查报告的写作要求

第一，确保调查报告内容的客观性和真实性。在调查报告中，确保调查报告内容的客观性和真实性是最起码的要求，决不能弄虚作假。第二，确保调查报告体例的系统性和完整性。系统性是指调查报告的内容体例应有系统，能全面且合乎逻辑地安排和表述；完整性主要指调查报告的形式体例应当完备，一般来讲，应包括题目、目录、概要、正文、结论、建议和附件等要件。第三，确保调查报告的准确性和便读性。调查报告的语言表达与一般文体的表达有所区别，它主要要求准确、便读。准确指行文要把握分寸，恰到好处地将事实表达出来；便读指行文要简洁朴实，通俗易懂，无须拐弯抹角，装饰美化。

（五）总结评价阶段

总结评价阶段是公共关系调查的最后阶段。主要包括以下两项工作。

1. 评估调查成果 评估调查成果主要是指评估调查成果的价值。评估调查成果的价值一般通过两个指标来进行，一是调查成果的学术价值，二是调查成果的应用价值。在学术价值方面，主要应对公共关系调查所提供的事实资料和数据资料的完整性、真实性、可靠性等做出客观的评价，以及对所提出的理论观点和研究结论的科学性、合理性、创新性等做出客观的评价。在应用价值方面，一般要根据公共关系调查成果被采用情况、公共关系调查成果对公共关系科学运作的实际指导作用和所取得的实际效益，通过成果应用者评估、同行专家评估、组织领导评估等来做出具体的评价。

2. 总结调查工作 总结调查工作实际上是对整个公共关系调查活动的工作过程和有关情况进行回顾检讨。其内容主要包括：第一，公共关系调查工作的完成情况。如是否按时完成了调查任务，是否真正达到了调查目的，是否需要补充调查或重新调查等。第二，公共关系调查所取得的经验教训。如本次公共关系调查的成功之处和不足之处有哪些，公共关系调查各阶段取得的工作成绩和具体收获有哪些，公共关系调查的条件、方法、手段是否合理等。

任务二　公共关系策划

《中国公共关系大辞典》把策划定义为："是指人们为了达成某种特定的目标，借助一定的科学方法和艺术，为决策、计划而构思、设计、制作策划方案的过程。"换言之，策划是决策前的准备工作，它为决策进行创意和设计，为决策提供依据，进行运筹。

公共关系策划具有战略性、策略性和创造性，是一门科学，也是一门艺术。

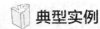 **典型实例**

"青春宝"何以应对险恶用心?

1991年,坐落在杭州北高峰桃源岭的杭州第二中药厂,解开了古代宫廷秘方并研制出抗衰老的"青春宝"。它一问世,立即受到人们的青睐。一些老年人连续服用"青春宝"后,睡得香了,脸上色素少了,思维能力增强了。凭借良好的功效,"青春宝"在市场上声名鹊起。

就在"青春宝"崭露头角时,便有险恶用心的人,指控它为"假药",一封封诬告信飞到市里、省里,以及国家医药监管部门,怀疑、指责、非议,直接危害着"青春宝"的声誉,也使一些原先对"青春宝"购买欲很强的顾客望而却步。

面对现实,"青春宝"的同仁们没有去进行无谓的争辩,而是通过周密筹划,围绕产品声誉问题展开了一系列公关活动。

(1)邀请一些著名老中医和医药专家对"青春宝"进行权威性的鉴定。这些德高望重的专家经过数月的调查,得出的结论是:"青春宝"确系根据宫廷秘方研制而成,没有副作用,已在国内外大受欢迎,应迅速投入大批量生产。

(2)主动向市委、市政府汇报情况,争取上级领导的关心和支持。当时的杭州市委书记亲自过问此事,在查清事实后,充分肯定了杭州中药二厂为祖国四化与人民健康作出的贡献,竭力称赞"青春宝",并指示要全面打进国际市场,使国药走向世界。

(3)通过新闻媒介,报道事实真相,争取社会舆论的广泛支持。不少新闻单位伸张正义,从各种不同角度传递信息,使流言不攻自破,诬告受到抨击。

就这样,乌云散了,谣言自破。"青春宝"在人们的心目中成了健康长寿的良药,在国内外的知名度也越来越高。不少国家元首、政府官员、专家学者、新闻记者和世界卫生组织代表慕名前来。罗马尼亚科学家、著名防衰老药发明者阿斯兰教授来杭考察"青春宝"之后,佩服地说:"中国发展防衰老药竞争力很强,前途很大。"

杭州第二中药厂在它14周年的厂庆上,邀请来著名作家黄宗英、白桦,著名电影演员白杨、乔榛、陈佩斯、朱时茂等,来做他们厂的名誉职工。

"青春宝"扬名了,中药二厂也富了,但是他们并没有忘记社会上最需要关心的人。厂里慷慨解囊捐助残疾人,成立敬老院福利基金会,又让很多失学的儿童重返校园……"青春宝"在百姓心中越发青春了。

一、公共关系策划的原则

(一)公众利益优先

任何组织的生存与发展,都离不开公众的支持,如果公共关系策划只追求经济效益,只顾自身利益不顾公众利益、社会效益,就失去了组织与公众沟通、并获得社会认可和支持的基础,最终将会为社会所不容。所以成功的策划应是以组织利益和社会利益的统一为宗旨,尤其应该把公众利益放到优先地位,只有如此,才能得到公众的信任,才能赢得公众,也才能最终实现组织的目标,获得组织利益。

(二)尊重客观事实

公关策划必须坚持以客观事实为依据,做到客观、真实、全面、公正。所谓客观,就是反映事物的本来面貌,不以推断和想象代替事实,更不能有意识地"造假";所谓真实,就是直面事实,丁是丁,卯是卯,既不夸大,也不缩小;所谓全面,就是充分掌握事物的全貌,反映、传播需要公开的事实的全部材料,决不以点带面,以偏概全,更不能有意地掩盖事实真相;所谓公正,就是以公正的态度对待事实,站在公众能够接受的立场上处理问题,不护短,不推诿,不文过饰非。坚持尊重客观事实原则,要求组织必须经过周密细致的公关调查，制定切实可行的公关目标，排除来自各种虚假因素的干扰，坚持公共关系策划的真实性，在充分掌握客观事实的基础上，策划出公众可接受的方案。

（三）创造性与务实性相统一

一次成功的公共关系策划必须是一次创造性劳动，是对公共关系理论创造性地加以应用，以公共关系策划的新颖和独特的内容吸引公众。公共关系策划要根据组织环境和社会公众各个方面的发展变化状况，以及组织内部的条件，提出富有独创性的公关方案，这样才能使公关活动标新立异，收到更好效果。但在实践中，有些具有新意的策划方案，因受多种因素的制约，并不一定都能实施。在进行公共关系策划时，组织的需要和实现的可能二者必须统一，对公共关系策划者来说，既要考虑社会组织所要达到的公共关系目的，也要考虑外部环境和内部条件，使得公共关系策划方案的目标是可实现的，程序是可行的，范围是力所能及的，手段和方法是可利用的，为公共关系活动的有效开展奠定基础。

（四）计划性与灵活性相统一

经过策划所形成的行动方案，涉及到组织各方面工作的协调，涉及到人、财、物的配备，具有较强的计划性。所以行动方案一旦确定，应尽量保持其稳定性，保证整个行动方案的贯彻实施。但是，公共关系策划所制定的计划方案不是僵死的和一成不变的，它应具有一定的弹性和灵活性。组织的主观条件和外部环境随时都在发生变化，因此公共关系策划所制定和实施的方案，应具有充分的回旋余地，灵活的补救措施，尤其是当环境的变化对目标的影响很明显时，应及时适当的调整公共关系策划的活动，或者适度的调整公共关系目标。只有把计划性和灵活性有机地统一起来，才能保证公共关系工作达到更好的效果。

（五）与社会组织整体计划相一致

公共关系策划是在组织总体发展目标约束下进行的。在进行公共关系策划时，必须把这种策划所达到的目标看作是组织整体目标的一个部分或一个方面，与组织的整体目标统一起来。无论是专业性的公共关系公司，还是组织内部的公共关系部，在公共关系策划时，都要认真研究现阶段、现时期组织的目标是什么。策划必须根据组织的特定目标来设定策划方案的目标，否则，与组织的发展目标相悖，再好的行动方案，也只能是一种不切实际的空想。

二、公共关系策划的程序

公共关系策划的具体步骤是根据社会组织内在的和外在的客观状况以及公共关系策划的具体内容而定，一般说来，大致可以分为四个阶段、十四个步骤（图3-2）。

（一）策划起始阶段

公共关系，是以问题的存在为前提，围绕解决问题展开活动，因此说发现问题、提出问题是公共关系策划的逻辑起点。解决问题是公共关系策划的目标，贯穿于公共关系策划的全部过程。

如何发现组织所存在的问题呢？一般常用的方法有：例外法则、偏差记录、组织诊断、缺点列举。

1. 例外法则 把社会组织的理想目标与现实状态加以对照，如果两者相符则属于正常，如果两者不符则属于例外。从"例外"中寻找差距，发现问题。

2. 偏差记录 社会组织安排相关人员周期性地调查和询问组织内外发生了哪些变化，出现了什么异常现象，把脱离组织正常运行轨道的偏差记录下来，然后对这些偏差进行分析研究，从中发现问题。

3. 组织诊断 社会组织聘请有关专家，对社会组织的机体或运行状况进行检测、评估和分析，以便发现潜在问题。

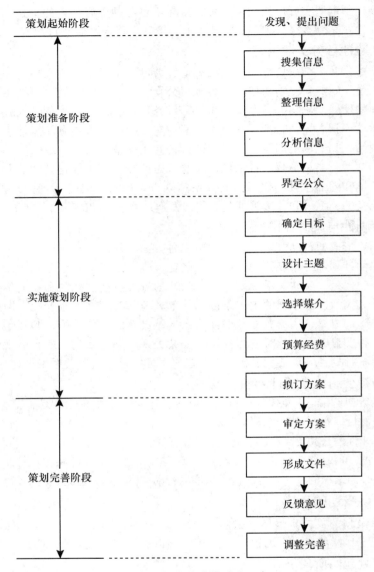

图 3-2　公共关系策划的程序

4. 缺点列举　社会组织通过召开各种形式的员工或者公众座谈会，专门就组织的某一方面情况请与会者列举所存在的缺点，从大家漫谈所列举的缺点或不足中发现存在的问题。

（二）策划准备阶段

当社会组织发现问题之后，就要通过具体的公共关系活动来解决问题。为了使公共关系活动有针对性、计划性并收到预期效果，必须针对发现的要解决的问题进行公共关系策划，公关策划进入准备阶段。这一阶段包括搜集信息、整理信息、分析信息、界定公众四个步骤。

1. 搜集信息　针对发现并试图解决的问题，搜集相关信息，以便为公共关系策划奠定基础，为审定公关策划方案限定参照标准，为开展公共关系活动创造条件。

2. 整理信息　对搜集到的信息，进行归类和初步加工处理，便于信息的保存、分析、应用。

3. 分析信息　针对公共关系策划活动的实际需要，运用专门的信息分析方法，对搜集到的经过了初步整理的信息，进行比较、估量、计算、筛选等加工分析，从而弄清现状，找出差距；总结经验，发现优势；获取新知，寻觅时机；设计新路，确定目标。

4. 界定公众　界定公众有利于明确公共关系活动目的、设计公共关系活动主题、组织公共关系活动队伍、选择传播媒介。公共关系活动的目标公众，是需要根据公共关系活动的内容、目标及公众状况来确定的。针对发现并要解决的问题，根据搜集的信息反映出的特定公众情况，通过信息分析，对公众加以界定，确定目标公众，以便为正式策划做好准备。

（三）实施策划阶段

公共关系策划准备工作就绪之后，就可以进入正式实施策划阶段，这是公共关系策划最重要也是最富成效的阶段，这一阶段包括确定目标、设计主题、选择媒介、预算经费、拟订方案等五个步骤。

1. 确定目标　确定目标必须以发现并试图解决的问题为出发点，以搜集的信息及其对信息的分析、对公众的界定为依据和前提条件，以预期效果即对问题的解决程度为归宿。确定目标，可以为策划指明方向，为策划的实施提供依据。

（1）理论目标　按时间幅度可分为长期目标、近期目标和短期目标；按组织针对的问题可划分为建设性目标、解释性目标、纠正性目标、创造性目标等；按公共关系目标实现的顺序可划分为传播信息目标、联络感情目标、改变态度目标、引起行为目标等。

（2）实践目标　解决社会组织公共关系实践中面临的问题。

拓展阅读

公共关系的实践目标

英国公共关系专家弗兰克·杰弗金斯将公共关系实践目标概括为 16 种，即：新产品、新技术、新服务项目开发之中，要让公众有足够的了解；开辟新市场、新产品和服务之前，要在新市场所在地公众中宣传组织声誉，提高组织的知名度；转产其他产品时，要调整组织对外形象，树立新的组织形象与新产品相适应；参加社会公益活动，并通过适当的方式向公众宣传，增加外部公众对组织的了解和好感；开展社区公共关系活动，与组织所在地的公众沟通，得到他们的支持；本组织的产品或服务在社会上造成不良影响后，通过公共关系活动，挽回影响；为本组织的新的分公司、新的销售店、新的驻外办事处进行宣传，使各类公众了解其性质和作用；让广大公众了解组织领导层关心社会、参加各种社会活动的情况，以提高组织的美誉度；发生严重事故后，要让公众了解组织处理过程，采取的方法，解释事故的原因以及正在做出的努力，以取得公众的谅解；创造一个良好的消费环境，在公众中普及同本组织有关的产品或服务的消费方式、生活方式；创造股票发行的良好环境，在本组织的股票准备正式上市前，同各类公众介绍产品特点、经营情况、发展前景、利润情况等，宣传组织的投资环境和条件；通过适当的方式向儿童宣传介绍，使正在成长中的一代了解本组织产品的商标牌号、企业名称、服务特色；争取政府对组织性质、发展前景、需要得到支持的情况的了解，协调组织关系；赞助社会公益事业，赢得社会好感和关注，扩大组织影响；准备同其他组织建立合作关系时，对组织的公众、组织的合作者及政府部门宣传合作的意义和作用；处在竞争危机时刻，通过联络感情等方式，争取有关公众的支持。

总之，确定公共关系目标要建立在对环境及其发展趋势充分研究与估计的基础上。

2. 设计主题 公共关系活动主题是联结所有公关活动项目的核心，是统领整个活动、连接各项目、各步骤的纽带。在主题确立了以后，所有的公关活动都要围绕这一主题展开。例如，"希望工程"的各种专题展览、宣传画、印刷品、文艺汇演等自始至终围绕"为了千千万万个失学儿童"这一主题。

公共关系策划设计的主题，应当是该项公共关系活动内容的高度概括，因此一般用提纲挈领式的语言来表达。主题的表达方式多种多样，它可以是一句口号，也可以是一句陈述或者一段表白。当然，要想使设计出的主题既切合公共关系活动内容又高度概括，并令人耳目一新、过目不忘，能够给公众留下深刻印象，是件非常不容易的事。在设计主题时必须认真思考，反复推敲，精心遣词造句，争取使主题简洁、明了、准确，富有意蕴和韵味，并能够充分体现活动宗旨，对公众具有较强的感召力。

3. 选择媒介 媒介是公共关系传播的载体。一般常见的传播媒介有以下几种。

（1）人际传播媒介：主要包括个人之间面对面交谈、微信、书信来往、电话联系等。

（2）群体传播媒介：包括各种座谈会、新闻发布会、联谊会以及一般性的会议等。

（3）大众传播媒介：主要包括报纸、杂志、广播、电视、网络、各种展览会及宣传材料等。

拓展阅读

选择传播媒介的原则

每一种传播媒介都有自己的长处和短处，在选择传播媒介时应注意以下原则。

☆ 适应对象原则 考虑此次活动的信息接受者是谁？他们习惯于接受哪种或哪些媒体传达的信息？他们对什么形式和内容的信息感兴趣？他们对各种信息的理解能力如何？他们接受信息的条件如何？

☆ 区别内容原则 内容简单而又容易理解的事物可以选择电视、广播，内容比较复杂，需要经过反复思考才能完全明白的道理或技术性较强的应选择印刷品传播等。网络游戏主要选择网络和专业的书籍。

☆ 合乎经济原则 公共关系传播需要一定的经济投入和其他资源的投入，故而组织在选择媒介是应当首先考虑自己的实力，只要能达到预期的目标，在考虑媒介时应尽力以节省经费支出为出发点，不可一味的贪大。

☆ 考虑条件原则 在选择媒介时必须考虑并且研究自身及现有的各种传播条件，一切脱离实际情况的选择都等于空谈。

---

4. 预算经费 公共关系活动，需要一定的物质基础。也就是说，公共关系策划方案，必须建立在一定的物质条件基础之上，才有可能实现。因此，预算经费便成为公共关系策划的一个重要步骤。

无论是出于何种目的而开展的公共关系活动都应该考虑投入与收益的关系，公共关系策划的方案必须建立在一定的物质条件基础上，才可能成为现实。

经费预算项目可以分为行政开支和项目开支两大类。

行政开支 = 劳动成本费用 + 日常行政费用 + 设施材料费用

项目开支 = 已经进行的项目费用 + 计划进行的项目费用 + 预测可能进行的项目费用

5. 拟定方案 公共关系活动方案是为了实现公关目标所拟订的各项措施、办法、途径、策略、技巧的汇集。拟订公共关系活动方案，是公共关系策划阶段的核心环节，是使策划目标得以实现的基础。

拟订方案的意义主要表现为明确公共关系所面临的任务，确定适宜的公共关系目标，编制公共关系工作程序，区分公共关系工作的轻重缓急，便于有条不紊地组织公共关系活动，而且能够展现行动结果。

拟订公共关系方案，应该以对所掌握的各方面的信息的科学分析为前提，以目标公众、目标系统、活动主题、传播媒体、活动经费、结果预测等为依据。

（四）策划完善阶段

策划完善阶段，是公共关系策划的最后一个阶段，它主要包括审定方案、形成文件、反馈意见、调整完善四个步骤。

1. 审定方案 拟订出来的公共关系活动方案，还仅仅是关于如何开展公共关系活动的基本构想，为了使其更加科学、更加完善，还必须对它加以审定。审定方案一般是由有关领导、专家、具体工作人员参加的方案审定委员会（审定小组、工作小组）或专门会议，对方案进行讨论、评估、选择、优化、论证。

2. 形成文件 将公共关系策划过程及其结果等与策划有关的主要内容进行加工整理转化为书面形式。形成的文件就是公共关系策划的正式方案。

3. 反馈意见 不仅在策划方案、最终形成方案文本的过程中要不断地反馈相关的信息和意见，而且在方案实施过程中也要及时收集反馈信息、意见。这样做可以发现实施过程中的偏差，汲取有价值的信息和意见，对方案作必要的调整，以利于公关活动的顺利开展，同时也有利于总结经验，为以后的公共关系策划提供有益的借鉴和启迪。

4. 调整完善 根据反馈的信息、意见，以及必要的反馈评估，对策划方案进行必要的调整，使之更加完善。

三、公共关系策划的方法和技巧

（一）公共关系策划的方法

1. 创意 罗曼·罗兰曾说：创意是历史进化中永远有效的契机。创意方法的应用，在社会各方面将会产生许多伟大的策划。创意千万种新食品；开发千万种茶叶新产品；制造千万种产品；策划千万个文化节；筹划千万个旅游景点……社会中千万种新创意的运用，便是亿万倍效益产生的引爆器。

2. 头脑风暴法（Brain Storming） 头脑风暴法又称智力激励法、BS法，是由美国创造学家 A. F. 奥斯本于 1939 年首次提出、1953 年正式发表的一种激发创造性思维的方法。此法经各国创造学研究者的实践和发展，至今已经形成了一个发明技法群，如奥斯本智力激励法、默写式智力激励法、卡片式智力激励法等，其中奥斯本智力激励法是最基础的方法，其他方法都是在此方法上的延伸或深化或改进。

头脑风暴法是让所有参加人员围绕某一特定主题，在自由愉快、畅所欲言的气氛中，自由交换想法或点子，并以此激发创意及灵感，以产生更多创意的方法。

3. 德尔菲法 德尔菲法是在 20 世纪 60 年代由美国兰德公司首创和使用的一种特殊的策划方法。德尔菲法是古希腊的一座城市，因阿波罗神殿而驰名，由于阿波罗有着高超的预测未来的能力，故德尔菲成了预测、策划的代名词。

所谓德尔菲法是指采用函询的方式或电话、网络的方式，反复地咨询专家们的建议，然后由策划人作出统计，如果结果不趋向一致，那么就再征询专家，直至得出比较统一的方案。

4. 博弈法 博弈论又称为"对策论"，一种使用严谨数学模型来解决现实世界中的利害冲突的理论。博弈论模型的求解目标就是使自身最终的利益最大化，这种解建立在对方也采取各自"最好策略"为前提的基础上，各方最终达到一个力量均衡，也就是说谁也无法通过偏离均衡点而获得更多的利益。

5. 类比法 由于各种事物间总是存在着一定的联系，人们在认识它们的时候，总是尽力去揭示它们之间的本质联系，充分利用它们之间的相似之处去认识和理解它们。在教学内容中，许多知识板块之间和解题方法之间存在着类似之处，这样在我们的学习过程中，就可以利用这种相似性，运用类比的手段来降低学习的难度，提高学习的效率。

（二）公共关系策划的技巧

1. 目标量化 公关活动特别是大型公关活动往往耗费很多人力、物力、财力资源，因此，社会组织没有目标而耗费巨资做公关活动是不可取的，目标不明确是不值得的。只有量化目标，公关活动策划与实施才能够明确方向，才会少走弯路。

一些保健品企业，在做节日公关活动时，要求活动规模大、规格高、发稿多，但说不清楚为什么要做，要传播什么样的卖点、概念，没有设立目标。有的企业做公关活动，设定了不少目标，比如，提高知名度、美誉度，促进销售等，但是没有量化（提高知名度、美誉度的百分比，促进销售的货币额度），方向模糊，错把目的当目标。最终使得活动效果不尽人意，所以，目标一定要量化。

2. 集中传播 公关活动是展示企业品牌形象的平台，不是一般的促销活动，所以，一定要确定活动主题，并以此作为策划的依据和主线。很多公关活动，钱花了不少但基本上没什么收获，给别人留不下很深的印象。只有创造公关活动的"眼"并集中传播，才能把有关资源整合起来，从而完成活动目标。当然，集中传播，并不是只传播一条信息，而是把活动目标和目标公众两项因素结合起来，重点突出一个中心，从而提高活动的有效性。

3. 公众调查 做公关活动时不能省略公众调查这一重要工作环节，只有洞悉公众心理与需求，掌握竞争对手的市场动态，进行综合分析与预测，才能扬长避短，调整自身公关策略，赢得公关活动的成功。

四、公关策划书的撰写

（一）公共关系策划书的内容要素

公共关系策划书没有固定的格式，策划者一般根据实际的需要和自己的文笔风格来撰写。但无论策划书的形式、内容有怎样的差别，理应包含的要素都不可或缺。一份完整的公共关系策划书应当具备5W、2H、1E，具体如下。

Why（为什么）——策划的缘由；

Who（谁）——策划者、策划方案针对的公众；

What（什么）——策划的目的、内容；

Where（何处）——方案实施地点；

When（何时）——方案实施时机；

How（如何）——方案实施形式；

How much（多少）——活动经费预算；

Effect（效果）——活动实施效果猜测。

上述8个要素就是一份完整的公共关系策划书应当具备的基本骨架。针对不同组织，不同内容与形式的公共关系策划方案，应当围绕这 8 个要素，根据自己的需要去进行丰富完善和组合搭配。公共关系策划书的创造性与个性风格，就存在于对要素的丰富完善和组合搭配的差异之中。

（二）公共关系策划书的撰写方法

公共关系策划书一般可分为三个部分：标题、署名及成文日期，正文，附件。

1. 标题、署名及成文日期

（1）策划书的标题　策划书的标题必须详细清晰，让人一目了然。策划书标题字号稍大于正文，居中排列。其表现形式有以下三种。

公关主体 + 事由 + 文种。由组织聘请的公关顾问、公关公司策划公关活动方案，其策划书一般用这种形式的标题。如实桥公司开业庆典策划书、巨能钙公司消除"双氧水事件"影响的公关活动策划书。

事由 + 文种。由组织内设公关机构策划公关活动方案，其策划书一般用这种形式的标题。如：爱美奖学金计划 10 周年纪念活动策划书、心理健康知识宣传活动策划书。

主标题 + 副标题。主标题一般是公关活动主题，副标题即常用策划书名称。如："感恩生活，关注心理健康——心理健康知识宣传活动策划书"、"节奏狂飙　炫音魅影——百事可乐炫音飞车音乐活动计划"。

（2）策划书署名　策划书署名为策划者单位或个人名称。如方案系群体或组织完成，可署名"××公关公司"、"××公关部"；对其中起主要作用的个人，也可在单位名称之后署名，如"总策划×××"、"策划总监×××"。方案如系个人完成，则直接署名"策划人×××"。

（3）策划书成文日期及其他

成文日期。在署名下面注明策划文案完成的具体日期，一般加括号。如：（2016 年 11 月 18 日）。

编号。对策划书进行编号，便于存档和查找。比如根据策划方案顺序编号，根据方案的重要程度或保密程度编号，根据方案治理的分类编号等。编号标识一般位于策划书标题右上角。

版记。如策划方案尚属草稿或初稿，还应在标题下括号注明，写上"草稿"、"讨论稿"、"征求意见稿"等字样。假如前有"草稿"，决策拍板后的策划方案就应注明"修订稿"、"实施稿"、"执行稿"等字样。

2. 正文　策划书正文可分为活动背景、活动方案和效果预测三个层次展开。

（1）活动背景　活动背景分析的目的主要是让公关主体领导者、公关活动方案实施者了解这次活动要解决什么问题及其鲜明的记忆点是什么。因此，活动背景分析应是公关策划者在综合分析公关主体面临的公关问题基础之上，对制定公关活动方案的依据、主要目的和创意的简要说明。

这部分内容应根据策划书的特点在以下项目中选取内容重点阐述：

——组织面临的公关问题及环境特征

——组织的发展历史及组织立场

——实现组织既定目标需要克服的障碍

——开展公关活动的原因

——开展公关活动的目的动机等。

（2）活动方案　这是公关策划书的核心部分。其主要内容包括活动目标、活动主题、活动内容、经费预算。

这一部分的写作需要周到，但以纲目式为好，不必过分详尽地去加以描述渲染，也不要给人以头绪繁多杂乱或干涩枯燥的感觉。

（3）效果预测　活动效果预测的主要目的是让公关活动主体领导者和公关活动实施者明确公关策划希望获得什么样的结果，以及公关活动能否获得预定的效果。

3. 附件　附件不一定每份策划书都需要，应根据具体情况而定。重要的附件通常有：

——活动筹备工作日程推进表

——有关人员职责分配表

——经费开支预算明细表

——活动所需物品一览表

——场地使用安排表

——相关资料

——注重事项等。

典型实例

××药业公司公共关系活动策划书

一、调查与策划

1. 活动目的　进一步密切和广大客户的关系，扩大企业影响力。

2. 活动时机　5 月 16 日

5 月 16 日是中国传统的端午佳节，如果这个庆典活动举办成功，既可以利用这个时机来提高员工的士气，树立公司的良好印象，又可以加深公众对公司及其产品的良好印象，他们会逐渐地把 5 月 16 日看成是一个特别的日子，使我们的客户和广大消费者与我们共同分享欢乐，这是一个很好的感情融和手段。

3. 活动地点　团城山公园

充分考虑诸多方面的因素，如交通、安全、观赏性、场内设施、人数与场内空间的比例、气象、通讯、电力照明等，将活动地点确定在团城山公园内，这个公园地处风景区的繁华地带，可以吸引众多公众来观看。

4. 活动内容　以公司全体员工上街拜访公司的所有客户和广大消费者为开头，晚上在磁湖上施放烟火，感谢全体市民。具体如下。

（1）5 月 15 日、16 日两天，公司组成 80 多对拜访小组，分别拜访全市 340 家客户，征求他们的意见，感谢他们一年来对公司业务的大力支持。

（2）5 月 15 日，派出四辆广告送货车，分别慰问全市的交警，感谢他们长期对公司的支持和为全市交通所作出的贡献。

（3）5 月 16 日，在全市 20 个点开展现调赠送活动，并向广大消费者发放感谢信，以感谢广大消费者对公司的厚爱。

（4）5 月 16 日晚，举办庆祝活动，进行员工卡拉 OK 比赛，并评出优秀员工家属，公司领导感谢广大员工和员工家属为公司发展所作出的努力。晚会结束后，施放烟火，与全市人民同乐。

5. 传播媒介

（1）找一个好的新闻由头：国家专利产品虎标驱风油珠开创国内药疗、磁疗、方便涂抹于一体之先河，国内独家，绝无仅有。以这个为新闻由头，写新闻稿，5 月 15 日在当地的各大报纸上都发布这一消息。

（2）充分利用广告：5 月 15 日在当地主要报纸上刊登整版祝贺广告，把企业想对广大消费者说的话都写在上面，尽量以文化的形象出现。

（3）精心组织活动：5月16日当天，全体员工挂上绶带，上面写着"××药业有限公司向全市广大消费者问好"，拜访客户和消费者。

（4）利用各种媒介手段。除了5月16日的报纸广告和之前的报纸新闻以外，邀请当地的电台和电视台进行现场采访，把活动内容和公司的成就宣传出去。所有采访分别于5月16日中午和晚上的新闻节目中播出。

二、方案与实施

1. 感谢客户

参加部门：市外销售部、行政部、财务部、生产部、品控部成2人一组。80对拜访队伍。

拜访对象：市内340家客户。

任务：感谢客户、收集意见，每组拜访四五家客户，随身携带：绶带、感谢信、拜访登记表，A、B类客户送古典画。

拜访要求：统一服装配带绶带，主动热情谦虚礼貌，衷心感谢，以情动人，倾听意见认真记录，不做承诺，反馈消息。

2. 客户赠饮（带有公司统一包装的凉茶）

赠饮地点：市内繁华地带20个现调机点，每点4人，限赠800杯，赠完为止，赠饮总量9盎司1600杯（40桶）。

3. 交警赠饮

地点：市内全部××个岗亭执班交警。

总量：每人250ml菊花精一瓶，合计80箱。

4. ××之夜晚会

地点：磁湖剧院

内容：祝词、表扬模范家属、自助餐、卡拉OK比赛、烟火。

程序：16：00－18：00 准备

18：00晚会开始主持人：×××

18：00－18：10 ×××总经理讲话

18：10－18：20 ×××董事长讲话

18：20－18：40 宣布模范家属并授奖

18：40自助餐开始

19：00－20：30卡拉OK比赛

20：30－21：00施放烟火

21：00－21：30宣布卡拉OK获奖者并授奖

21：30－22：00员工离场

三、费用预算

1. 感谢客户

A类客户40家××元

B类客户180家××元

绶带和印刷品：××元

小计：××元

2. 客户赠饮××元

3. 交警赠饮××元

4. 定点赠饮和调查××元

5. ××之夜晚会××元

6. 报纸广告××元

7. 其他费用××元

合计现金：××元

实物：××元

总计：××元

四、活动评估标准

1. 交警、客户、员工、广大市民对此次活动和公司的看法和评价。

2. 新闻媒体报道的数量和质量。

任务三　公共关系实施

当公共关系前期调查和公共关系策划完成以后，接下来便是将公共关系计划、方案付诸实施，这是公共关系最为基本、最能体现实际效果的实践活动。

所谓公共关系实施，就是社会组织为了实现既定公共关系目标，充分依据和利用现实公共关系实施条件，按照公共关系创意策划方案，进行公共关系实施策略、手段、方法设计并据此进行实际操作与管理的过程。通过公共关系实施，经由选定的传播渠道，把必须、应该向公众传播的信息传递给公众，进行必要的反馈调整，加强与公众的联络、联系、沟通，影响或改变公众对社会组织的态度和行为，从而创造对社会组织有利的舆论环境，在公众中树立起社会组织的美好形象。

公共关系计划的制定是为了实施。再好的计划如果制定出来之后就束之高阁，不去实施，那只能是毫无价值的"纸上谈兵"。所以，公共关系实施构成了整个公共关系活动的中心环节。

一、公共关系实施的特点

公共关系计划的实施过程是一个完整统一的过程。它具有以下几个特点。

（一）实施过程的动态性

一项公共关系计划无论制定得多么周密、具体和细致，总不可能与实际情况完全吻合，总存在一定的差异；随着时间的推移、环境的变化，实施过程中总会出现一些意想不到的新情况或新问题。所以考虑这些动态性因素，在实施过程中就要不断地改变、修正原定的实施方案、方法与程序等。但是这种公共关系计划实施的动态性要与实施人员的主观随意性区别开来，不能动辄以一些局部细小的变化为借口去任意变动计划。

（二）实施主体的创造性

计划的实施过程是一个动态过程，实施人员要考虑社会环境、自然环境等一系列因素去确定具体的实施策略，如准确地选择适当的传播媒介、传播时机及灵活地调整实施步骤，以补充计划的不足。从这个意义上讲，公共关系计划的实施过程是一个实施人员充分发挥自己的主动性、创造性的过程，也是一个不断增长公关人员实践经验的过程。当然，这里说的创造性是在不违背实施方案原则的前提下进行的。否则，任意篡改方案，会造成严重的后果。

（三）实施影响的广泛性

一项公共关系计划涉及到很多的因素和变量，它所产生的影响只有在计划实施后才能真正显现出来。公共关系计划实施所产生的广泛影响首先表现在对众多目标公众产生深刻的影响。另外，公共关系计划的实施有时还会深刻地影响到整个社会的文化、习俗甚至改变某些观念，从而对整个社会的进步产生推动作用。

二、公共关系活动实施的原则

（一）目标控制的原则

所谓目标控制就是指在公共关系计划实施的过程中，保证公共关系实施活动不偏离公共关系计划目标的原则。也就是说要求公共关系人员以目标为导向，对整个活动进行制约、引导和促进，以把握实施活动的进程和方向，并通过具体实施活动使公共关系计划向既定的目标一步步迈进。

（二）全面协调的原则

所谓全面协调的原则就是在公共关系计划实施的过程中使工作所涉及的各方面配合得当，达到一种和谐、互补、统一状态的原则。全面协调注重理顺实施过程中的各个环节之间、部门之间及实施主体与其公众之间的关系，尽量消除各种矛盾的产生，并对一些已发生的矛盾及时协调解决。

协调的目的是使全体人员在认识和行动上取得一致，最大限度地保证实施活动的同步与和谐，提高实施工作的效率与效益。

（三）信息反馈调整原则

对反馈信息进行整理、分析，并以此为依据来调整整个公共关系计划的实施活动，就称为反馈调整。

反馈调整贯穿在公共关系计划实施的全过程中。在公共关系计划实施的准备阶段，通过收集、分析有关人员对实施方案评估的信息，反馈调整公共关系计划；同样在实施的执行阶段和结束后，利用反馈信息比较实施结果与原定目标的差距，调整后续公共关系计划与实施方案。

另外，对于制定公共关系计划或措施的领导层，不仅要注意那些对计划加以肯定，持积极态度的正反馈信息，更要注意那些反映计划实施过程中存在的问题和失误，促使领导层采取措施，修正、调整原有计划，以缩小与既定目标差距的负反馈信息，这也是反馈调整的主要作用所在。

（四）正确选择时机的原则

这里的时机主要是指公共关系计划实施的时间。正确选择时机的原则就是在了解公众心理特点的基础上，掌握公共关系计划实施的时间和规律，想方设法克服时机障碍所带来的消极影响，精心选择与安排适当的时机进行公共关系计划的实施，并使实施中传播出的信息为广大公众所接受，这是一个很值得实施人员注意的问题。例如生产高档保健品的今日集团，抓住田径健儿"马家军"威震世界体坛，名扬天下的有利时机，制造"搭车新闻"，花费一千万元买回"马家军"秘密配方——生命核能。从而引起了广泛影响的轰动效应，取得较好的公关效果。

在实施公共关系时，应从以下两方面考虑，以达到正确选择时机的目的：首先要注意避开或利用重大节日。如果公共关系活动本身与重大节日没有任何联系，则应避开节日，以免使公共关系活动效果被节日气氛冲淡；如果公共关系活动与节日有密切的联系，则可利用节日气氛强化公关效果，如有关儿童保健品和药品的公关促销活动可以选择在"六一"儿童节前后举行。其次，要注意避开或利用国内外重大事件。另外，还要注意避免在相距较短的时间内同时展开两项重大公共关系活动，以免其效果互相抵消。总之，一切从实际出发，正确地选择公共关系计划实施的时机，是确保公共关系目标得以顺利实现的一个必要前提。

公共关系计划的实施除了要遵守以上四个主要原则，还要注意把握好控制进度原则，以及明确分工原则等其他原则，以期在公共关系计划实施过程中投入较少的人力、财力和物力，取得最好的公共关系效果。

三、公共关系活动实施的障碍

影响公共关系计划实施的因素很多。例如来自公共关系计划本身的目标障碍，即公共关系计划目标拟定得不正确、不明确或不具体，从而给实施带来一定的困难，即使实施人员尽心尽力，仍然得不到预期效果。但从具体实施这一行动上看，实施中的主要障碍还是传播沟通障碍。

从某种意义上说，公共关系计划的实施过程就是组织运用各种传播媒介，将预先制作好的公共关系信息传递给以目标公众为主的各类公众，以引导他们改变态度和行为，创造出有利于社会组织存在、发展的社会环境和舆论环境的过程。但实施过程中的传播沟通往往不是一帆风顺的，它常常会因传播沟通的方式方法不妥、传播媒介选择不当等因素而使实施工作不能取得很好的实施效果。因此有必要对传播障碍中的几种主要障碍进行分析。

（一）语言障碍

语言与人的思维紧密相连，人们只有借助语言才能更方便地向外界传播一定的信息，也可以收到一定信息。所以在传播沟通时，一定要强调语言的运用技巧，如修辞、比喻、音调等，否则会对某些特定的接受对象造成语言方面的沟通障碍。如一位知识分子用大量专业术语写成的新闻广播稿，就不能吸引只受过初等教育的人。在同一国度、同一民族因居住的地区不同而造成语言不通，也常给人们的生活和工作带来麻烦，更不用说不同国度、不同民族之间的语言的沟通障碍了。由于语言沟通不畅造成沟通失误，甚至引起某些纠葛，在日常生活和工作中比比皆是。而存在于公共关系计划实施过程中的语言沟通障碍常会造成公共关系工作的被动局面。

（二）风俗习惯障碍

所谓风俗习惯，是指在一定的文化历史背景下形成的具有固定特点的调整人际关系的社会因素，如道德习惯、礼节礼貌、审美传统等。

风俗习惯是世代相传的一种习俗，不仅不同国家、不同民族的风俗习惯不同，有时同一国度、同一民族因居住地区的距离较远也会形成不同的习俗。社会组织在实施公共关系时绝对不能违反相应的道德、礼仪、传统与风俗。

（三）观念障碍

所谓观念是指在一定的社会条件下人们接受、信奉并用以指导自己行动的理论和观点。观念对沟通起着巨大的作用，有的观念会极大地促进沟通的顺利进行并取得好的沟通效果，而有的观念会成为沟通的障碍，如保守落后、封建迷信、短浅片面等观念，都会成为公共关系实施的巨大障碍。

（四）心理障碍

心理障碍是指人的认识、情感、态度等心理因素对沟通造成的障碍。公众心理的复杂性与多变性，要求信息传播必须符合公众的心理特征，如果不能达到与公众心理的有机融合，必然造成公众的抵制和排斥心理，或出现理解偏差、信息阻塞。

除以上4种主要传播障碍外，还有由组织机构臃肿、信息传递层次过多造成的沟通缓慢、信息失真等组织沟通障碍，以及一些由于政治、生理方面的原因或技术、方法不当所造成的障碍。

四、公共关系活动实施障碍的排除

公共关系活动在具体实施过程中不可能是一帆风顺的。由于主观或客观的原因，又由于情况是在不断变化的，因此，实施起来肯定会遇到不少障碍。这就需要不断地排除在实施过程中出现的障碍，顺利地达到预期的目标。

（一）沟通障碍的排除

在排除传播沟通障碍时，社会组织要注意以下两个方面的问题。

1. 要切实了解和掌握公众的"优势需要"　美国著名的心理学家马斯洛认为，人有五种基本需要，即生理需要、安全需要、社交需要、尊重需要和自我实现需要。生理需要、安全需要属于低级需要，社交需要属于中间需要，尊重需要和自我实现需要则属于高级需要。因此，必须先满足低级的需要，然后才能逐级上升。而在现实生活中，公众的行为往往受多种需要的支配。在一定的条件下，多种需要中，总有一种是最为迫切并起主要支配作用的优势需要。而优势需要决定着人们的行为。只有切实了解和掌握公众的优势需要，在实施过程中，才有可能与公众产生共鸣，才能进行有效的双向沟通。

2. 要选择和运用好传播媒介和沟通方法　面对众多的传播媒介，应该如何选择和应用，才更加有效和更加经济；面对繁多的沟通方法，应该如何选择和应用才能使公众更乐意参与和更乐意接受，这是社会组织必须要考虑的。社会组织的公共关系经费一般都有限，即使那些经济效益较好的社会组织也应该本着勤俭节约的原则，开展公共关系活动。成功的传播沟通应该是在最经济的条件下，去争取尽可能大的社会传播效应。

（二）组织管理障碍的排除

公共关系活动说到底是组织行为，是社会组织精心策划、具体实施的公关活动。然而，在具体的实施过程中，在组织管理的过程中，也有许多不尽人意之处，出现组织管理方面的障碍。如果这些障碍不排除，也有可能使公共关系实施受损。

当社会组织在进行公共关系实施的过程中，发现组织管理方面存在问题、出现障碍，必须及时采取有效措施，排除障碍。具体排除障碍的措施有以下几点。

1. 针对组织机构重叠的现象，要精简机构。精简机构的要义并不在于"减"，而在于"精"，在于强有力地发挥出组织管理的职能。这样可以减少传播层次，减少不必要的环节，保证信息沟通的及时性和准确性。

2. 针对组织机构分工混乱现象，要制定相应的规章制度，并严格按照规章制度办事，要着力健全各种信息传播渠道，并使之畅通无阻。

3. 针对组织机构内部协调不够的现象，要加强内部公关，增强内部员工的凝聚力和向心力，增强员工的荣誉感和责任心。

五、公共关系实施的基本要求

（一）以公众的需求为出发点

公共关系工作自始至终不能脱离公众，否则就没有公共关系工作可言了。公共关系实施过程中，以公众的需求为出发点要特别注意以下两个方面。

1. 要选择公众所喜欢的传播媒介或渠道　公共关系活动实质上是针对公众而进行的信息传播活动。要想使这种传播活动取得良好的效果，必须使发出去的信息为公众所接受，这就需要选用公众所习惯使用的传播媒介或渠道来传播信息。社会组织可以根据公众的人员情况、年龄结构、职业状况、教育程度、兴趣爱好、习惯的行为方式等特征来选定他们所喜欢的传播媒介或渠道。

2. 在设计制作信息时要考虑公众的特点和兴趣　公关人员在设计制作信息时一定要充分考虑在调查研究和制定计划过程中所了解到的公众的文化、社会、心理等方面的特点，并参照这些特点，编写出适合公众口味的新闻稿件、广告词、展览说明、宣传小册子等，这样才能引起公众的兴趣，才能使传播取得良好的效果。

（二）选择最佳的活动时机

在公共关系活动中，各项计划的实施都要选择适当的时机才能取得最佳的效果。选择以下几种时机开展公共关系活动，可以收到事半功倍的效果。

1. 在组织开业或更名时隆重"亮相" 俗话说："良好的开端，成功的一半。"抓住社会组织开业或更名的大好时机开展各种刻意创新的公共关系活动，将社会组织的宗旨、经营方针、业务范围、技术力量、产品质量等向公众做详细介绍，这样做既显得十分自然，又能从一开始就给公众留下深刻的印象。

2. 在组织转产或开拓新产品、新业务时推销形象 社会组织改变经营方向，开拓新的业务，推出新的产品，在市场经济条件下是屡见不鲜的。这正是开展公共关系活动的大好时机。社会组织在向公众大力介绍新的经营项目、新的产品、新的业务的同时也提高了社会组织的形象，让新的经营项目、新的产品、新的业务和社会组织一起在公众脑海里留下深刻的记忆和美好的印象。

3. 在组织知名度不高或下降时加强组织形象的宣扬和彰显工作 如果一个社会组织的知名度不高或下降时，其产品的销售量和经济效益也会不高或下降。常有这样的情况，企业原有生产规模小，不为人所知，或原来的产品质量有某些问题，美誉度不高，后来通过努力，在规模、产量、质量等方面都有了大幅度的进步，但公众并不知情，还是以原来的老眼光看待这家企业的形象和产品。在这种情况下，社会组织必须抓住时机，开展有效的公关活动，制造轰动的新闻事件，以创造良好的社会效应，提高组织的知名度，使公众对企业"刮目相看"。

4. 在组织出现失误或被公众误解时维护形象 突发的危机事件对社会组织是一个沉重的打击，将使社会组织的形象受到严重损害，甚至有可能危及社会组织的生存和发展。对此，社会组织不能消极对待，必须积极主动地采取措施进行矫正性公共关系活动，以挽回声誉，重塑形象。

（三）在实施计划的过程中实行计划控制

所谓计划控制，就是社会组织在实施计划的过程中，根据出现的新问题，新情况，及时纠正计划中所出现的偏差。或者，根据信息反馈的结果，对原有的计划进行适当地调整和修正。没有计划就没有控制，反之没有控制或者控制不好，计划就不能顺利地实施。计划是控制的基础，控制是实现计划的保证。两者从计划实施开始直至终结，始终联系在一起。两者关系处理得好，实施计划的结果就必然良好。计划控制的程序主要有：设定控制标准；将计划实施情况与控制标准进行比较；发现偏差，分析原因；采取纠偏措施，保证实施计划的顺利实施和公共关系目标的顺利实现。

任务四　公共关系评估

公共关系评估，就是根据特定的标准，对公共关系策划、实施及效果进行衡量、评价和估计。即在肯定成绩的同时，发现新的问题，不断地调整组织的公共关系目标、公共关系政策和公共关系行为，使组织的公共关系成为有计划的持续性的工作。

一、公共关系评估的内容

公共关系评估工作贯穿于公共关系实践的三个阶段——准备阶段、实施阶段及影响效果的分析阶段，评估工作在其中发挥着不可低估的作用。

公共关系评估是指对公共关系工作各个步骤的合理性做出客观的评价。公共关系评估是一个连续不断的活动，一旦进入公共关系工作过程，评估活动也就开始了。公共关系评估可以根据对象的不同进行不同的分类，比如对于公共关系活动的评估、对于公共关系状态的评估、公共关系机构工作绩效的评估等。具体内容包括以下几类。

（一）准备过程的评估

1. 背景材料的充分性　评估的主要任务是检验前几个程序中是否充分占用资料和分析判断的准确性，重点是及时发现在环境分析中被遗漏的对项目有影响的因素。

2. 信息的组织与项目战略的合理性　整个评估过程要紧紧围绕公共关系活动是否适应形势要求而展开，分析公共关系活动中准备的信息资料是否符合问题本身、目标及媒介的要求，沟通活动是否在时间、地点、方式上符合目标公众的要求，有无对沟通信息和活动的对抗性行为，有无制造事件或其他行动配合这次公共关系活动，人员与预算资金是否充分等。

3. 信息和项目的有效性　检验有关信息传递资料及宣传品设计是否合理、新颖，是否能达到引人注目，具体包括文字语言的运用，图表设计，图片及展示方式的选择等。这是对公共关系活动组织者专业技能的检验，会受到主观因素的影响。

（二）活动实施过程的评估

1. 发送信息的数量。
2. 信息被传播媒介所采用的数量。
3. 接收到信息的目标公众的数量。
4. 注意到该信息的公众数量。

（三）活动影响效果的评估

1. 了解信息内容的公众数量。
2. 改变观点、态度的公众数量。
3. 发生期望行为和重复期望行为的公众数量。
4. 达到的目标和解决的问题。

二、公共关系评估的标准

公共关系的评估标准主要因公共关系计划实施的前、中、后各个阶段的工作内容不同而不同。

（一）实施前准备阶段的评估标准

1. 背景材料准备的是否充分、内容是否全面　此阶段评估的主要任务就是检验公共关系活动所需的背景资料的占有量大小。这些材料的内容是否正确，是否全面，尤其是对整个公共关系活动的开展有着重要影响的因素，如目标公众的意见，领袖公众是否被遗漏，新闻界所需的资料是否准备充分等。通过对有关背景材料的全面评估，为实施计划找准、找好依据。

2. 信息内容是否正确充实　首先，要评价公共关系活动中所准备的信息资料内容是否紧紧围绕着本次公共关系活动的目标或主题。其次，评价这些信息资料的来源是否准确可靠，其内容的正确性有多高。既要防止客观原因造成的信息内容失真，又要杜绝筹划人员凭主观想像而捏造出的假信息，否则会造成不堪设想的后果。最后还要注意对所传播的信息的设计、加工、制作是否最具有表现力，如版面颜色对比是否强烈，广告词能否最恰当地体现制作意图等。

（二）实施过程中的评估标准

1. 检查组织所发送的信息数量与被媒介所采用的信息数量 这一评估的目的主要是要了解所有信息资料的制作情况及信息传播的程度与层次。检查发送信息的数量，可以了解公关宣传工作的努力程度，而检查被传播媒介所采用的信息数量，则可了解到宣传工作所达到的层次与所取得的成果。也就是说，只有所发送出的信息资料被大众传媒采用，才能有效地保证这些信息被公众接触到，也才有可能对公众产生较大的影响。

2. 检查收到信息的目标公众数量及受到影响的一般公众数量 对于评估来说，了解收到信息的公众结构比了解公众的绝对数量更重要。即主要考察在收到信息的公众中目标公众所占的比例大小，这也是决定公共关系传播活动成功与否以及成功程度大小的一项重要指标。例如，面向城市有关农药、化肥的公关广告宣传就不如面向农村来得效果好。关键在于城市中相关的目标公众数量远远小于在农村的目标公众数量。另外，还要了解注意到该信息的公众的数量，也就是要了解信息影响的广度，以便预计出来可能因受到影响而转变态度的公众数量。

（三）实施效果的评估标准

公共关系活动的实施效果的评估是一种总结性的评估，是对公共关系活动成效如何的一次全面结论式的评估。它的评估标准主要包括以下几个方面。

1. 检查"知晓信息内容"的公众数量 公共关系活动的基本目的就是对公众施以广泛的影响，增加公众对组织整体的了解或加深了解的程度，运用各种手段或方法来调查公共关系活动前后（知晓所传播信息内容的）公众数量的变化，可简单地测出公共关系活动影响的广泛程度和公共关系活动的基本效果。

2. 改变态度行为的公众数量 这里的"态度"是指人们对特定对象的认识、情感、意向等比较持久的内在结构。所谓改变态度就是将公众对组织（产品）的负态趋向——敌视、偏见、漠然、无知转变为正态趋向——了解、感兴趣、接受、好感。那么，有多少数量的公众改变了态度，又有多少公众由于态度的转变而采取了合作行动，这些是衡量公共关系活动的效果和目标实现程度的一项重要评价指标。

3. 目标的实现程度和问题解决的范围 公共关系活动的最终目的就是协助实现组织总目标，完成公共关系活动的任务——"内求团结，外求发展"，创造一个和谐的内外环境。在一项公共关系活动结束或结束后的一段时间内，可用各种手段去调查这种活动的效果、目标实现程度以及问题解决的范围。例如公共关系计划目标或任务的实现可表现为销售额增加、立法的通过等。

4. 公共关系活动是否以较小的投入获得较好的效果 公共关系活动中的投入成本不仅表现为投入到公共关系活动中的经费数量，还包括在公共关系活动中因一些不确定因素造成的风险成本等。所以公共关系成本不只表现为一种数量概念，更应表现为一种意识，即在保证公共关系计划目标得以实现的前提下，尽量以较小的投入或代价，取得最好的公共关系效果。

值得注意的是公共关系活动中货币投入少并不一定意味着公共关系效果的降低，如组织内部公共关系中的"感情投资"就基本上无货币投入，而另外有些公关活动花费的钱财不少，却由于公共关系目标不明确或实施不得法而造成无效果或负效果的局面。

三、公共关系评估的程序

（一）设立统一的评估目标

统一的评估目标是检验公共关系工作的参照物。有了参照物才能通过比较来检验公共关系计划与实施的结果。即使这一评估目标更多的是定性的而非定量的，仍需订出一个统一的评估目标。这需要评估人员将有关问题比如评估重点、提问要点形成书面材料，以保证评估工作顺利进行。

（二）编制评估计划

评估不是公共关系计划的附属品或计划实施后的事后思考和补救措施，而是整个公共关系计划的重要组成部分。因此，对评估应该给予足够的重视，对评估的方法、程序等方面予以充分的考虑和周密的筹划。

（三）统一评估意见

负责人要认识到，即使是公共关系人员本身也不能一下子就把公共关系活动没有实物性结果的性质和它的可测量效果联系起来。要给他们足够的时间认识效果评估的作用和现实性，并允许他们通过自己的亲身体验加深这一认识。

（四）细化项目目标

在项目评估过程中，首先应该将项目目标具体化。例如，谁是目标公众，哪些预期效果将会发生以及何时发生等。没有这样的目标分解，项目评估就无法进行。同时，目标分解还可以使公共关系计划的实施过程更加明确化与准确化。

（五）选择评估标准

评估标准是检验公共关系绩效的依据。有了评估标准，才能通过对比来检验公共关系计划与实施的结果。评估目标说明了组织的期望效果，评估标准是评估目标的具体体现与评估工作的尺度。如果一个组织将"让公众了解自己支持当地福利机构，以改善自己的形象"作为公共关系活动的目标，那么，评估这样的公共关系活动的标准就不应是了解公众是否知道当地报纸上哪一个专栏报道了这消息，占用了多大篇幅，而应该了解公众对组织的认识情况以及观点、态度和行为的变化。

（六）全面实施评估

全面实施评估的过程实际上就是收集信息、汇总资料的过程。通过全面实施评估，可以获取与此项公共关系活动有关的大量信息和资料。在搜集有关评估资料方面，没有绝对的唯一最佳途径，方法选择取决于评估的目的、提问的方式以及前面已经确定的评估标准。

（七）提出评估报告

公共关系评估结束后，要撰写评估报告。评估报告的基本内容应包括工作过程、目标完成情况、预算的执行情况、取得的成绩、仍存在的问题及采取的相应对策、下一阶段工作的任务和重点等。

（八）报告评估结果

把公共关系的评估结果以书面形式向社会组织的管理层和决策层进行汇报。它的作用一方面可以保证组织管理者及时掌握情况，有利于进行全面的协调；另一方面也可以说明公共关系活动在持续地保持与组织目标相一致及其在实现组织目标过程中的重要作用。

公共关系评估的程序见图3-3。

四、公共关系评估的方法

（一）公众意见法

这种方法包括公众意见征询法和公众问卷调查法。所谓公众意见征询法是在公共关系活动过程中和结束后，通过对公众的访问和举行公众代表座谈会以电话或口头交谈的方式来征求公众的意见。问卷调查则是在公共关系活动的准备阶段、结束阶段与结束后3~6个

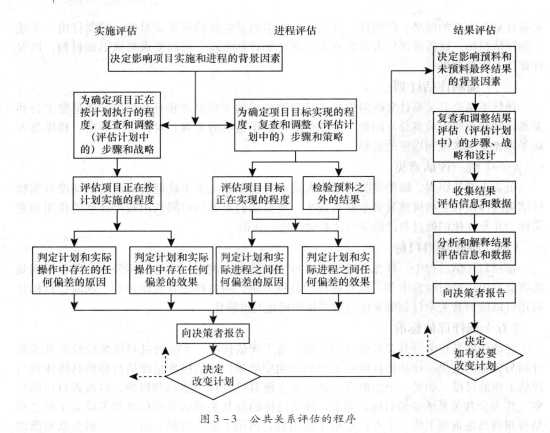

图 3-3　公共关系评估的程序

月向目标公众发放问卷。通过对问卷的整理、统计、分析来评估本次公共关系活动的效果。

（二）专家意见法

也叫德尔菲法，即聘请那些公共关系知识丰富并有公共关系实践经验的专家，就事先拟定的公共关系计划，计划实施时采取的措施及实施的范围等，请专家们以匿名的方式独自就各项内容发表意见和建议，然后由公关人员将第一轮的全体专家意见汇集整理，反馈给每一位专家，请他们再次发表意见，直至意见趋于一致。经过整理分析得出代表大多数专家意见的评判。

拓展阅读

德尔菲法优缺点

优点：能充分发挥各位专家的作用，集思广益，准确性高；能把各位专家意见的分歧点表达出来，取各家之长，避各家之短；同时，德尔菲法又能避免专家会议法的下列缺点。

1. 权威人士的意见影响他人的意见。

2. 有些专家碍于情面，不愿意发表与其他人不同的意见。

3. 出于自尊心而不愿意修改自己原来不全面的意见。

缺点：过程比较复杂；花费时间较长等。

（三）民意测验法

这种方法在公关评估中运用较为普遍。这种方法的基本做法是，按抽查法的要求，在选定的公众群体中，选择一定数量的测验对象，用问卷、表格等方式，征求他们对指定问题的意见、态度、倾向，再做出统计、说明，分析公关活动的效果。

拓展阅读

民意测验法的优点和缺点

民意测验法的优点如下。

（1）能迅速地了解群众对某些问题的看法，及时反映社会舆论的变化情况。

（2）调查结果能推论总体的一般状况，具有较高的代表性。

（3）只需抽取较少比重的样本就能了解全局的情况，相对来说，能节省人力、财力，且简便易行。

（4）应用领域较为广泛。

民意测验法的缺点如下。

（1）由于民意测验法是用简化的方式来了解公众的一般态度，它对不同含义、不同程度的意见、态度都用是或否、赞成或反对这两种答案来概括，因此它很难做出深入的分析和理论解释。

（2）只限于询问一些公众熟悉、易答的问题，它获得的信息较为表面化、简单化，缺乏深度。对于公众不熟悉或缺乏了解的问题，回答的信度和效度则可能较低。

（四）公众意见征询法

公关人员通过与公众代表的对话，征询广大公众的意见和观点。这种方法又可分作"公众代表座谈会"和"公众询问法"两种。前者可以制度化，并有效地控制与会者的代表性；后者则是以口头、电话等方式，就固定问题，随机地向被询问者提问，然后将公众意见汇集、整理，形成综合意见。

（五）组织活动记录法

在组织实施公共关系活动前后，坚持在组织的日常活动中，记录有关标志和指标的变化。全面、准确的活动记录是重要的效果评估资料，如企业的产品销售额、宾馆的投宿人数。进行评估时，要依据记录的资料，选择一定的标准进行比较，然后得出评判结论。

（六）实验法

这种方法的实质是，利用事物、现象间客观存在的相互关系，通过调节某个变量（如公关活动前后某个企业的声誉），测定另一些量（如产品销售量、订货量）的增减。实验法可以在经历和未经历公关活动的两组公众之间展开。例如，一家家用日用化妆品公司，在报上连载宣传夏季正确使用化妆品的方法，旨在向公众传授在不同季节，正确选用适宜化妆品的知识。采用实验法对该项活动的效果进行评估：先测验一组报纸订户（实验组）的有关知识，再对另一组未接触过该报的公众（控制组）进行有关知识测验，将两次测验结果作比较，就很容易得出评估结论。实验法的关键在于，在确保实验对象代表性的同时，尽可能缩小实验范围。

（七）自我评判法

采用这种方法的前提是公关人员在公共关系活动的全过程中，或者在组织的日常活动中坚持记录有关指标和数据的变化。例如通过公共关系活动前后企业的销售额数据、企业的知名度、美誉度的量化指标的记录、对比就可比较准确地评估出本次公共关系活动的成果。不仅如此，全面、准确的活动记录还可以帮助公关人员以时间为周期，如按年度评估公共关系活动的整体效应。

重点小结

公共关系工作程序包括公共关系调查、公共关系策划、公共关系实施和公共关系评估等四个环节。公共关系调查主要是为公共关系工作提供客观依据，调查的内容包括调查社会组织的基本情况、调查社会组织的形象、调查公众的状况、调查社会环境状况；调查的方法有科学观察法、询访调查法、问卷调查法、量表调查法和文献调查法等。公共关系策划是为公共关系工作构思、计划、设计实施方案的环节，最终要制定科学可行的公关策划书。公共关系实施过程中应严格按照公关策划书的要求，逐一消除实施过程中的障碍，保证各项实施目标的实现。公共关系评估是根据特定的标准，对公共关系策划、实施及效果进行衡量、评价和估计，要坚持客观全面的原则，对公共关系工作进行全方位科学准确的评估。本项目主要讲述了公共关系的四个工作程序，有助于社会组织及其公共关系工作人员科学有序地开展公共关系工作，保证公共关系工作的效果。

目标检测

1. 据报道，义州职业技术学院的毕业生市场需求旺盛，深受用人单位欢迎，毕业生就业率连年居全省同类院校前列。义州职业技术学院的毕业生竞争力到底如何呢，试对义州职业技术学院的毕业生竞争力情况合理设计调查问卷。

2. 请根据下述材料设计一份公关策划书。

原郑州市制药厂为河南信心药业集团的前身，由于经营管理不善最终导致企业的破产，由河南花园集团整体收购。

但对如何振兴中药厂，花园集团也面临各种困难，有专业上的问题，更有管理的问题，特别是如何使涣散的人心聚拢起来。企业被花园集团收购后，企业性质的变化叫职工们一时难以适应，对收购方的猜测、疑虑甚至由于不敢信任而产生的抵触也如一股涌动的暗潮。

为了使企业迅速走上正轨，聘请专家来企业协助实施"信心文化工程"，开展了一系列内部公关活动。

专家组通过问卷调查和访谈，得出以下结论。

企业具有的优势：

（1）企业全体员工非常优秀，爱厂如家，如果企业恢复生产愿意重回企业。

（2）企业的各届领导班子，大多数是好的，个别的出了问题。

（3）这个企业有巨大潜力：有拳头产品，有中华老字号，有国优部优产品和有百年历史的"肥儿丸"这种百年名牌；有具备相当实力的科技人员，特别是有全国排名第二被誉为"火眼金睛"的药材鉴定师；具有以老劳模岳朝贤为代表的一大批任劳任怨的骨干和忠心耿耿的工人。

企业存在的问题：

（1）领导班子不够团结。

（2）思想观念跟不上时代发展，缺乏战略规划与有效手段，缺乏统一的理念。

（3）管理水平下降，成本费用上升，非生产人员越来越多。

（4）以前用人不当，分配不公，行为不规范，极大地挫伤了广大职工的积极性。缺乏规范的制度与手册。

（5）破产引起思想动荡，人心浮动，怨气大。收购后怀疑，沮丧，迷惘，观望与重振雄风愿望同时存在，如何引导。

假设你是这家药厂的公关人员，请设计你的公关策略，并形成一份公关策划书。

项目四

公共关系专题活动

知识要求　　1. **掌握**　各种公共关系专题活动的策划和实施程序。

　　　　　　　2. **熟悉**　公共关系专题活动的涵义及特点。

　　　　　　　3. **了解**　常见的公共关系专题活动及其类型。

技能要求　　1. 掌握举办公共关系专题活动的方法和技巧。

　　　　　　　2. 学会模拟举办新闻发布会等公共关系专题活动。

案例导入

　　案例： 2007 年 8 月，济南宏济堂制药有限责任公司召开百年庆典新闻发布会，这标志着宏济堂百年庆典活动正式拉开帷幕。中国医药报、山东电视台、大众日报、齐鲁晚报、生活日报、山东商报、济南电视台、济南日报、济南时报、山东工人报、力诺时代等 11 家新闻媒体出席了新闻发布会。

　　这次庆典活动本着节约、公益、高效的原则，分三个阶段进行。第一阶段是在全国范围内征集和宏济堂制药有关的老照片、文字和实物等相关资料，筹建档案馆；第二个阶段是回馈社会、让利百姓，分别在全国开展百万让利大行动、向教师及济南市劳模赠送相关药品；第三阶段是于 9 月 28 日举行百年庆典大会。通过本次活动，宏济堂进一步强化了品牌的历史价值，加强了与公众的联系，促进了老字号的古今传承，推动了宏济堂快速、健康和可持续发展。

　　讨论： 该公司举行百年庆典的目的是什么？召开新闻发布会对于庆典活动有何作用？

任务一　举办新闻发布会

　　新闻发布会又称记者招待会，是政府、企业、社会团体等邀请各新闻机构的有关记者，由专人宣布某一重要消息，并接受记者采访，然后进行回答，具有传播性质的一种特殊会议。新闻发布会是社会组织广泛传播各类信息最常用的方式，同时也可借助新闻媒体的影响力来提高自身的形象，以求得公众的好感和了解。

　　新闻发布会产生于现代西方社会，是现代社会组织从事信息传播的一种十分正规和隆重的活动，它一般具有三项基本功能：首先，提高组织的知名度。组织机构通过发布信息，以引起公众对自身的关注，从而扩大组织在社会上的知名度。其次，建立与媒介的良好关系。社会组织通过新闻发布会向新闻媒介提供了解自己的机会，借以建立或巩固与新闻媒介的良好关系。第三，影响和控制社会舆论。社会组织通过阐述自己的方针政策，引导公众意见和舆论朝着有利于自己的方向发展。

一、新闻发布会的特点

新闻发布会属于传播当中的两级传播模式，即社会组织将信息告知记者，再通过记者所属的大众传播媒介告知公众。它一般具有以下几个特点。

1. 程序规范，形式隆重 新闻发布会形式比较正规、隆重，规格比较高，国内外多年来的实践已经形成了基本的规范，并已经以相对固定的程序延续了下来。除非出于组织机构的特殊需要，一般情况下，不做大的改动。

2. 渠道丰富，沟通活跃 一方面，公众可以通过多种大众媒介获得信息，在深度和广度上，比其他新闻发布方式更具有优越性；另一方面，新闻发布会过程中双向互动，通常先发布新闻，后回答记者提问。

3. 信息权威，价值较高 一般举办新闻发布会的都是政府部门、社会团体、企事业单位等，代表的是某一组织的最高权力，且新闻发布会的形式正规、隆重，因此发布的消息真实可靠并具有较高的权威性。此外，新闻发布会一般在组织急需的情况下举行，因此具有一定的新闻价值，值得新闻媒体的广泛报道。

4. 方式优越，传播迅速 新闻传播面广，报刊、电视、广播、网站、移动媒体等集中发布（时间集中，人员集中，媒体集中），可迅速扩散到公众。新闻发布会的快速性有两层意思：一是指信息本身的时效性，即发生即发布；另一方面是指信息传播的快速性，不会受时空的限制。

5. 要求较高，难度较大 对发言人和主持人的素质要求比较高，与其他专题活动相比，难度较大。

拓展阅读

新闻发布会和记者招待会的异同

国内对新闻发布会和记者招待会在称呼上经常混用，而实际上，新闻发布会与记者招待会是有区别的。新闻发布会是发布新闻的活动，如企业作出了某项重要的决策、研制生产了某种新产品或推出了某项对社会有重要影响的革新项目。记者招待会则不一定是有新闻要发布，它的主要目的是和新闻媒介公众进行沟通，如本单位与外单位发生了法律纠纷，企业受到了顾客的批评、受到了社会舆论的谴责、受到了新闻媒介的公开指责等。当这些问题发生之后，企业为了挽回影响并争取舆论界的支持，就有必要召开记者招待会。

新闻发布会现在的趋势是由发言人自己主持，自己发布新闻，自己点记者提问、自己回答提问；一般由发言人先发布新闻，再回答记者提问。但记者招待会往往不先发布新闻，而立足于回答记者提问；一般设一主持人，主持人不回答问题，回答记者提问的通常是组织的负责人。

二、制定新闻发布计划的程序

新闻发布会是重要的公共关系活动，新闻发布的计划主要围绕以下几个方面进行。

1. 确定新闻发布会的主题 新闻发布会是一种比较正规和隆重的公共关系专题活动，

需要投入较多的人力、物力、财力，所以在召开新闻发布会之前，首先要明确发布会的主题。而确定新闻发布会的主题应从新闻价值和组织自身的利益出发，明确所发布的信息能否引起社会公众的兴趣，是否具有广泛传播的新闻价值。如新创企业的成立、重要的庆祝活动、新技术新产品的开发、企业上市以及组织倒闭或破产等。这些具有新闻价值的事件都可作为新闻发布的主题，而且整个新闻发布会始终都应紧密结合主题，切忌偏离主题。

拓展阅读

常见的新闻发布会主题类型

一般而言，新闻发布会的主题大致上有以下三类。

☆ 说明性主题　即向社会公众宣布一项重要的决定，如经济组织进行企业兼并、欲投资兴建新的项目、某种特殊商品要进行价格调整等。

☆ 宣传性主题　例如当企业研制出新产品，而这种新产品又暂时没有被社会公众所接受时，新闻发布会的主题就是公布这条新闻并为之进行必要的说明。

☆ 解释性主题　例如企业在生产经营中受到社会舆论的谴责，产品质量出现了问题，提供的社会服务发生了意外等。新闻发布会就是对所发生的事件进行解释。

2. 确定会议的时间和地点　新闻发布会的时间通常也是决定新闻何时播出或刊出的时间。首先，应根据新闻发布会的紧迫性来决定会议时间，会议应及时举行，要与将发生或已发生的事件在时间上靠近，而不应该等到时过境迁；其次，发布会应该尽量不选择在上午较早或晚上。部分主办者出于礼貌的考虑，有的希望可以与记者在发布会后共进午餐或晚餐，这并不可取。如果不是历时较长的邀请记者进行体验式的新闻发布会，一般不需要做类似的安排。有一些以晚宴酒会形式举行的重大事件发布，也应把新闻发布的内容安排在最初的阶段，给记者的采访、撰稿、发稿留有时间。最后，在时间选择上还要避开重要的政治事件和社会事件，媒体对这些事件的大篇幅报道任务，会冲淡企业新闻发布会的传播效果。

在地点选择上，应根据发布信息的内容和影响的区域来选择具体场所，可以选择户外（事件发生的现场，便于摄影记者拍照），也可以选择在室内，根据发布会规模的大小，室内发布会可以直接安排在企业的办公场所或者选择酒店。无论是室内还是室外，都应考虑是否能给记者创造各种采访的条件，要尽量选择内部设施良好，环境优雅，方便记者们联络发布信息，通讯和交通都比较便利的场所。

3. 确定邀请的对象　根据新闻发布会的内容和重要性，有选择的邀请有关的记者来参加。如果需要邀请的记者覆盖面广，就应尽量照顾到各方的新闻媒体机构；如果需要控制媒体范围，就要控制邀请的密度。例如，是应邀请地方性媒体记者还是全国性媒体记者；是中文报刊记者还是外文报刊记者等。此外，会议还可邀请一些知名人士和有关方面的专家，发挥意见领袖作用，以提高会议的影响力，增加会议内容的可信度。邀请对象确定后，邀请的时间一般以提前3到5天为宜，发布会前一天可做适当的提醒。联系比较多的媒体记者可以采取直接电话邀请的方式。相对不是很熟悉的媒体或发布内容比较严肃、庄重时可以采取书面邀请函的方式。

4. 选定会议的主持人和发言人　由于新闻记者的职业要求和习惯，他们大都会提出一些尖锐、深刻甚至较为棘手的问题，这就对会议的主持人和发言人有着极高的要求。因此，一场新闻发布会能否成功，主持人和发言人的选择是关键。

（1）新闻发布会的主持人应当是语言流畅、反应灵敏，能在把握会议主题的基础之上引导记者提问，并善于控制会议时间，大都由主办单位的公关部负责人担任。

（2）会议的发言人一般要求思维敏捷、学识渊博、能言善辩，大都由本单位的领导人或专门新闻发言人担当，他们对本单位的方针、政策以及各方面的情况都比较了解，由他们回答记者的问题更具有权威性。

拓展阅读

邀请记者的顺序

邀请记者的顺序一般是以本组织为原点，由近及远来确定。

☆ 与本组织有长期良好合作关系的记者；
☆ 与本组织有过接触、有初步印象的记者；
☆ 对本组织有误解，需加深关系的记者；
☆ 对新闻发布会的主题有直接了解的记者；
☆ 名气大，通过合适的方式可以邀请到的记者。

主持人和发言人都是组织形象的化身，对公众认知会产生重大影响。因此，良好的外型和表达能力、现场调控能力、执行原定计划并加以灵活调整的能力都是必不可少的素质要求。

5. 准备好会议的相关材料 在新闻发布会之前要准备好各种相关材料，主要包括以下几种。

（1）会议议程 发放给参会者。

（2）发言稿 发言稿不仅要紧扣主题，而且要全面、详细、真实、生动。

（3）回答稿 可事先预测一下记者可能问到的问题并准备好答案，以使发言人在现场回答问题时心中有数，表现自如。

（4）报道提纲 事先可将报道的重点、有关数据、资料编印出来，作为记者采访报道的参考资料，明确召开新闻发布会的宣传目的。

（5）其他辅助材料 包括会议所需的图片、实物、模型、影像等，其目的是强化发言人的讲话效果，加深参会者对会议主题的认识和理解。

需要特别注意的是，在会议召开前，应将会议主题、发言稿、报道提纲在组织内部传阅熟悉，以统一口径，避免引起记者的无端猜疑和出现混乱情况。

6. 做好会议的经费预算 根据会议的规格和规模作出可行的经费预算。一般来说，新闻发布会所花费的成本都比较高。

7. 会后活动 必要时可安排一些会后活动，如小型酒会或茶会、参观等，以密切关系和加深印象。

三、新闻发布计划的内容

一般新闻发布会包括了以下几项内容。

1. 宣布会议开始 由主持人宣布新闻发布会开始，并致以简短欢迎词，再介绍主题和议程，然后推出新闻发言人。

拓展阅读

新闻发布会的几个误区

☆ 误区之一：没有新闻的新闻发布会。有些企业似乎有开发布会的嗜好，很多时候，企业并没有重大的新闻，但为了保持一定的影响力，证明自己的存在，也要时不时地开个发布会。造成的后果是，企业虽然花了不小的精力，但几乎没有收成。

☆ 误区之二：新闻发布的主题不清。从企业的立场出发，主办者恨不得把它的光荣史一股脑端上去，告诉与会者什么时候得了金奖，什么时候得到了认证，什么时候得了第一，什么时候捐资助学。但是偏离了主题的东西在媒介眼中，形同废纸。

☆ 误区之三：新闻发布的准备不足。有的企业在传播过程中，生怕暴露商业机密，凡涉及到具体数据时总是含含糊糊，一谈到敏感话题就"环顾左右而言他"，不是无可奉告就是正在调查。这样一来，媒体想知道的，企业没办法提供；媒体不想搭理的，企业又不厌其烦。

---

2. 发布新闻内容　新闻发言人讲话，可以直接宣读事先准备好的新闻发言稿，也可以按发言提纲发布新闻。

3. 回答记者提问　由主持人指定提问记者，由新闻发言人回答记者提问。主持人要控制提问时间和节奏，按事先规定的时间，宣布"最后一位记者提问"。

4. 宣布会议结束　新闻发言人答完"最后一位记者提问"后，主持人宣布新闻发布会结束。

5. 提示会后安排　如果会后有安排活动，主持人应提示记者会后参加，如参观组织全貌、生产车间、科技成果等。如有礼物或资料提供，主持人可以提示记者会后领取所赠礼品和资料。

四、新闻发布会的程序

1. 参会来宾签到、分发会议材料　新闻发布会的入口处要设立签到处，安排专人负责签到、分发相关材料、引入会场等接待工作。

2. 会议过程　新闻发布会开始后，基本按照以下流程进行。

（1）会议主持人简要说明新闻发布会的目的，所要发布的信息等。

（2）发言人讲话，宣布重大新闻，介绍新闻的具体信息。这一部分是发布会的重点部分。

（3）记者提问。新闻发布会的发言人回答参会记者的相关提问。

（4）会议结束。等记者提问结束或者到了计划结束的预定时间，主持人宣布新闻发布会结束。

3. 会后活动　会后如有必要，还可以安排参观、举行茶话会、酒会等招待活动，还可以向参会者赠送一些小礼品，个别记者有特殊问题时，有关人员还应耐心地予以答复，做到善始善终，保持良好形象。

4. 会后效果评估　新闻发布会后，公共关系人员应及时广泛搜集所有到会记者在各种媒体上的报道，检查是否达到了新闻发布会的目的，如果不利于本单位的报道，要采取适当方式予以说明。最后，对本次活动应写出评估总结报告。

五、新闻发布会的注意事项

1. 主持人应充分发挥主持和组织作用　在一场新闻发布会当中，主持人应当能够以庄重的言谈和感染力活跃会议气氛，引导记者踊跃提问。当记者的提问偏离会议主题时，能善于巧妙地将话题引向主题。当会议出现紧张气氛时，能够及时调节以及缓和气氛，掌握好预定的会议时间而不能随意延长。

2. 所发布的信息应准确无误　新闻发布会中所发布的信息要做到真实、准确且没有错误，如果发现错误应及时予以纠正，对不宜发表或透露的信息，应委婉的作出解释，记者一般会尊重组织的意见。如果发布信息时总是吞吞吐吐、闪烁其词，势必会引起记者追根究底而造成尴尬局面，甚至会导致记者因此发表一些对组织不利的负面报道。

3. 不应随便打断记者的提问　记者在提问时，即便所提的问题过于尖锐或挑衅或带有偏见，主持人都不能抢白记者，或用其他言语或非语言表示不满，而应用冷静的态度和缓和的话语来陈述事实，对不实之词坚决纠正和反驳。遇到难以回答的问题，也应采取通权达变的办法予以回答，避免引起记者的反感。

4. 注意做好服务礼仪　若需要签到，应由服务人员安排来宾签到，签到后由引领人员引导来宾就座。会前要把茶水、毛巾等摆好。记者入场后，服务人员应热情照顾记者饮水，注意续添桌上的饮品，及时收回空瓶；引领主席台人员入座。所有服务人员退到厅内两侧。当主持人入场时，会议服务人员要协助主办单位人员疏通走道，同时要防止记者因抢拍镜头而碰到厅内陈设和用具。此外，由于新闻发布会记者较多，携带的设备也多，服务人员应提示用电安全。

5. 会后做好效果评估　作为一项活动的完整过程，招待会结束之后，要及时检验会议是否达到了预定的效果。会后工作主要有以下内容。

（1）搜集到会记者在报刊、电台上的报道，并进行归类分析，检查是否达到了举办新闻发布会的预定目标，是否由于工作失误造成消极影响。对检查出的问题，应分析原因，设法弥补损失。

（2）对照会议签到簿，看与会记者是否都发了稿件，并对稿件的内容及倾向做出分析，以此作为以后举行新闻发布会时选定与会者的参考依据。

（3）收集与会记者及其他代表对会议的反应，检查招待会在接待、安排、提供方便等方面的工作是否有欠妥之处，以利改进今后工作。

（4）整理出会议的记录材料，对招待会的组织、布置、主持和回答问题等方面的工作做一总结，从中认真汲取教训，并将总结材料归档备查。

典型实例

××中医药大学十年科技成果展新闻发布会策划书

一、活动背景

为进一步提高学校知名度，塑造科研强校形象，举办××中医药大学十年科技成果展活动。为让各界人士充分了解本次展会活动的相关事宜，保证展会的顺利举行，拟于 2015 年 5 月 9 日举办××中医药大学十年科技成果展新闻发布会。

二、活动主题

"看科研硕果·耀我×××"十年科技成果展新闻发布会

三、活动目的

1. 为我校"看科研硕果·耀我×××"十年科技成果展活动作宣传；

2. 邀请各界人士届时莅临参观科技成果展；

3. 向各界人士介绍展会活动的相关事宜，以利于展会活动的顺利开展。

四、活动地点

××中医药大学本部大礼堂

五、活动时间

2016 年 5 月 9 日 9：00 – 11：00

六、拟出席媒体

1. 中国教育报；

2. 中国中医药报；

3. 江西日报；

4. 江南都市报；

5. 信息晚报；

6. ××中医药大学报；

7. 江西教育电视台。

七、出席嘉宾

1. 校党委书记×××

2. 党委副书记、校长×××（发言人）

3. 副校长×××、×××

4. 宣传部部长（主持人）

八、活动的宣传方案

1. 通过校园公告、校园广播、校官方微博宣传；

2. 分发宣传单、宣传手册；

3. 借助宣传展板、海报宣传；

4. 发送邀请函。

九、发布会流程

1. 开场前

（1）主持人上台

（2）出席领导入场就座

2. 发布会开始

（1）9：00 – 9：05 "看科研硕果·耀我×××" 十年科技成果展专题介绍片放映

（2）9：05 – 9：10 主持人宣布新闻发布会议开始、介绍来宾、致欢迎辞；

（3）9：10 – 9：25 新闻发言人致欢迎辞、介绍展会事宜；

（4）9：25 – 9：55 媒体提问。

（5）9：55 – 10：00 主持人宣布发布会结束，来宾退场。

十、经费预算（略）

六、新闻稿的撰写

新闻，是指报纸、电台、电视台、网络等媒体经常使用的记录社会、传播信息、反映时代的一种文体。对于社会组织而言，公关新闻是关于组织且有利于塑造良好组织形象、培育良好公众关系的新近事实的报道。新闻与公众有直接关系，对公众有显著的影响。所以，新闻写作是新闻事实的文字表达手段，是准确、鲜明、及时地报道新闻的重要环节。

1. 新闻写作的基本要求——准确、客观、清楚 内容面向大众的知识面和接受能力，使读者易于理解；文字使用应切合一般人的阅读水平，避免过于个人化和自我缩小读者群效应；简明扼要，选择最关键、最能吸引注意力和最能说明主题要点来写；注意多运用与众不同的叙事角度和观点分析。

2. 新闻六要素——Who，When，Where，What，Why，How 一篇结构严密的新闻稿一般由标题、导语、背景、主体和结尾等组成。其导语、背景交代、主体内容和结尾都有其内在的逻辑关系，在一个统一的关系中互相影响，互相勾连，互相牵制，互相完善。因此，写新闻只有交代清楚人物、时间、地点、事件、原因、经过（和结果）等，才能使读者、听众和观众掌握新闻的基本信息。但应注意的是，每篇新闻要向公众传达的信息不同，因而侧重点也不同，若平均处理这六个要素，会使新闻主题不够鲜明。所以，在撰写新闻稿时应该详略得当，主题突出。

3. 新闻稿的结构

（1）新闻标题 为了吸引读者的注意，新闻稿的标题必须醒目，这样才能使读者在信息的海洋中一眼就发现我们所要发布的新闻。标题的一般要求是：概括性强、突出主题、引人注目、长短合适。因此，新闻标题不一定要将新闻事件的主要要素全部概括出来，只要能够将主要的事实和意义概括出来就可以了，因为有的内容还要在主体部分中加以表达。切记标题要易读易懂，因为新闻的读者是普通大众，不是专家学者，太晦涩太难懂就偏离了新闻普众性的要求。

（2）新闻导语 写新闻稿时往往不是按照事情原来的发展顺序来写，而是把事情的高潮、最有吸引力之点放在最前面（这就是导语），使新闻的主题通过导语最先突出地表达出来。新闻导语，即新闻稿首段，是指在新闻稿开头以最简洁的文字表述新闻中心内容的一个部分，在新闻稿中起着提纲挈领的作用，要用简明扼要的句子概括一篇新闻中最新最重要的信息，使人只看了导语便可了解新闻的基本要点。在新闻导语的写作中应注意：导语里的事实必须是最重要、最新鲜的，导语必须简明扼要、短小精悍。

（3）正文 正文是新闻的主体部分，紧接导语之后，是被导语引导出来的主题及对主题的更深入的阐述和描写，将导语中提及的内容按照"时间顺序"或"逻辑顺序"作进一步的解释和叙述，使读者深入了解。主体要紧扣导语，围绕导语所定的主题来写，有时也补充一些导语中未提及的资料，如事件的背景说明等。

（4）结尾 新闻稿要有头有尾，最好能呼应起来，显得文章前后结构紧凑。结尾一般由作者发表评论，提出某些结论供人们思考，使读者得到某种启发。

（5）其他补充 图片：可令读者留下深刻印象，对新闻稿件有补充及说明的意义；图表：可帮助理解资料性的内容，也容易看到重要的需突出的部分；插图：多用于杂志文稿中，大部分为编辑自己制作，使文章更加生动。

4. 新闻稿的叙事结构 新闻稿最常见的结构有以下三种。

（1）倒金字塔结构 倒金字塔结构由导语和事实两部分组成。导语是新闻稿的灵魂，包含最新、最重要的内容。导语之后是一般的新闻事实，按重要在前、次要在后的原则排列。这种结构的优点之一是方便读者阅读。所以，在倒金字塔结构中导语的地位十分重要，必须用最短的语言说出最重要的信息。同时，倒金字塔结构的新闻稿也便于编辑和修改，即使删除修改的只剩下一段导语，也可以通过一句话新闻将最主要的信息发布出去。

（2）并列结构 当几项新闻事实处于同等重要的地位时，则采用并列结构。并列结构由导语和新闻事实两部分构成，一般要有一个概括性的导语，然后是各种新闻事实，通常用于重大新闻报道。

（3）顺时结构 在需要突出新闻事件的时间顺序时，则采用顺时结构，公关人员可按照事件发生的时间顺序交代事件过程。

屠呦呦获得诺贝尔科学奖

腾讯科学讯　北京时间 10 月 5 日 17 时 30 分，"诺贝尔生理学或医学奖"获奖名单揭晓，来自中国的女药学家屠呦呦获奖，以表彰她对疟疾治疗所做的贡献。屠呦呦女士也是首位获得诺贝尔科学类奖项的中国女科学家。

屠呦呦女士是中国中医科学院终身研究员兼首席研究员，青蒿素研究开发中心主任，多年从事中药和中西药结合研究，突出贡献是创制新型抗疟药——青蒿素和双氢青蒿素。她是抗疟药青蒿素和双氢青蒿素的发现者，在 2011 年获得拉斯克奖临床医学奖。

除屠呦呦女士获奖外，该奖项另外一半由两名科学家共得，为爱尔兰的 William C. Campbell 和日本的 Satoshi ōmura。二人因发现治疗蛔虫寄生虫感染的新疗法而共同获得该奖。

（倒金字塔结构的新闻稿实例）

5. 如何写好一篇新闻稿

（1）用语准确　词不达意、用错词语等，会使内容有所偏差。

（2）语句清晰　使用简单的句子，少用从句或复句，因为过于复杂的语句，会使读者误解或难以理解内容的意思，难以保证语法结构的正确。

（3）报道客观　切勿加入个人的主观意见和评论，并避免使用带有价值判断的语句，除非是确定事实，否则不宜写在新闻稿中。

（4）用词庄重得体　尽量使用一些庄严和文雅的字词，避免俗语和不规范的网络语言。

（5）善用数字资料　在标题中运用数字可突出新闻价值及卖点，但在运用时要使用权威、科学、真实数据，并写明背景及引用出处。

新闻角度的选取

☆ 紧跟时代选角度　文章合为时而著，诗歌合为事而作，这是千古真理。新闻需要紧跟时代的脚步，结合热点挖掘角度。

☆ 以小见大选角度　就是说面对一件发生的事件，写作者不是笼统概述事件的经过，而是选取事件某一个特定的镜头，通过特定的镜头，慢慢散开，达到窥一斑而见全貌的效果。比如，某企业一篇关于企业危机公关的通讯就抓住总裁向媒体和公众深深鞠躬这一细节，体现企业向社会公众道歉，愿意承担责任的态度。

☆ 从特殊性中选角度　新闻艺术常说："狗咬人不是新闻，人咬狗是新闻"；所以，面对所发生的一件事情，要从共性中找出特殊性。

☆ 从遗忘的角落中选角度　对于一件事情，共性的东西大家都看得到，都会去写，要想写好一篇新闻稿，要善于从大家遗忘的角落中选取角度写。

任务二 举办庆典活动

庆典活动是组织利用自身或社会环境中的有关重大事件、纪念日、节日等所举办的各种仪式、庆祝会和纪念活动的总称，包括节庆活动、纪念活动、典礼仪式和其他活动。通过庆典活动，可以渲染气氛，强化组织的影响力；也可以广交朋友，广结良缘；成功的庆典活动还可能具有较高的新闻价值，从而进一步提高组织的知名度和美誉度。

一、庆典活动的效应

庆典活动虽然不是直接为"促销"服务，而且还要付出一定的人力、物力、财力代价，但是它的作用却不可低估。庆典活动的作用可引起三大效应。

1. 引力效应 指组织通过庆典活动吸引公众的注意力。通过庆典活动，可以宣传组织的性质、特点；宣传组织的历史和对社会的贡献；宣传组织的产品和服务等，让公众了解组织、信任组织、支持组织的一切活动。组织的知名度也就随之提高了。

2. 实力效应 指通过举办大型庆典，显示组织强大的实力，以增加公众对组织的信任感。通过这种活动，可以使公众更全面的了解组织从事的各种活动，而组织在庆典活动中也可以塑造自己的社会性、公益性、娱乐性等方面的形象，从而给公众留下组织更完整、美好的形象。

3. 合力效应 开展大型庆典，能增强组织内外部公众的向心力和凝聚力，提高公众对组织的信任感。这种活动一般都需要广邀各界朋友，通过庆典活动就可以增进组织与公众之间的沟通，内部公众，如员工、股东等可以增进了解、加深友谊，为组织的进一步发展打下坚实的基础。

案例讨论

案例：美国 IBM 公司每年都要举行一次规模隆重的庆功会，对那些在一年中做出过突出贡献的销售人员进行表彰。这种表彰活动被称作"金环庆典'。这种活动常常是在风光旖旎的地方，如百慕大或马霍卡岛等地进行。在庆典中，IBM 公司的高层管理人员始终在场，并主持盛大、庄重的颁奖酒宴，然后放映由公司自己制作的表现那些做出了突出贡献的销售人员工作情况、家庭生活，乃至业务爱好的影片。在被邀请参加庆典的人员中，不仅有股东代表、工人代表、社会名流，还有那些做出了突出贡献的销售人员的家属和亲友。

在庆典活动中，公司主管会同那些常年忙碌，难得一见的销售人员聚集在一起，彼此毫无拘束地谈天说地。在这种交流中，无形地加深了彼此之间心灵的沟通，增强了销售人员对企业的"亲密感"和责任感。IBM 公司的"金环庆典"活动属于企业内部的公共关系活动，它对企业公共关系的发展有着极其重要的现实意义。

讨论：这是一种什么类型的公关专题活动？它都有哪些现实意义？对其他社会组织来说有何借鉴意义？

二、庆典活动的类型

1. 节庆活动 节庆活动是利用盛大节日或共同的喜事而举行的表示快乐或纪念的庆祝

活动。不同国家不同地区，都有自己独特的节日。国际上，节日一般分为官方节日和民间传统节日。常见的官方节日有元旦、妇女节、消费者权益保护日、国际劳动节、儿童节、国庆节、圣诞节、感恩节、复活节等，民间传统节日有春节、元宵节、清明节、端午节、中秋节、重阳节等。还有些地方根据自身文化传统、风俗习惯、土特产，组织举办一些具有地方特色的节庆活动，如北京地坛庙会、湖南的龙舟节、山东潍坊风筝节、德国的啤酒节等。节庆日是公共关系部门特别是酒店、宾馆、商场等接待服务单位开展公共关系活动的绝好时机。

 典型实例

羚锐制药举办重阳节贴心关爱公益活动

1989 年，我国把每年的农历九月九日定为"老人节"，传统与现代巧妙地结合，重阳成为尊老、敬老、爱老、助老的老人节。

为了提高营销将士们的工作热情，激发他们的工作自豪感，进一步增强员工与员工及其亲人间的亲情，羚锐制药特别邀请营销将士父母亲属到公司参观访问，举办了"2012年重阳节贴心关爱公益"活动。

在羚锐制药的组织下，来自新县中医院的医药专家和医务人员免费为来访的老人们进行了量血压等相关项目的体检，并接受了相关老年病健康知识的咨询、解答。活动中，羚锐制药还为每位老人送去了羚锐通络祛痛膏（骨质增生一贴灵）、活血消痛酊、暖洋洋静电理疗贴、雨伞等中老年人家中必备的常备保健药品及物品，并在羚锐集团大厦院内现场组织开展了中医坐诊、养生讲座、膏药试贴和推拿按摩等活动，为老人们送去了最真心的问候和真切的关心。活动开始前，羚锐制药还组织大家参观了羚锐企业发展史陈列室——"羚锐之路"展示厅，了解了羚锐企业发展史。

2. 典礼仪式 典礼活动包括各种典礼和仪式活动，如开幕典礼、开业典礼、项目竣工典礼、毕业典礼、颁奖典礼、就职仪式、签字仪式、捐赠仪式、剪彩仪式等。在实际工作中，典礼仪式的形式多样，并无统一模式。有的仪式非常简单，如某个企业办公楼的开工典礼，放一挂鞭炮，企业老总喊一声"开工"，仪式便宣告结束；有的仪式非常隆重、庄严，如英国女王登基、国外皇室婚礼以及葬礼等。甚至还有一套严格的程序和繁文缛节。

 拓展阅读

剪彩仪式的基本程序

独立而行的剪彩仪式，通常应包含如下六项基本的程序。

第一项，请来宾就位。在剪彩仪式上，通常只为剪彩者、来宾和本单位的负责人安排座席。一般情况下，剪彩者应就座于前排。

第二项，宣布仪式正式开始。在主持人宣布仪式开始后，乐队应演奏音乐，现场可施放礼花礼炮，全体到场者应热烈鼓掌。此后，主持人应向全体到场者介绍到场的重要来宾。

第三项，奏庆典喜庆乐曲。此刻须全场起立。

第四项，发言。发言者依次应为东道主单位的代表、上级主管部门的代表、地方政府的代表、合作单位的代表等。其内容应言简意赅，每人不超过 3 分钟。

第五项，进行剪彩。此刻，全体应热烈鼓掌，必要时还可奏乐或燃放鞭炮。在剪彩前，须向全体到场者介绍剪彩者。

第六项，进行参观。剪彩之后，主人应陪同来宾参观被剪彩之物。

3. 纪念活动 纪念活动是利用社会上或本行业、本组织的具有意义的日期而开展的公关活动。可供组织举办纪念活动的日期和时间有很多，如历史上的重要事件发生纪念日、本行业重大事件纪念日、社会名流和著名人士的诞辰或逝世纪念日；而本组织的周年纪念日、逢五逢十的纪念日及重大成就纪念日，更是举办纪念活动的极好时机。通过举办这样的纪念活动，可以传播组织的经营理念、经营哲学和价值观念，使社会公众了解、熟悉进而支持本组织。

🗒 典型实例

李时珍医药集团举办 "弘扬中医药文化、祭拜医圣李时珍" 活动

活动主题："弘扬中医药文化、祭拜医圣李时珍"。

活动主体：由台资企业李时珍医药集团主办。

参与对象：李时珍医药集团董事长郭文和、总裁林朝辉以及来自国内外、海峡两岸的医药界嘉宾和李时珍医药集团员工共计 1000 多人参加活动。

活动时间：2016 年 5 月 10 日上午 9 时。

活动地点：蕲州李时珍陵园。

活动目的：此次祭拜活动是 2018 年 "纪念李时珍诞辰 500 周年" 大型活动的前奏。"纪念李时珍诞辰 500 周年" 大型活动将由蕲春县政府、李时珍医药集团牵头举办，旨在进一步弘扬国粹中医药文化，传递李时珍医者仁心、济世利人的社会正能量，为实现 "中药梦、中国梦" 做出应有的贡献。

活动内容：医圣李时珍纪念馆广场，千名参拜者胸挂平安香包，怀着虔诚之心、敬仰之意，以身为医药人的济世利人情怀，按照司礼规程先后进行了奉贡、上香、敬献鲜花、植树培土、大礼祭祀、宣读祭文、恭请圣像、众祭等传统祭拜典礼仪式。表达医药人尊敬医圣李时珍的真诚情感和传承弘扬中医药文化的信心和决心。

三、庆典活动的基本流程

在组织庆典活动中，其基本的流程如下。

1. 拟定出席庆典的宾客名单 庆典活动邀请的宾客一般应包括上级领导、政府有关部门负责人、社会名流、大众传媒、合作伙伴、员工代表和社区公众等。邀请嘉宾的范围应依据活动规模的大小而定，邀请名单一旦确定，应尽早发出邀请或通知。发放请柬要求：请柬提前 7 天左右发放。重要来宾请柬发放后，组织者当天应电话致意，庆典头晚再电话联系。

2. 确定主持人及致辞的嘉宾 庆典活动一般要突出其喜庆色彩，所以庆典主持人应由形象气质较好、口头表达能力和应变能力较强的青年男女担任。而致贺词的嘉宾一般是由客方人员中有较高社会地位和有一定社会声望的人士来宣读，以起到鼓舞人心、烘托气氛、沟通感情、融洽关系的目的。

3. 做好庆典的设施准备和经费预算 举办庆典，首先应慎重考虑地点的选择，应结合庆典的规模、影响力以及主办方自身的实际情况来决定举行庆祝仪式的地点，同时，公关人员要精心布置庆典仪式的现场，如搭建舞台、悬挂横幅、张灯结彩等，以烘托出热烈、隆重、喜庆的氛围。在举行庆典之前，还要检查所有的音响设施，以免关键时刻出现问题，影响庆典效果。在室外举行庆典时，应注重安全因素，切勿造成拥挤堵塞。

主办方应提前做好经费预算，庆典不宜过于奢华、铺张，使人感觉虚有其表。

4. 确定典礼程序 拟定庆典的程序时，应遵循经济简洁的原则，即时间不宜太长、程序不宜太烦琐。典礼的一般程序为：宣布典礼开始、介绍主要来宾、领导或来宾致贺词、致答词、剪彩。期间可适当安排一些助兴节目，如文艺晚会、组织参观等，借此机会让上

级、同行和社会公众了解自己，以提高组织的知名度和美誉度。也可以在此期间散发一些宣传资料和赠送一些小小的纪念品。

5. 合理安排庆典活动的接待事宜　庆典活动中的来宾接待工作比一般商务往来中的来宾接待更注重礼仪性，不但应热心细致地提供照顾和帮助，而且应该使宾客感受到主办方的诚意和敬意。接待活动的具体工作应包括迎送、引导、陪同和招待四个环节。入场、签到、剪彩、留言等活动，都要有专人指示和领位。设置接待室，对重要来宾，要由组织领导亲自接待；他们的签到、留言、食、宿均应由专人负责。

接待工作是庆典活动的"门面"，如接待安排不合理、不到位，就容易使整个庆典活动显得杂乱无序，所以应认真对待，不能敷衍应付。

6. 编写宣传材料和新闻通讯材料　列出庆典主题、背景、活动内容等相关材料，将材料装在统一的包装袋内发放给来宾。对媒体记者，还应在其材料中添加较详细的说明，以方便其写作新闻稿件。

四、庆典活动的注意事项

1. 明确活动主题　举办这类活动要有一定的主题，像开业典礼、纪念性活动、联合签字仪式等。活动的主题可以是时间上的理由，也可以根据本组织的发展动向，选出本组织有特色的事由。有了主题，再围绕主题精心设计有关活动的内容，并安排与内容紧密结合的活动形式。只有这样才能显示开展纪念典礼活动的目的和作用，才能收到应有的效果。

2. 选好活动时间　调查研究是组织开展公关活动的基础。庆典仪式活动应在调查的基础上，抓住组织的一切有利时机和市场时机，尽量使活动与组织、市场相吻合。例如，儿童用品就应瞄准"儿童节"这样的时机来开展相应的活动。

3. 精心选择对象　活动确定后，应选择好参加活动的对象，提前发出请柬，邀请与组织有关的政府领导、行政上级、知名人士、社区公众代表、同行代表、内部员工、媒体公众等前来参加，对重要来宾还应亲自登门邀请。

4. 合理安排程序　仪式庆典活动的程序应包括：活动前，要备好接待室或会议室，安排专门人员接待；活动开始时，安排专门主持人；介绍重要来宾；由组织领导和重要来宾致辞或讲话；剪彩和参观线路；安排交流的机会；重要来宾留言、题字等。

5. 做好后勤、保卫工作　物质准备包括：音响、音像设备、锣鼓、彩旗、条幅、宣传品、礼品等。赠送的礼品要与活动有关或带有组织标志。另外，在特殊场合下燃放鞭炮，务必要有保安措施。

6. 科学性与艺术性相结合　公共关系既是一门科学，又是一门艺术。在仪式庆典活动中既要做到科学地推销产品和形象，又要赋予活动本身以艺术性，使活动在科学操作的基础上更具有魅力，这样才会有更好的宣传效果，才会使组织的形象更佳。

庆典活动的形式并不复杂，时间也无须耗费多少，但要办得隆重、热烈和丰富多彩，给人以强烈的、深刻的印象，并不容易。要使活动达到预定目标，公关人员应有冷静的头脑和充分的准备，善于用热情的举止鼓励公众，有序的指挥调度现场。另外，节目安排时也可以考虑让本组织的人员参与进来，这样有利于培养员工的归属感和自豪感。

📖 典型实例

可口可乐百年庆典活动

1986 年 5 月 8 日，美国可口可乐公司迎来了它的 100 周年纪念日。为了策划好这次专题活动，可口可乐公司使出了浑身解数。为期 4 天的庆祝时间里，可口可乐公司用最盛大，最壮观的庆祝活动来装点公司总部所在地亚特兰大。14000名工作人员分别从办理可口可乐业务的155个国家和地区飞往亚特兰大，30辆以可口可乐为主题的彩车和30个乐队从全国各地迂回取道开进亚特兰大，夹道欢迎的群众多达30万人，公司向这些群众免费供应充足的可口可乐；亚特兰大市长和可口可乐公司总裁一起引导游行队伍，其后是1000人合唱团和拥有60种乐器的交响乐队，他们引吭高歌着可口可乐的传统颂歌——"我愿给世界买一杯可口可乐"；亚特兰大洞穴状的奥姆尼中心的四周竖立着巨大的电视屏幕，通过电视屏幕，观众们可以看到在伦敦同时举行的可口可乐公司百年庆典场面。为了响应可口可乐公司"跟上浪潮"的最新广告，伦敦的典礼策划者准备一次推到60万张多米诺骨牌，这一活动把亚特兰大、伦敦、里约热内卢、内罗毕、悉尼和东京连接起来，各个地方通过卫星相互联系，当多米诺骨牌天衣无缝地一浪一浪倒下并在伦敦到达终点时，一个巨大的百事可乐罐出现了，多米诺骨牌爬上最后一个斜坡，引来一次小型爆炸，百事可乐罐被炸的粉碎，顿时，全世界可口可乐公司的职员都欢呼起来。

可口可乐公司策划的这一精彩庆典给人以津津乐道的长久话题，而这正是可口可乐公司举办百年大庆所追求的效果。

任务三 举办赞助活动

赞助活动是指社会组织以提供资金、产品、设备、设施或免费服务等形式赞助社会事业或社会活动，扩大组织的知名度和美誉度，使组织获得一定的形象传播效益的社会活动。赞助活动实质上就是组织的一种信誉投资和感情投资行为，是赢得公众信赖的一种有效的公关手段。

任何一个组织的赞助活动都是与某项社会事业或特殊事件紧密相连的，对组织发展及塑造公关形象具有特别重要的作用。组织力求通过赞助活动树立组织关心社会事业或社会活动的良好形象，为组织的生存和发展创造更有利的社会环境；由于赞助活动总是与组织的名称一起出现在新闻媒体的宣传报道中，这样会大大提高组织的社会知名度，扩大其社会影响；同时，赞助活动表明组织对社会具有很高的责任感，体现组织对履行社会责任和义务方面的积极态度；此外，赞助活动也能够证明组织的经济实力，赢得社会公众的信任。

一、赞助的类型

开展赞助活动的一个首要问题就是选择赞助对象。根据赞助对象的不同，赞助活动主要分为以下几种类型。

1. 赞助体育事业　这是企业赞助最常见的一种形式。由于现代体育的影响面大，公众的参与性强，特别是通过赞助奥运会、世界杯足球赛等世界性体育赛事的大型体育活动，可以展现组织实力，扩大自身的社会影响力。中国体育品牌"李宁"就是因为赞助中国体育健儿而蜚声海内外的。

赞助体育事业的常见形式有赞助体育经费、赞助体育器械或服装等用品、赞助体育竞赛活动的举行、设立体育竞赛奖励基金等。

典型实例

人福医药赞助武汉网球公开赛为运动员擦伤提供药物

2014年9月，人福医药集团举行了"人福医药匹得邦-武汉网球公开赛捐赠仪式"。人福医药集团在赞助赛事的同时，率先额外为赛事组委会捐赠了"匹得邦"莫匹罗星软膏。

"作为2014武网唯一医药类赞助商，此次捐赠代表了湖北民营上市公司，特别是湖北生物医药企业，支持武网，参与武汉网球之都建设事业的热情。"人福医药集团股份公司董事长王学海说，匹得邦能实实在在地为运动员擦伤等症状提供药物支持和帮助。

武汉网球公开赛主办方，武汉体育发展投资有限公司董事长朱建斌对人福医药的捐赠表示感谢，他表示："武网是继北京中网、上海大师赛之后，国内级别最高的网球赛事。我们有信心打造武网元年！"

过去人们只知道洋品牌百多邦，人福立志打造民族皮肤药领导品牌，填补百多邦缺货导致的国内市场空缺。匹得邦于去年上市，有着同类品种中最为严苛的质量标准，杂质控制更为严格，不含激素，安全性更高。

武汉网球公开赛是国际女子职业网联（WTA）的顶级赛事之一，首届武汉网球公开赛于2014年9月19日盛大开幕。本届武网阵容汇集了WTA排名前20位的所有球员，堪称不折不扣的"第五大满贯"。

2. 赞助科学教育事业　科学教育事业是一种效益长远、有利于全民族素质提高的事业。对科学教育事业的赞助既有利于科技进步和教育事业的发展，使社会组织树立良好的形象，也有利于组织尤其是企业的人才招聘和培训。

赞助科学教育事业的常见途径包括：赞助科学研究机构及各类学校建设，赞助学校图书馆、实验室和其他教育设施，赞助科研项目和学科建设，为学术活动提供会议场所和会议经费，设立奖学金、学习或研究基金，对贫困和特殊学生的经济、物质或其他资助。例如，香港企业家霍英东、邵逸夫等人先后设立各种教育奖励基金，资助我国教育事业的发展，其中邵逸夫一人就捐资6亿元，资助数十所学校建设图书馆和教学楼，成为成功教育的典范。

3. 赞助文化艺术活动　组织赞助文化艺术活动，不仅有利于文化事业的发展，提高民族文化素质，而且可以培养组织与公众的良好感情，提高组织的社会效益与美誉度。组织赞助文化艺术活动的常见形式有：赞助广播电视节目的制作，电视、电影的拍摄，图书的出版，书画与摄影艺术展，赞助文学艺术创作，音乐会和文艺表演以及各种知识竞赛、摄影比赛或发明创作等。

4. 赞助社会慈善和福利事业　赞助社会慈善和福利事业是组织和社区、政府融洽关系的重要途径，也是一种向社会表明其承担社会义务和责任的手段，更能体现组织对社会公益事业的关心。赞助社会慈善和福利事业的常见形式如赞助敬老院、孤儿院、康复中心、赈灾捐款捐物等。这类赞助体现了组织高尚的道德品质，也是组织向社会表明其承担社会义务和责任的方式。

5. 赞助公益事业和环保事业　赞助公益事业的形式有很多，如赞助道路、桥梁、公共休闲娱乐活动场所及设施和有特殊意义的公共项目等。

近年来，环保问题成为一个不断升温的引起全球普遍关注的"热点"，因此，赞助环保事业对组织赢得公众的信任和好感，取得良好的社会效益的作用是不言而喻的。赞助环保事业的常见形式有：宣传环保、资助环保组织、直接资助环保项目的建设等。

6. 赞助突发性和灾难性事件　赞助突发性和灾难性的事件主要是对遭受各种自然灾害或社会危机事故的地区和公众实施捐助。常见的有：为地震、水灾、火灾、瘟疫等受害地区和公众提供物品、器械、技术、资金等帮助。

7. 赞助其他特殊领域　赞助其他特殊领域常见的有：①赞助人类和平事业；②赞助保护文化遗产（包括一些文化古迹、语言、音乐、绘画、雕塑、技艺和民俗等）；③赞助保护野生动物；④赞助地方性的节日活动，例如各种具有地方色彩的节日活动：潍坊的风筝节、广东的龙舟节、云南的泼水节、洛阳的牡丹节等；⑤赞助大型展览。例如各种博览会、交易会等。

拓展阅读

赞助决策技巧

赞助活动的类型有很多，在进行赞助决策或类型选择时要注意一些技巧。

☆ 不要盲目赞助"找上门"的项目或力不从心的活动。

☆ 赞助冷门。可以找一个不太为社会组织注意的，但需要赞助的团体，并通过建立基金、做广告等形式提高该基金会的知名度，引他人也来加入赞助，使之成为吸引社会公众注意的热点。

☆ 注意赞助后的宣传。要尽量利用赞助活动去宣传，活动的主办方只能给赞助人提供机会，而怎样利用赞助宣传则是赞助者的事。

二、举办赞助活动的步骤

1. 明确赞助活动的目的　一般有以下几种目的。

（1）追求新闻效应，扩大社会影响　赞助一些大型的、社会关注度高的活动，具有良好的新闻效应，社会组织可以通过赞助活动起到"新闻策划"的作用。

（2）增强广告效果，提高经济效益　赞助在传播形式和效果上往往具有广告宣传效应，特别是对于一些生活快消品，将会起到促销作用，促进产品的销售，提高企业的经济效益。

（3）联络公众感情，改善社会关系　组织外部的公众种类繁多，利益诉求各有不同，政府、社区、媒体等都对组织的长远发展有着重要的影响。因此，有些赞助活动主要是为了组织创造良好的外部发展环境。

（4）提高社会效益，树立良好形象　企业在追求经济效益的同时，必须高度重视社会效益，任何企业都是社会构成的一部分，应承担社会责任。有些赞助活动可能没有经济效益，甚至会以牺牲一定的经济效益换取社会效益，从而更好地塑造企业的软实力。

上述目的并不是孤立存在的，某个单项的赞助活动可能在目的上有所侧重，以某一个方面为主要目的，但并不排斥其他目的的实现。

2. 做好赞助前的调查研究　在正式决定赞助之前，赞助单位首先有必要进行前期的研究，即对所要赞助的项目的可行性、必要性、有效性和风险性进行分析和研究。如赞助项目的选择是否恰当，能否达到树立企业良好形象的目的；所赞助的活动是否具有积极的社会意义和广泛的社会影响；具体的赞助活动应如何实施，才能达到预定的目标，取得相应的赞助效益。这些都是在赞助活动开始前所要重点调查和论证的内容。

3. 制定赞助活动的计划　组织要使赞助活动取得最佳投资效果，必须在调研的基础上，根据组织总的赞助方向和政策，制定具体详尽的赞助计划。

赞助的总体计划是公共关系人员根据本组织的情况制定出切实可行的政策性文件，确定赞助的宗旨、目标、赞助对象的选择标准或范围、款项比例等基本方针，经过讨论通过后生效成为组织赞助工作的依据。

在决定赞助后，制定出此项目赞助的具体计划：为达到赞助效果而确定赞助主题和传播方式、赞助款项预算、赞助时机和赞助形式及实施计划等。一般而言，主要的赞助形式有资金赞助、产品赞助、劳务赞助和场地或场所提供赞助等。

4. 提供赞助的决策依据　组织所提供的赞助，或者是由组织主动选择赞助对象，或者是在接到请求时再作出反应，组织为提供某项赞助而进行决策时，主要应考虑以下几点。

（1）社会效益　提供赞助时，应优先考虑社会效益，是否是社会关心的、迫切需要解决的问题，如社会的救灾活动，对残疾人的福利赞助、希望工程的赞助等。

（2）传播效果　一方面要考虑赞助对象是否是媒体关注的，媒体关注度高，传播效应更好；另一方面，考虑赞助的事业或活动所具备的传播条件，比如所在地具有的媒体状况、现场的通讯设备，自然条件等。

（3）经济性　视企业的经营情况，财政预算支付赞助费用的额度和范围而定。总体而言，赞助是一种投资行为，即使这种投资可能是以社会效益为主的，但也要考虑组织的经济效益，使二者能有机地结合在一起。

5. 赞助活动的实施　计划确定后，公共关系人员或赞助基金会人员负责进行详细的审核、评定，确定该项目赞助的可行性、赞助的具体方式、款项的落实以及赞助的时机。在此基础上，社会组织应由专门的公共关系人员精心策划，应用各种公共关系手段、技巧，充分借助媒介力量，尽全力扩大组织和该项赞助活动的社会影响。在实施过程中，公共关系人员要充分利用有效的公共关系技巧，创造出企业内、外的"人和"气氛，尽可能扩大赞助活动的社会影响。

6. 赞助活动的效果评估　对每一次公共关系活动的效果，都应该作出客观的评价。一次赞助就是组织的一次重大公关活动，因此在赞助活动完成后，组织应及时对每一项赞助活动的效果进行调查评估。收集各个方面如公众、新闻媒介、受赞助组织对此次赞助的看法，调查是否达到了预期的效果，对照计划检查完成了哪些预定的目标，分析实现目标与未达目标的不足与原因，将各方面的情况写成总结报告，为以后的赞助活动提供有益的经验和参考。

三、赞助活动的策划技巧

组织举办赞助活动之前，必须对赞助活动进行精心策划，公共关系人员应注意以下几个方面的策划技巧。

1. 赞助活动要符合本组织的特点　考虑赞助主体与赞助对象之间是否存在契合度，一般来讲，性质不同、特点不同的组织，应选择不同的赞助内容。例如体育品牌赞助体育赛事，食品企业赞助厨师大赛，乐器制造企业赞助民间艺术活动，专营图书的书店赞助图书展览会等。宗申摩托车集团就一直致力于赞助中国摩托车运动，并将国家队冠名为"宗申车队"。

2. 赞助活动时间选择要恰当　首先赞助要把握时机，赞助活动本身也具有竞争性，特别是对于优质赞助对象，组织必须具备敏锐的公关意识和果断的判断能力，否则，赞助资格也会被"抢"。同时，赞助还可以结合组织的开业、周年庆典、新年节庆，或者在组织受奖之时进行公益赞助活动，这样更容易引起公众的注意。组织也可以结合其他专题活动开展公益赞助活动，有利于提高活动的有效性。

3. 赞助活动要突出赞助的独特性　策划赞助活动最忌讳千篇一律，公共关系人员要敢于创新，独辟蹊径。只有这样，才能出奇制胜。例如，美国强生公司在 1998 年就同全美反家庭暴力联盟合作，开展了名为"避难救助（Shelter Aid）"的援助行动，为家庭暴力受害者提供避难所。强生公司通过这项赞助活动，提升了公司的整体形象水平，有力地推动了公司的产品销售。

4. 赞助活动要注意赞助的特殊性　美国万宝路公司利用赞助做广告，从美术展到汽车大赛的一系列文化、体育领域里，都能看到他们的赞助活动。他们巧妙地回避了吸烟与健康等敏感问题，在国外烟草行业不允许做广告的政策法令制约下，在反对吸烟的强大舆论影响下，取得了成功的宣传效果。

四、赞助活动的注意事项

赞助活动是组织对社会承担社会责任和义务的一种重要的表现形式，能为组织树立起高度责任感和有实力的社会形象。组织在开展赞助活动时，要考虑注意以下事项。

1. 组织的赞助活动，应以组织和组织所面对的社会环境为出发点，制定出切实可行的公共关系政策、方针和策略，赞助切忌盲目。应将赞助计划列入企业为其生存和发展创造环境的长期计划，分清所需赞助事业的轻重、缓急，逐步实施。

2. 组织应将公共关系政策公之于众，应保持与被赞助者和需要赞助的活动组织者之间的联系。对不能满足或不能全部满足赞助对象要求的，应坦率相告，诚恳解释原因，以免引起矛盾。

3. 应优先考虑赞助社会慈善福利事业和教育文化事业，善举广行，由此创造出的良好的社会效益，必然会得到社会的广泛支持。

4. 组织的公共关系部，应随时把握社会赞助的供求状况，做到灵活掌握赞助款项。在赞助计划制定时，要考虑保留一部分的机动款项，以解决实施赞助远程中临时情况变动而引起的费用增加。

5. 组织应重视赞助活动的积极作用，不能刻意追求广告效应而削弱社会组织的形象。但是，开展赞助活动，必须要配合各种公共关系手段，尽量利用赞助活动开展宣传，体现组织负责任和积极承担社会义务的良好形象，增进社会公众对组织的理解和支持，增加组织的社会影响力。

6. 赞助活动中要遵守一定的礼仪规范，按照规范做法举行赞助捐赠仪式。商讨赞助事宜时，要本着充分协商、互惠互利的原则。不能财大气粗，漫天要价，条件苛刻，让人难以接受，甚至闹出不愉快的事情。对明显不能满足要求的征募者，应当坦诚相待，解释清楚政策或条件的限制。

案例讨论

案例：长甲集团生产的"百消丹"是一种专治妇科肿瘤的中成药，作为一个专门致力于女性健康事业的公司，长甲集团深知前进的每一步都离不开广大妇女的支持。为了回报杭州市妇女的厚爱，长甲集团杭州分公司于 5 月 12 日母亲节那天，举办了免费为母亲送鲜花、送祝福的活动，为杭州 1000 余位母亲送上了一份特别的节日鲜花。打个电话，我们就会把您最想和妈妈说的话与一束鲜花，在母亲节这天送到您的母亲手中。在母亲节，长甲集团"百消丹"组织的送鲜花活动别出心裁，得到了广大市民的赞赏和踊跃参加。短短 3 天，打电话参加活动的人数超过一千人，"妈妈，您是儿子永远的港湾，不论走多远，最后都要回到您的怀抱"；"妈妈，真的感谢您，您是女儿永远的爱"；"妈妈，我们爱您到永远"……当儿女们饱含着深情的话语，随着一盆盆、一束束鲜花，一起送到一位位母亲手中时；当看到一个个母亲捧着鲜花，脸上绽放出比鲜花还灿烂的笑脸时，浓浓的母亲节氛围也在杭州城洋溢着。一时间，长甲集团"百消丹"举办的母亲节活动成为市民们关注的热点。

讨论：请分析长甲集团这次活动的性质和技巧。

任务四　举办展览会

展览会是一种综合运用各种媒介、手段，通过人员、文字、图表、产品实样以及各种影像资料来展示组织形象、传播组织信息的一种公共关系专题活动。它以极强的直观感和真实感，给公众留下深刻的印象。由于这类活动一般具有较强的知识性和趣味性，因此能广泛吸引公众参与，同时吸引众多的新闻媒介采访报道，从而取得更广泛的宣传效果。

一、展览会的作用

1. 扩大组织和产品的声誉　展览会是一种集多种传播方式于一身的宣传形式，它可以同时运用多种媒介进行立体交叉传播，如综合运用实物、模型、文字资料、图片、现场展示、洽谈等方式进行宣传，使公众更直观、更全面的了解组织及其产品，大大提高组织和产品在参观者心中的可信度。同时，展览会具有快速反馈高效率、高质量的市场信息的高效传播特点，一个知名展览会实际上就是一次行业年会，从行业协会到产业链的各个环节均被聚集在一个时空里，是行业信息量的大潮到来之际，是行业海量信息的尖锋时刻。通过新闻媒体的追踪报道，为组织扩大影响、脱颖而出创造了绝好的机会。

2. 提供与公众进行直接交流的机会　组织和产品能否得到社会的认可，关键在于公众的了解与接受程度。而展览会为组织与公众之间"牵线搭桥"，提供了面对面交流沟通的机会。通过产品介绍、听取意见、相互讨论等直接的信息交流，参展单位不仅达到让公众了解自己的目的，同时也具体了解了公众对组织形象、展品的意见反映，为今后的工作发展提供了新的思路和创新依据。此外，这种双向交流的沟通模式针对性较强，有较好的"体验价值"。

3. 创造组织的经济效益　展览会同时也可以是展销会，一个展览会可以集中许多不同行业的产品、集中全国乃至全世界同一行业的不同品牌，一方面可以使参观者大开眼界，另一方面也为参观者提供了更多的方便和选择余地，促使他们作出选购决定。同时，大型的展览会往往会吸引众多采购人员前来洽谈业务，有的当场交易或签订订货协议，效益明显，立竿见影。许多参展者也正是借助展览会而与客户建立了长久的合作关系或打开了产品的销路，使企业获得了可观的经济收入。

二、展览会的特点

1. 直观性　展览活动是一种非常直观形象的传播方式。它把实物、技术、照片、文案、视频等直接展现在公众面前，并可以进行现场演示，形式生动活泼，给人以真实、观之有物的感受，达到广泛传播的目的。

2. 双向性　展览会能给社会组织提供与公众直接进行双向沟通的机会，实现组织与公众的交流与互动，这种直接沟通在向公众展示自身形象的同时，还可以广泛搜集公众的反馈意见，在解决共性问题的同时，还能有针对性地就个别公众的某种特殊情况进行处理。

3. 复合性　展览会是一种复合性的传播方式，它通常要运用多种传媒进行交叉混合传播，既运用了人际传播的许多方法和技巧，又要运用大众传播的许多方式和策略。往往以实物展出为主，配以文字宣传资料、图片、录像、电影、VR（Virtual Reality，即虚拟现实）等，再加上动人的解说和友好的交谈，能够形成多层次、立体化的传播效果，取得很好的社会效益。

拓展阅读

VR 技术展示食品生产全程

主题为"保障食品安全，科技创造美好生活"的 2016 中国国际食品安全与创新技术展览会于 6 月 20 日至 22 日在中国国际展览中心举办。本届展会上设立了食品安全 VR 展示体验区。在本届食品安全展上，5 部 VR 视频对康师傅、娃哈哈、雀巢等企业的食品生产线进行了全方位、全流程展示，让消费者身临其境，感受食品生产企业对食品安全的严格把关。

4. 高效性 展览会可以一次展示许多行业的不同产品，也可以集中同一行业的多种品牌产品来展示。它既为参观者提供了比较产品和购买产品的方便，也为组织之间的交流和沟通提供了良机，是一种高效集中和高效率的沟通方式，它为参观提供了更多的机会，并节省了大量的时间和费用。

5. 新闻性 展览活动是一种综合性的大型活动，除本身能进行自我宣传外，还会成为新闻媒介重点追踪报道的对象，从而形成舆论热点。通过新闻媒介的报道传播，展览会的宣传效应将大大扩展。

三、展览会的类型

按照不同的标准，展览活动可有不同的分类。

1. 根据展览活动的内容划分

（1）综合性展览 综合展览会是一种全面介绍一个地区的全方位展示活动，它的规模一般很大，参展项目多，参展内容全面，综合概括性强，能让参观者留下全面深刻的印象。

（2）专题性展览 这种展览通常由企业或行业组织，围绕某一特定专题而举办的展示活动。其内容较为单一，规模较小，不具有综合性。但主题鲜明，内容集中，比较有深度。

2. 根据展览活动的性质划分

（1）贸易性展览 贸易展览会就是展销会，既"展"又"销"，目的是通过展示产品，促进展品销售。它最大的特点是将商品事物展览和订货融为一体，具有现场广告的效果。

典型实例

2013 中国 （南昌） 国际制药工业及技术展览会

时间：2013 年 9 月 11 日～13 日
地点：江西·南昌国际展览中心（红谷滩区赣江南大道摩天轮对面）
主题：构建高端平台 促进产业升级
主办单位：中国国际贸易发展促进会 江西省医药行业协会
承办单位：南昌金正展览有限公司 南昌国际展览中心
服务单位：江西亚细亚国际旅行社
支持媒体：中华机械网 中国制药机械技术网 玉环药械包装网 中国机械网 中国行业会展论坛 制药检测设备网 中国制药机械网 中国食品制药设备网 慧聪制药工业网 中国设备网 中国制药机械设备网 药品包装技术网 中国制药设备网 中国制剂机械网 买卖设备网 中国制药工业网 蒲公英制药技术论坛 南浩制药化工设备网 中国行业会展网 药品干燥设备网 中国食品制药化工装备网

日程安排：

报到布展：2013 年 9 月 9 日~10 日

开幕：2013 年 9 月 11 日

展览：2013 年 9 月 11 日~13 日

撤展：2013 年 9 月 13 日下午

参展产品：

原料药展区：药用辅料、原料药、中间体、添加剂、药用辅料及医药化工等；

制药机械展区：医药设备、制剂生产设备、制药用水设备、洁净空调设备、中药处理设备、饮片机械、分离设备、医药检验设备、原料药机械、药用粉碎机等；

包装设备展区：铝塑包装机、胶囊充填机、压片机、贴标机、喷码机、防伪印刷包装及包装生产流水线、塑料包装制品、电子标签、喷码、防伪技术等；

分析检测展区：制药检测设备、食品药品化妆品分析检测仪器、实验室设备、生物技术分析检测仪器、医药行业分析仪器等；

流体设备展区：泵、阀、管道及管件、微滤、超滤等；

洁净系统展区：洁净工作室/台、洁净设备、防静电服装等。

参展费用：

1. 展位费用：标准及豪华展位规格 $3m \times 3m = 9m^2$

2. 广告宣传及赞助费用

参展流程：

1. 请告知工作人员您的参展产品及所需展位类型，工作人员将为您推荐展位和提供相关咨询服务。

2. 填写《参展回执表》，并同时将营业执照复印件及相关产品质检、卫生许可证复印件传真至大会组委会。

3. 确定展位后 3 个工作日支付参展费用，逾期不保留；为保证展会整体形象，组委会保留展位的最终调整权。

4. 展前 20 日工作人员为您邮件或寄送《展商手册》，方便您参展、撤展。

（2）宣传性展览　宣传展览会主要是为了树立组织、产品或人物形象而举办的，通过有关组织的照片资料、图表和实物等来宣传组织的成就、价值观念等，以扩大组织文化和社会影响。

3. 根据展览活动的规模划分

（1）大型展览会　大型展览会一般由专门单位举办，参展组织报名参加。这类展览会通常是综合性的，其规模很大，项目很多，最常见的是全国性的展销会，如我国的"广交会"，还有世界性的博览会，如日本举办的"筑波国际博览会"。

（2）小型展览会　通常由一个组织自己举办，规模较小，展示有关组织的产品、经营等情况或对于某个专门内容的展示，如产品陈列会、样品展览室等。

（3）微型展览会　一般指宣传栏展出、流动展览车、橱窗展览等。

4. 根据展览活动举办的地点划分

（1）室内展览会　通常室内展览会在一个大厅或展览馆举行，不受气候影响，时间上较自由，且展示效果好，但设计布置较复杂，所需费用较多且受空间限制。

（2）露天展览会　这类展览会的布置工作较为简单，所花费用也较少，但受天气影响较大，时间不宜过长。

四、展览会的策划与实施

若要使展览会办得卓有成效，应认真做好以下组织工作。

1. 明确展览活动的主题和目标 目标明确，主题鲜明，才能确定展览活动的传播沟通方式和接待形式，才能有针对性地收集展品，使实物、文字资料等各种参展资料有机地结合起来，才能使展示活动的整体效果得以体现。

2. 确定参展单位和参展项目 有了明确的主题和目的，便可以进一步确定展览会的类型、参展项目。一般可以采用广告和发邀请函的形式组织参展单位。广告和邀请函要写清楚展览会的宗旨、展出项目类型、对展览单位和参观者人数的预测、展览会的要求和费用预算等。总之，应为潜在的参展单位提供决策所需的资料。

3. 确定展览会的主编人员 要依据目标和主题进行整体活动的规划和构思，就必须指定相应的主编人员。展览主编要负责设计并确定会徽、会标，撰写前言及结束语，向各部分的编辑交代展览的总体结构及各部分之间的衔接要求，展览内容应该结构严谨、层次分明。

4. 确定展览的地点和时间 展览场地的选择首先要考虑方便参观者，如交通便利，容易寻找；其次要考虑场地的大小、质量、设备等；另外，还应考虑展览会周围的环境是否与展览活动的主题和内容相协调；最后要考虑辅助服务设施是否容易配备和安置，如参观者的休息场所或停车场地等。

选择展览活动的时间首先要考虑所展示的内容有无季节性和周期性，如花卉、服装、饮料、农副产品等；再者要考虑展览活动是否与重大社会活动的时间发生冲突；还要考虑展览的目标参观者的时间特点，例如针对学生的展览往往安排在假期。

5. 明确参观者的类型和数量 在筹划展览会时，应对参观者的类型和范围有较精确的了解。展览的对象是谁，范围有多大，参观者的层次、要求、数量等状况如何，只有明确了这些，展览会的编辑才能根据观众特点有针对性的设计制作版面，确定传播手段和沟通方式，以确保展览会的效果。

6. 培训展览会的工作人员 展览活动工作人员的素质与技能对整个展览效果起着重大影响作用。因此，必须对展览会工作人员如讲解员、接待员、服务员、业务洽谈人员等进行培训，培训内容应包括公关技能、展览专业知识和专门技能、营销技巧和社交礼仪等，以使其能胜任展览会的工作，使展览会能取得理想的效果。

拓展阅读

展览会工作人员形象

☆ 统一着装。展位上工作的人员可穿本单位的制服，或者是穿深色的西装、套裙。在大型展览会上，参展单位若安排专人迎送宾客，则最好身穿色彩鲜艳的单色旗袍，并胸披写有参展单位或其主打展品名称的大红色绶带。为了说明各自的身份，全体工作人员皆应在左胸佩戴标明本人单位、职务、姓名的胸卡，唯有礼仪小姐可以例外。工作人员不应佩戴首饰。

☆ 时时注意待人礼貌。全体工作人员都要将礼貌待人放在心坎上，并且落实在行动上。展览一旦正式开始，全体工作人员即应各就各位，站立迎宾。当观众走近自己的展位时，不管对方是否向自己打招呼，工作人员都要面含微笑，主动打招呼，引导观众参观。

☆ 善于运用解说技巧。要善于因人而异，使解说具有针对性。与此同时，要突出展品的特色。在实事求是的前提下，要注意对其扬长避短，强调"人无我有"之处。在必要时，还可邀请观众亲自动手操作，或由工作人员对其进行现场示范。

7. 准备好展览相关的宣传资料　展览会需要的材料很多，如展览徽标、宣传招牌、图片、各参展单位的展品、广告等，还有要分发给参观者的，如社会组织及其产品或服务的简介、宣传画册、纪念品等。这些都应在展览会开始前做好充分准备。

8. 成立展览会专门的新闻发布机构　公共关系人员应发掘展览会中有新闻价值的内容撰写成稿件，通过对外发布新闻的机构，向社会发布有关展览会的新闻消息。因此，要成立专门的对外发布新闻的机构，负责和新闻界进行联系的一切事宜，尽可能的扩大参展单位及整个展览会的影响。

9. 做好展览会的经费预算　展览会的举办总需要一定的费用，应当在费用预算内有计划地分配资金，尽量把展览会所投资的总金额落实到展览活动的每项具体项目中，使每个项目的经费得以落实，如场地使用费、设计布置费、工作人员酬金、广告费、运输费、资料费、劳务费等。此外，还应准备一定的预备金，以备不时之需。

组织公关人员应有计划的分配各项资金，防止浪费和超支。

五、展览会举办效果评估

为指导今后的工作，以总结经验，吸取教训，应做好展览会的效果评估。

1. 评估内容　评估内容可以根据展览会的内容、形式和效益而定。主要包括展览工作质量、效果、效益等方面的评估。

（1）**展览效果优异评估**　如果参展接待了70%以上的潜在客户，客户接触平均成本低于其他展览的平均值，就是展览效果优异。

（2）**成本效益评估**　成本效益也可以称作投资收益，评估因素比较多，范围较广。可以用此次展览的成本与效益相比，用此次的成本与前次类似项目相比，用效益与前次或类似项目相比，也可以用展出成本效益与其他营销方式相比，等等。一种典型的成本效益比是用展出开支比展览成交额，要注意这个成本不是产品成本而是展出成本；另一种典型的成本效益比是用开支比建立新客户关系数。由于贸易成交比较复杂，用展览开支比展览成交不容易准确，而与潜在客户建立关系是展览的直接结果，因此与客户建立关系意味着未来成交，因此，可以把与潜在客户建立关系作为衡量展览投资收益的基础。

（3）**成本利润评估**　有一种评估观点是不仅要计算成本、计算成本效益，还应该计算成本利润。是否进行成本利润评估，要根据实际环境决定。如果展览会主要以订货为主，可以将成本利润作为评估内容；如果展览会主要以宣传为主，则可以成本效益为主要评估内容。

（4）**接待公众评估**　这是展览会最重要的评估内容之一，主要包括：参加展览的观众数量和质量，接待参展企业数、现有客户数和潜在客户数等。

（5）**传播效果评估**　包括宣传和公关工作的效率、宣传效果、资料散发数量等。对新闻媒体的报道也要收集，评估，包括刊载（播放次数、版面大小时间长短）、评价等。

（6）**有关管理工作的评估**　包括展览筹备工作的质量和效率，展览管理的质量和效率，工作有无疏漏，尤其是培训等方面的工作；展览人员的表现包括工作态度、工作效果、团队精神等方面。

2. 评估手段　评估手段可以采取以下形式。

（1）设置参观留言簿，主动征求参观者意见。留言形式可以是纸质文字，也可以是电子文字，给参观者设置留言平台，收集公众意见。

（2）召开观众座谈会听取意见和建议。展会期间或展会结束后，可召开小型的观众座谈会直接听取他们的意见与建议。观众的选取要具有一定的代表性。

（3）抽奖问卷调查形式。在展览过程中，参观者可随时领取问卷，当场填写，展览活动结束前交回并进行抽奖活动，当场发放奖品，以提高观众参与兴趣。

（4）随机采访形式。在展览过程中，随机抽样采访，请参观者谈谈参观的感想和意见，并做好笔录。在观众允许的情况下，可做录音或视频。

（5）收集并分析新闻媒体对展览会的报道和评价。从展览会筹办、宣传阶段开始，就要注意跟踪、收集、分析新闻媒体对展览会的报道的频率、篇幅、版次，评价的好坏等。

（6）记忆率评估。指参观观众在参加展览后 8～10 周仍能记住展览情况的比例。一般可采取定期电话随访形式开展，但这种评估必须要在展览会期间注意收集观众的相关信息，并提前告知随访的时间与方式。

重点小结

公共关系专题活动是社会组织以公共关系为主题，有计划地开展的各种有特定目的和内容的社会活动。一般包括新闻发布会、庆典活动、赞助活动和展览活动等内容。其中，无论是庆典活动，还是赞助活动或是其他的活动，都需要公共关系部、公共关系人员的精心计划与组织，在实务操作中把握具体的操作要点，按照每项活动的具体要求进行操作。只有这样，才能真正有声有色地搞好公共关系专题活动，才能真正使公共关系专题活动在实践中得到应用，并在公共关系工作中起到巨大的推进作用。本项目主要介绍了新闻发布会的特点、内容、程序、新闻稿的撰写，庆典活动的效应、类型、流程、注意事项，赞助的类型、赞助活动的步骤与策划技巧、注意事项，展览会的作用、特点、类型、策划与实施、效果评估等相关内容。

目标检测

一、案例分析题

1. 为加强社区文明建设，某社区决定举行居民艺术作品展览会，但在筹备过程中遇到了资金短缺的问题。为此，社区委员会决定向周边企业筹集资金。经过工作人员的一番努力，一家保健品企业提供了展览会所需的资金。作为回报，该企业获得了展览会的冠名权。在此期间该保健品企业获得了良好的广告效益，树立了企业形象。

问题：企业的这类行为为什么会给企业带来益处？

2. 北京长城饭店是家中外合资企业。1984 年 7 月，长城饭店开展了一次开放参观活动，就是以饭店总经理和副经理名义，邀请全店 1600 位员工的家属、政府有关部门人员、附近"左邻右舍"，到饭店做客参观。这次接待参观，从请柬的设计、印发，到食品饮料的准备；从参观区域的选择到参观路线的确定；从导游的培训到接待的礼仪，每个环节都计划得具体周密。饭店各部门通力合作，整个活动十分顺利。这次参观活动持续了三天半，共接待 4029 人。

本次参观活动引起了强烈的反响。不少员工的亲属认为，饭店能接待美国总统，又能接待员工亲属，说明饭店管理者对员工是很关心、很重视的。这次参观活动，不仅使员工亲属了解了饭店工作的性质，也了解了员工的工作规律，并表达了他们对饭店工作的理解和支持。一些政府部门的官员、临近单位的负责人参观后，也加强了对饭店的了解，奠定了今后沟通、协作的基础。

问题：这属于哪一种公关专题活动？这种公关专题活动有何好处？

二、技能训练题

背景资料：

继"初元""亮嗓""猴姑饼干"等一系列健康食品之后，江中集团又推出两款健康饮品猴姑饮料和蓝枸饮料，受到市场的热评。日前，江中集团组织有关专家，向媒体介绍了两款饮品的研发过程和科学评价结果。

据介绍，猴姑饮料中的猴头菇成分是很好的养胃食品，它重在"养"，对胃是一种长期有效的呵护。蓝枸饮料是以蓝莓和枸杞为原料进行提取，蓝莓中的花青素可以促进视网膜细胞中的视紫质再生，预防近视，增进视力。值得一提的是，这两款饮料都具有良好的口感，猴姑饮料温和，蓝枸饮料清爽，既保持了原料的本色口味，也符合相应人群的需求。

据了解，江中的猴姑产品上市不久就被其他企业以"猴菇"为名的同类产品和相近的外包装仿冒并冲击市场，蓝枸饮料也出现了仿冒产品。这些假冒产品严重损害了江中集团的品牌形象和经济效益。对此，江中集团将采取包括法律手段在内的相应措施抵制恶意竞争的行为。

基于上述背景材料，完成以下作业。

1. 为向媒体介绍猴姑饮料和蓝枸饮料两款饮品的研发过程和科学评价结果，江中集团拟召开一次新闻发布会。请你为其制作一份新闻发布会的方案。

2. 针对公司推出的一系列健康食品以及市场上出现的假冒商品，江中集团拟举办一个小型展览会。请你为其制作该展览会的策划与实施方案。

项目五

组织形象管理

学习目标

知识要求　**1. 掌握**　CIS 的含义、功能、构成要素、导入时机和导入程序。

2. 熟悉　组织形象的设计原则和塑造方法。

3. 了解　组织形象塑造的内涵、基本特征和类型。

技能要求　1. 能正确理解组织形象塑造的意义，能编写组织形象推广计划，能对组织形象塑造工作有整体认识。

2. 能准确把握企业 CIS 导入时机和运用 CIS 的导入技巧。

案例导入

案例： 2000 年中秋节前，南京冠生园用陈馅翻炒后再制成月饼出售的事件被媒体披露曝光。一时举国哗然，各界齐声痛斥其无信之举。

老字号的南京冠生园月饼顿时无人问津，很快被各地商家们撤下柜台，时值月饼销售旺季，其销售却一下子跌入冰点。许多商家甚至向消费者承诺：已经售出的冠生园月饼无条件退货。

面对危机南京冠生园还是没有表现出应有的诚信。先是辩称这种做法在行业内"非常普遍"，绝不是南京冠生园一家；在卫生管理法规上，对月饼有保质期的要求，但对馅料并没有时间要求，意即用陈馅做新月饼并不违规。随后又匆忙发出了一份苍白无力的公开信继续狡辩，却始终没有向消费者作任何道歉，其所作所为不仅令消费者更加寒心，也进一步使自身信誉丧失殆尽。

信誉的失落使多年来一直以月饼为主要产品的南京冠生园被逐出了月饼市场，该公司的其他产品如元宵、糕点等也很快受到"株连"，没人敢要。

不久，江苏省和南京市卫生防疫部门、技术监督部门组成调查组进驻该厂调查，该厂的成品库、馅料库全部被查封，各类月饼 2.6 万个及馅料 500 多桶被封存，南京冠生园食品厂被全面停产整顿。

尽管有关部门后来通知商家南京冠生园的月饼经检测"合格"，可以重新上柜，但心存疑虑的消费者对其产品避之唯恐不及，冠生园月饼再也销不动了。生产难以为继的南京冠生园从此一蹶不振，2001 年 2 月 4 日，终于向法院提出破产申请。"陈馅事件"不仅沉重打击了南京冠生园，还给当年的月饼市场蒙上了一层阴影。当年，全国各地冠以"冠生园"字号的一批企业更深受连累，月饼减产量均在 50% 以上。据统计，2001 年，全国月饼市场与往年同期相比，销售减量高达四成。

　　讨论：1. 究竟是谁害了这家老字号？

　　　　　2. 为什么最终导致破产？

任务一　组织形象塑造

一、组织形象的内涵

组织形象是指社会公众对组织进行综合评价后所形成的整体印象。组织形象包括的内容很多，如组织精神、价值观念、行为规范、道德准则、经营作风、服务质量、管理水平、人才实力、经济效益、福利待遇等，组织形象是这些要素的综合反映。

二、组织形象的分析

组织形象是一个社会组织面向社会公众和组织内部构建正面影响的内涵建设，是社会组织树立公众印象，获得社会评价和组织获得公众利益的标尺，是影响社会组织建设和谋求生存发展的重要手段。组织形象是一个社会组织的整体构架，涉及组织内部和外部的方方面面，是组织内部和外部各因素共同作用的结果。任何一个环节出现问题都会影响组织形象的塑造，给组织带来不必要的损失。反之，就会为组织的整体形象带来积极的影响，促进组织的发展，激活员工的活力，确保组织高效运行，获得公众的好评，最终赢得社会的利益。因此，塑造良好的组织形象，是组织内部建设的首要任务，也是公共关系工作的主要目标。

（一）组织形象的基本特征

医药企业的组织形象同其他企业一样，在企业自我发展和建设的过程中需要从整体形象的构建进行思考，从公众的主观愿望和客观愿景去塑造组织的形象建设，形成社会组织和社会公众相对平衡的认知，让组织形象在公众心目中建立相对稳定的形象认识。组织形象具有以下几个方面的特征。

1. 整体性　组织形象是社会组织整体的外在表现，是组织内部各个环节有机的统一和积极因素共同作用的结果。也就是说，企业的形象塑造不是某一个方面的良好表现对公众的影响，而是要从组织的长远利益来考虑组织形象的塑造，是由组织内部各个因素有机结合的结果。重视整体形象产生的社会影响和作用是塑造组织形象的关键，对组织形象的塑造具有决定性意义，是组织健康发展的宝贵财富。

当然，不能排除有些社会组织可能会因某一方面的良好形象非常突出，对社会影响深远，进而提升组织的整体形象，这也是现实社会中存在的。同时也存在某一社会组织因为某一方面的不良形象而严重影响其他良好形象的因素，导致组织形象受到损害，进而影响组织的整体形象。比如：美国游泳名将罗切特在里约奥运会期间报假案欺骗巴西警方声誉尽毁，著名游泳装备品牌速比涛公司等多家赞助商宣布终止与罗切特的赞助合同，不仅毁了自己声誉，还严重影响了美国整体形象，最后逼得美国奥委会向东道主巴西和全世界公众道歉以挽回影响的懊恼结局。这一事例说明了组织也会因某一方面的不良因素而直接影响组织的整体形象。

但是，出现这种情况有时也不可避免，当遇到这种情况后切不可惊慌失措，盲目从事。组织应该及时冷静思考，寻找良策，沉着应对，正确调整到良好的要求上来。因为组织形象塑造是一个动态的过程，所以，在塑造组织形象的过程中，要特别重视避免组织形象塑造的片面性或不完整性。

拓展阅读

组织形象的构成要素

以一个企业为例，组织形象构成要素包括以下几点。

☆ 企业的发展历程、历史成就、社会影响、企业文化、企业口号、经济地位、社会贡献等综合性因素；

☆ 企业员工思想、敬业精神、文化素养、专业技能、服务理念、服务态度、服务质量、薪酬待遇、继续教育等个体因素；

☆ 产品标识、产品包装、产品质量、产品结构、产品开发、经营方针、经营特色、基础管理、专业管理、综合管理等经营管理因素；

☆ 科研院所、实验实训、科研团队、技术实力、物资设备、地理位置等其他因素；

☆ 员工制服、车间工作服、企业标志、企业的旗帜、企业的建筑、企业品牌、企业名人等外在形象因素。

2. 主观性　组织形象是公众对组织的印象或看法，带有强烈的主观性色彩。每一个公众对同一事物都有自己的认识和看法，而且有可能是大相径庭。因为社会公众本身具有差异性，他们的社会地位、文化背景、价值观念、审美标准、认识能力、思维方式、生活经历、兴趣爱好等各不相同，所以他们观察组织的角度、审视组织的时空维度和深度也就不相同。社会公众对同一组织及其行为的认识和评价就必定产生差异，"公说公有理，婆说婆有理"就是这个道理。作为组织应该尽最大的限度去引导公众的统一认识，让公众能够全面认识和了解组织的内在优势和外在的影响力，这对于组织形象的塑造十分重要。

此外，在形象塑造和传播过程中，重视发挥组织员工的主观能动性是最基本的出发点，也是最积极的构成因素，应注重培养组织员工的思想、观念和心理等正面引导因素，积极为组织形象塑造营造良好的氛围。

3. 客观性　形象是一种观念，是人们对于事物通过人的大脑和中枢神经系统反应的结果，存在个人主观的愿望和想象，是人的主观意识。但观念的反映对象即组织却是客观的。因为组织形象所赖以形成的物质载体都是客观存在的。比如，企业文化、企业员工、企业标志、企业建筑物和企业的产品都是实实在在存在的事物。所以，组织形象作为客观事物的反映，是不以人的意志为转移的，不能在想象的基础上构筑组织形象。而是要通过社会大众对客观存在的事物进行正确的分析、判断和评价形成的结果，这也是公众客观地对待事物的认识的态度。

4. 相对稳定性　组织形象在公众的心目中是一个动态的过程，它随着公众需求和兴趣的变化而变化，有一定的周期性和持续性。当社会公众对组织产生一定的认识和看法以后，一般会保持一段时间，而不会轻易改变或消失，这就是组织形象的相对稳定性。一个组织要在公众心目中留下深刻印象并不容易，特别是在当今产品众多、良莠不齐，广告泛滥的市场经济时代，要想改变一种产品或一个组织在公众心中的形象非常困难，很容易形成一种定式。

组织形象的这种相对稳定性可能会产生两种结果。其一是组织因良好形象被维持而受益；其二是组织因不良形象破坏而受损。因为形象塑造的维持和破坏是一个动态的过程，它不是一成不变的，是因组织内部影响因素的变化而变化。如屠呦呦这种具有世界影响力的人物形象，作为一种良好形象就具有相对的稳定性。

拓展阅读

组织形象正面和负面的影响作用

组织的良好形象，或因某一环节的影响而受益，或因某一因素的失误而受损，进而影响组织的相对稳定性，受益者会在相当长一段时间提升组织形象，受损者会在相当长一段时间内破坏组织的形象。

比如，中国人到国外旅游习惯随地吐痰，并且见诸媒体报端，形成一种坏的印象，严重影响中国人的整体形象；再如，近些年来，中国的中医药文化品牌，在世界各国尤其是华人居住区产品畅销，备受青睐，这不仅塑造了中国中医药文化的良好形象，而且较好地传播中医药文化精神，提升了国际地位；我国著名药学家，青蒿素研究开发中心主任屠呦呦，是第一位获得诺贝尔科学奖项的中国本土科学家、第一位获得诺贝尔生理医学奖的华人科学家，荣膺2015年度感动中国人物和入选《时代周刊》2016年度"全球最具影响力人物"，这不仅是屠呦呦个人良好形象的展现，更是中国良好形象的世界影响，这一良好形象将是永恒的和持久的。

（二）组织形象的分类

组织形象是多层次、多维度的，它因组织的重视程度而发生变化，同时也因公众的认知程度而发生变化，但是组织内部影响因素是主要的。因此我们认识组织形象应该从不同角度来把握和判断。

1. 按照组织形象的表现形式可分为特殊形象和总体形象

（1）特殊形象 是指在某一个方面或少数几个方面给公众留下的独特印象，或者组织在某些特殊公众心中形成的形象。

特殊形象是组织塑造组织形象的重要举措。因为公众对社会组织的了解往往是不全面的，是单一的和局部的。组织在公众心目中留下的特殊形象往往就是这种单一的和局部的印象形成的。这部分公众就是因为这些特殊形象而支持组织的，如医药展销会、企业送医药下乡、医药企业普及药品知识宣传等。因此，特殊形象是组织提高形象的突破口。

拓展阅读

如何塑造特殊形象

特殊形象就是有别于一般形象，在组织动态的形象塑造过程中，采用特殊的手段，向公众传递独特的信息，给公众留下独特的印象。

比如，企业的微笑大使给公众留下的美好回忆；企业良好服务态度和质量使公众形成了组织"优质服务企业"的标杆形象；江苏扬子江药业集团每年资助医药院校大学生完成学业、帮助就业，太极集团2015年向抗日战争暨世界反法西斯战争胜利70周年阅兵官兵捐赠价值1500万元太极水和藿香正气液，等等。这些都给公众留下了乐善好施、热心公益事业的美好形象。

（2）整体形象　是指企业各种形象因素所形成的形象的总和，也包括各种特殊形象，特殊形象在整体形象的形成过程中具有特殊地位和作用。两者在实际形成和作用过程中既统一，又独立存在，相互影响，而不是简单的总和。这说明企业对每一名员工的考核和要求都是全面的，重视总体形象的构建。追求总体形象和特殊形象的统一和谐是一个组织形象发展的最终目标。

2. 按照组织形象的实际效果可分为真实形象和虚拟形象

（1）真实形象　是指组织客观存在的一切事物的表现形式，在公众心目中留下的符合组织实际情况的印象。企业的驻地、企业的名称、企业的产品、企业的员工和企业的厂房等都是企业客观存在的，都代表着组织的不同真实形象，对公众产生不同的影响。

（2）虚拟形象　是指组织并非客观存在的事物的形象，而是一种精神，一种文化内涵，或者说是一种影响力，留给公众的是一种与现实不相符合的印象。这种印象具有正面和负面的两面性特点。虚拟形象形成的原因是多方面的，既有主观臆断的，也有传播失真的，更有对同一事物具有偏见性的。

拓展阅读
真实形象与虚拟形象的关系

真实形象和虚拟形象不是单独存在的，二者是交织存在的，既相互影响，又相互作用。真实形象不一定就是好形象，通过艺术加工的真实形象可以变成良好形象，有时太过于真实也不符合公众的心理，也就不能形成良好的形象，反而破坏其真实形象，影响良好形象。如企业经营伪劣产品被曝光在公众中形成的一个不好形象是真实形象。而虚拟形象也不一定是坏形象，它有可能对公众产生积极的作用和消极的作用，公众的认知度决定虚拟形象的好与坏。如一种假冒伪劣医药产品在被揭穿之前的公众品牌形象往往是虚拟形象。再如一些企业工作人员通过虚报业绩、瞒报错误和漏报利益，损公肥私，欺骗上级，取得上级的信任和赞誉，捞得虚假荣誉，这就是虚拟的。对企业来说，追求真实的良好形象，避免虚假的、不好的形象是最终目的。

3. 按照组织形象的可见性可分为外在形象和内在形象

（1）外在形象　是指通过公众的感觉器官直接感觉到的实体对象的综合印象。比如，组织的名称、品牌、口号、商标、建筑、环境和人员等。外在形象是由组织的方方面面的实体组合而形成的外在综合表现形式。比如：产品形象，包括产品质量性能、产品外观造型、包装工艺、商标精致、价格的合理等；建筑物形象，包括建筑面积、建筑造型、建筑功能和建筑交通等；以及员工精神面貌、产品市场影响力、专利技术形象、社会形象等。外在形象是通过组织的经营理念、服务意识、经营成果、经济效益和社会贡献等形象因素体现出来的，又称为实体形象和有形形象。

（2）内在形象　是指通过公众的抽象思维和逻辑思维而形成的观念形象，是组织的内在品质留给公众的印象。这些印象虽然看不见，但这最能体现组织形象的本质，表现组织形象的最高层次。内在形象是所有形象中最为重要的形象，因为它能反映一个组织形象的本质，提升一个企业的发展潜力和层次。

对企业而言，这种内在形象包括企业经营宗旨、经营方针、服务质量、公德意识、企业经营哲学、企业价值观、企业精神、企业信誉、企业风格、企业文化等。这些都是看不见、摸不着的，是一种内在的形象。这种内在的形象是无形的，往往比有形形象更富有价值。如对同仁堂、云南白药、三九药业、广州药业、哈药、太极集团和扬子江药业等企业而言，他们的企业信誉等无形资产比那些机器设备和厂房要重要得多。

此外，还可以按形象的现实性，把组织形象分为实际形象和期望形象。

三、组织形象设计的原则

组织的形象设计，简称"CI"设计，是 Corporate Identity System 的缩写，译称"组织形象识别系统"。是指组织对自身的理念文化、行为方式及视觉识别进行系统的革新、统一的传播，以塑造出富有个性的组织形象，获得内外公众认同的战略。

进行 CI 形象设计必须把握统一性、差异性、民族性、实用性等基本原则。

（一）统一性原则

组织形象设计的基本内容就是形成统一的组织形象系统，使组织形象在各个层面上得到有效的统一。它是达成组织个性，强化组织印象的最有利的武器，是组织形象可持续发展的基本保障。

组织形象的统一性具体表现在企业理念行为及视听传达的协调性；产品形象、员工形象与组织整体形象的一致性；组织的经营方针与精神文化的和谐性等方面。

组织在形象设计之时，一方面要把组织形象灌输在经营管理思想和经营管理活动之中，不仅要注意通过厂徽、建筑物等外表形状，而且还要通过组织的优质产品和优质服务，以及组织文化活动来体现组织的完整形象；另一方面要调动组织员工塑造组织形象的积极性，教育和要求组织的每一个员工充分认识自己所处的地位与作用，用组织形象规定的价值观的准则来约束自己。

（二）差异性原则

组织形象的设计是为了更好地对外树立形象和增强影响力，获得社会公众的认可。企业形象要想获得社会大众的认同，必须突出个性化、优势化，必须是别具一格和与众不同的，因此其差异性原则就显得尤为重要。

差异性首先表现在不同行业的区分。因为，在社会公众心目中，不同行业的企业与机构均有其行业的形象特征，如化妆品企业与医药企业的组织形象特征是截然不同的，在设计时必须突出行业特点，使组织形象特征有别其他行业，便于识别认同。其次必须突出与同行业其他企业的差别，才能独具风采，脱颖而出。

（三）民族性原则

组织形象的塑造与传播应结合民族文化内涵设计，这是组织形象设计的重要特征之一。这既是树立民族形象，增强国际影响的有力保障，又是传播民族文化，增强品牌效应的重要举措。如美、日等许多企业的崛起和成功，其民族文化是其根本的驱动力。如西安杨森的企业文化，具有典型的民族性，把天安门晨跑、拜延安革命圣地、拜黄河母亲河、拜人文初祖黄帝陵等作为企业聚心聚力企业精神；它把公正、诚实、尊重他人并赢得信赖作为遍布世界所有员工的必须认同和遵守的核心价值观，作为企业一切经营活动的最高标准，形成东西文化精粹的融合。以"鹰"的勇敢拼搏、"雁"的团队合作等形象，把公司倡导的团队精神形象具体化。

美国企业文化研究专家狄尔指出："一个强大的文化几乎是美国企业持续成功的驱动力。"塑造能跻身于世界之林的中国组织形象，必须弘扬中华民族医药文化优势，继承和传播灿烂的中华医药民族文化。

（四）实用性原则

实用性原则是指形象设计的根本是否实用，对企业能否产生积极的影响。缺乏实用性的设计对于企业的形象塑造只是一句空话。具有实用性的企业 CI 计划能够充分发挥树立良好组织形象的作用。

组织形象策划设计必须从企业市场营销地位、形象的准确定位和发展规划等实际情况等方面来考虑其实用性。制定企业导入 CI 计划的机构或个人要具备较强的实力和责任心，能够密切结合企业实际，重视设计的最终目标是为企业获得良好的声誉和利益，不可盲目从事。

为确保 CI 计划的实用性，关键在于企业主管有良好的现代经营意识，服务观念和管理理念，对组织形象战略要有足够的了解，并能尊重专业 VI 设计机构或专家的意见和建议，在导入 CI 计划方面要有清新的认识。如果没有足够的投入将无法找到具有实力的高水准机构与个人，对后期的 CI 战略推广投入就无法进行，前期的策划设计方案就不具有实用性，变得就没有任何价值。所以，组织形象设计的实用性原则非常重要。

四、组织形象的塑造

组织形象的塑造是一个复杂的工程，存在着方方面面的配合协调完成。那么怎样才能塑造良好的组织形象呢？一般来说，要塑造良好的组织形象，组织应该做好以下几方面工作。

（一）消除组织形象塑造中的误区，培养正确的组织形象观

企业组织形象的塑造已经成为企业领导层越来越重视的发展内容，并且占据重要地位。然而，在组织形象塑造过程中，一些企业领导因为各种原因，对组织形象塑造的思想认识不足，存在着组织形象无用论、组织形象万能论、组织形象趋同化和组织形象盲目化等若干误区，严重影响组织形象塑造。

这些组织形象塑造过程中的误区，无不与企业领导层的个人思想内涵和综合素质紧密联系，而且与企业领导集体的智慧和创造能力密不可分。所以，在进行形象塑造时首先是领导层应有正确的组织形象观，其次就是在领导层的引导下树立全员的组织形象观。尽量避免或消除对组织形象的不正确看法。既不要因看不到组织形象的作用而轻视，也不要因组织形象有作用而人为拔高，同时在组织形象设计和实施过程中要发挥特色，重视针对性和代表性，只有这样才能真正搞好组织形象的塑造工作。

拓展阅读

塑造组织形象的误区

☆ 组织形象无用论　一些企业领导层认为组织形象是"马屎汤圆外面光"，是摆花架子、搞形式主义，中看不中用，对组织形象的重要性和作用知之甚少。这种认识是片面的和目光短浅的。

☆ 组织形象万能论　一些企业领导层认为组织形象是点金术，是灵丹妙药，组织形象一导（导入）就灵；只要导入组织形象战略，组织就会像可口可乐那样名扬四海，像喝太极水那样健康长寿，像喝红牛那样解困除疲。

☆ 组织形象趋同化　照搬照抄的组织理念设计和行为设计也是比比皆是，它们大同小异，不能凸显组织的特色和个性。如在为企业设计企业精神时，大部分的企业都是选择诸如"团结、创新、求实、奉献、文明"等词，形成一种高度趋同化的企业精神。

☆ 组织形象盲目化　组织形象是企业长期的经营理念、经营宗旨及其他方面的集中、综合反映，具有典型性、代表性和综合性。但很多组织在塑造形象的过程中，既不了解组织的历史及发展过程，又不针对公众开展调研，因此这样的组织形象往往带有很大的盲目性和盲从性，很难被公众认同。

（二）捕捉组织形象塑造的有利时机，把握事半功倍的效果

机遇对于任何一个社会组织都是均等的，在不同的时期，组织形象塑造的途径和方法会有所不同，周围的环境和国家政策也在随之变化，如果巧妙地把握时机，因势利导，就能收到事半功倍的效果。

1. 组织创立初期 每一个社会组织都必须经历创立初期，这一时期还未能与社会各界建立广泛联系，知名度不高。这时，组织如能确立正确的经营理念、完善的组织和员工行为规范，设立独特的视觉识别系统，以及最佳的传播方式和媒介，就能给公众留下美好的第一印象。

案例讨论

案例： 杭州娃哈哈食品集团公司还是一个规模不大的普通食品厂时，厂长宗庆后产生了开发当时市场上的冷门产品儿童营养液的想法。

工厂一边和有关院校进行产品开发研究，一边为产品名称费尽苦心。他们通过新闻媒体向全社会进行有奖征集名称，但如雪片一般飞来的应征信中没有一个让人完全满意的答案。最后还是宗庆后独具慧眼看中了那首广为流传的新疆民歌中的三个字"娃哈哈"。这三个字的元音都是 a，是孩子学说话时最先掌握的音，发音响亮，音韵和谐，朗朗上口，而哈哈二字又有很高兴的意思，同时又因为它的出处而具有了浓郁的民族特色，娃哈哈不正好可以借这首传唱多年的民歌一炮打红吗？从此，一个广为人知的商品名称诞生了。厂里又精心设计了两个活泼可爱的小娃娃形象作为商标图案。

在我国，假冒伪劣产品不断，任何名牌都可以成为不法商贩的仿造对象，为保护自己的利益，宗庆后在商品还没有进入市场时就为娃哈哈进行了商标注册。

讨论： 宗庆后在娃哈哈食品集团创建初期对组织形象塑造采用了哪些措施？

2. 组织发展时期 这时应致力于保持和维护组织的形象和声誉，巩固已有成果，再接再厉，顺势进一步提高知名度和美誉度，加大对外交往和传播力度，以强化组织在公众心目中的良好形象。

案例讨论

案例： 爱因斯坦说过一句话："真正可贵的因素是直觉"。娃哈哈掌门人宗庆后用三分之一的时间跑市场把握市场动态，抓住市场真正需求的机遇，让产品卖得好、卖得火这才是关键！

娃哈哈品牌的发展历程也正说明了这一点。1992 年，当娃哈哈的儿童营养液已供不应求，企业处于高度发展期，"娃哈哈"的名字已家喻户晓，品牌已誉满全国的时候，坚持用"娃哈哈"这个品牌名称。凭借娃哈哈营养液的影响、利用销售渠道和规模生产的优势，加强质量、口感和广告攻势。"甜甜的，酸酸的，味道好有营养"这首广告词传遍了大江南北，新产品一上市就产生轰动效应，风靡全国，迅速被广大消费者接受、喜爱。20 多年来，娃哈哈从娃哈哈果奶到一代、二代 AD 钙奶、铁锌钙奶、娃哈哈矿泉水、娃哈哈非常可乐、娃哈哈八宝粥等六大类三十多个品种不失时机地抓住市场需求，矫正品牌的定位，推出新产品，稳健经营，上市至今一直高居全国同类产品质量第一、销量第一，稳固了娃哈哈作为中国饮料行业龙头老大的地位。

讨论：你认为娃哈哈品牌在发展时期是如何抓住机遇使企业获得成功的？

当组织处于顺利发展时期，其各方面运转往往较好。因此，可供利用的宣传和"扬名"机会就会很多，这时一定要因势利导改变策略，加大形象塑造的力度，促使经济效益上台阶，文化生活辟新路，组织荣誉添新彩，主要公众赞扬多等取得更加丰硕的成果，这些都是可以利用的极好契机。

3. 组织逆境时期　组织的发展不可能一帆风顺，当组织处于逆境时，企业领导层和公关人员最主要的是沉着冷静，善于捕捉组织中的亮点，用亮点弥补逆境中的不足，抓住有利时机，采取灵活机动的宣传策略，赢得组织内外公众的支持、理解和合作，帮助组织顺利渡过难关。即便是组织处在最困难时期，只要企业领导和公关人员勤于思考，敏于发现，总能找到一些组织的亮点，改变一些策略，使组织转危为安。

如企业可能因经营不善导致亏损，经济效益下滑，员工福利受到影响，外部的公众如供应商、代理商、顾客组织的支持力度减弱，这时组织看起来很困难，但是只要公关人员努力寻找组织亮点，发现企业是暂时处于困境，但企业具有雄厚的基础，或者有良好的组织形象，或者有超强的技术开发实力，或者有诱人的发展前景，或者有乐观自信的员工等等，这些都可作为对内对外宣传的突破口，作为使组织重新赢得公众信心的催化剂。正如一句流行语所说，"只要思想不滑坡，办法总比困难多"就是这个道理。

案例讨论

案例：当"娃哈哈"儿童营养液品牌在我国上市后，假冒伪劣产品不断，为保护自己的利益，厂长宗庆后考虑到产品商标面积小，如果有人将其他商标的产品采用相同的包装，仍然可能对消费者构成误导。于是，便将包装上的主要图案也注了册，使他人难于仿制。

但是，后来产品上市后一炮而红，宗庆后发现百密之中仍有一疏，一些企业打出了与娃哈哈相近的牌子，如"娃娃哈""娃娃笑""娃娃乐"等，造成娃哈哈出系列产品的假象，以此来吸引消费者，严重损害"娃哈哈"的品牌形象。宗庆后一不做二不休，索性将娃哈哈的近亲们全都注了册，"娃娃哈""哈娃娃""哈哈娃"等都成了公司的注册商标，作为防御措施，并在相关产品上提醒消费者注意，从而提升了组织形象，防范了假冒现象的出现。

讨论：宗庆后是如何在逆境中改变和提升"娃哈哈"品牌形象的？

4. 组织创新发展时期　组织通过创新发展，开发研究推出新产品、新服务项目、新的方针政策或经营方式时，这时组织面临的最大挑战就是如何消除公众的观望与等待的态度。由于受人们消费惯性的影响，社会公众在组织推出新产品、新服务或新举措时，往往会持观望和等待态度。这表明消费者对这些新产品、新服务、新举措还不了解，还有疑虑，还存有戒备心理。因此，这时公关部门应主动出击，采取有针对性的措施，如现场产品展销会、产品促销赠送活动、产品现场操作示范、产品广告宣传等，加大公众对产品的了解，消除公众的疑虑和不放心的心理，把公众的注意力尽快地吸引到组织上来。

案例讨论

案例：当"娃哈哈"商标一经注册，品牌问世市场，厂长宗庆后便开始投入大量资金和人力物力开展大规模的广告攻势，以先声夺人之势抢占销售市场，深受消费者的青睐和喜爱，广受少年儿童欢迎，全面锁定消费对象，就是因为消费者早已认准"娃哈哈"品牌，宗庆后的广告费没有白花。到1991年底，宗庆后在娃哈哈身上投入的广告费用在3000万元，那句奶声奶气的"娃哈哈果奶"广为传唱，成了孩子们口里的新儿歌。以后每年，广告费用都相应增加，产品获利倍增。

为巩固娃哈哈品牌的地位，宗庆后不断推出新产品。1991年投放市场的娃哈哈果奶在江浙沪等地成为紧俏商品。1992年，在成都召开的全国糖烟酒交易会上宗庆后又推出娃哈哈清凉饮和娃哈哈酸梅饮，又成为市场上的热门产品。

讨论："娃哈哈"食品集团在发展时期是如何抓住时机开展品牌攻势的？

（三）重视全面发展和持续发展来稳定组织形象

在塑造组织形象过程中，组织要统筹兼顾，全面安排，以保证组织形象的统一性和连续性。一些经营不佳、形象不好的企业，并不是因为没有去塑造组织形象，而是因为组织形象不能持续稳定发展，总是朝三暮四。今年强调成本低、价廉物美；明年强调服务至上、体贴入微；后年又强调革新、创新制胜，总是不能把良好的形象和优势持久保留下来形成一个连贯、统一和稳定的形象。这不仅使内部职工无所适从，而且也导致外部公众无法对其形成一个稳定的印象。纵观国际知名公司，他们在这方面经验和优势就很值得借鉴学习。如全球最大药品制造商辉瑞公司（美国）在其成长过程中，研发不断创新，不断引进、生产和推广创新药品产品，管理体制不断完善，服务质量不断提高，良好的企业组织形象从1849年一直保持至今；世界第二大药厂葛兰素史克有限公司自2000年12月成立以来，始终以研发和生产高质量的新药服务患者为己任，保持着良好形象，吸引全球公众的关注，这对于一个企业的长远发展是至关重要的。

任务二　CIS战略应用

一、CIS战略的含义

CI是英文Corporate Identity的缩写，意为"企业身份的同一"，或者"企业识别"。Corporate是"企业"、"社团"，Identity是"身份"、"同一"、"识别"、"鉴别"。所以CI可译为"企业或机构的识别"。CI在发展的过程中不断得以完善，逐渐形成了Corporate Identity System，即"企业的识别系统"，简称CIS战略。

CIS战略最早起源于第一次世界大战前的德国AEG公司。他们在系列电器产品上采用了彼得·贝汉斯所设计的商标，这一商标此后成为该企业统一视觉形象的CI雏形。

第二次世界大战以后，国际经济开始复苏，工业发展迅速，企业经营者意识到建立统一识别系统塑造组织形象的重要性，欧美各大企业纷纷导入CI。1947年，意大利事务器械所奥力维提开始聘请专家来设计标准字。1951年，美国国家广播公司NBC在各媒体广泛运用由高登设计的巨眼标志。二十世纪七十年代，日本东洋工业马自达（MAZDA）汽车第一个在日本运用 CI，中国台湾开始萌发 CI。1984 年，CIS 战略在中国大陆悄然而至，由广东神州燃气具联合实业公司最早导入。此后，中国各地企业开始对 CIS 战略有了全面的认识和理解，在塑造企业整体形象中得以运用并取得了成效。

二、CIS 战略的功能

组织 CIS 是在企业经营环境中设计和塑造组织形象的有力手段，对于企业的发展和影响具有深远的意义。因为它具有以下九大功能。

1. 识别功能 企业导入 CIS，能够使企业的产品和其他企业的产品相互区别，拥有自己的知识产权和专利，从而提高产品的非品质竞争力，在激烈竞争的市场上脱颖而出，独树一帜，取得独一无二的市场定位。在顾客心目中建立起良好的形象，争取广泛的顾客群。

2. 管理功能 企业开发和导入 CIS，就是对企业历史、经营状况、技术水平、人员素质的一次全面总结；是对企业价值观念、经营政策、发展战略、管理制度、企业文化和企业道德的一次全面提升。因此企业 CIS 的导入，CIS 手册的确定，就必须将其作为一部企业的内部制度，要求全体人员贯彻执行。因而，CIS 具有管理职能。

3. 导向功能 通过组织的价值观念和行为规范，可以引导、规范员工的言行、态度，使本组织成为形象良好的企业，公众关注的组织形象。

4. 传播功能 通过企业 CIS 的导入与开发，使企业对外部传播的信息保持一致性、同一性和持续性，便于社会公众识别和了解组织的情况，提高企业社会知名度和美誉度，为企业争得大批潜在顾客，占领市场更大的份额。

5. 应变功能 CIS 的导入使组织能够在较短时间内实现扩张赢得大批经营资金，吸引满意的合作者，从而扩大自己的市场影响力，能使企业逢凶化吉，遇难呈祥，再立新功。

6. 激励功能 CIS 中职称晋升、绩效考核、福利待遇、奖励机制等措施能使员工产生荣誉感、成功感和前途感。

7. 教育功能 CIS 的导入，在企业内部具有强大的教育功能。企业精神的确立、企业文化的丰富、工作纪律的规定、行为规范的要求，能够鼓励全体职工的劳动积极性，提高工作效率，创造更多的财富。

8. 协调功能 统一的组织形象，使企业内部各个部门之间更加协调，行动更为整齐，从而强化内部管理，构建组织公众关系网，对内有着极大的凝聚力和号召力，对外有极大的辐射、扩散作用。

9. 经济功能 企业导入 CIS 的最根本目的，就是增加企业的经济实力，让企业获得更多的利益，取得较高的地位。在当今市场竞争激烈的情况下，可以确保企业凝聚力的提高，使企业吸引一流的人才，建立企业智库，提高经济发展效率。

总之，CIS 设计的最终成果，必然表现为各项经济指标的提高。

三、CIS 基本构成要素

CIS 是一个综合性概念，组织将其理念、行为、视觉形象及一切可感受形象实行的统一化、标准化的科学管理体系。一般由理念识别系统（MIS）、行为识别系统（BIS）和视觉识别系统（VIS）三大要素组成。这三大要素是相互联系的统一整体，共同体现和展示组织的整体形象。

拓展阅读

太阳神集团的 CIS

太阳神商标的图案设计，以简练、强烈的圆形与三角形构成基本定格，用圆与三角构成对比中力求和谐的形态。圆形是太阳的象征，代表健康、向上的商品功能与企业经营宗旨。三角形的放置呈向上趋势，是 APOLLO 的首位字母，象征"人"字的造型，体现出企业向上升腾的意境和以"人"为中心的服务及经营理念。以红、黑、白三种永恒的色彩，组合成强烈的色彩反差，体现企业不甘现状，奋力开拓的整体心态。"太阳神"字体造型是根据中国象形文字的意念，以"阳"字的篆书字体——"☉"作为主要特征，结合英文 APOLLO 的黑体字形成具有特色的合成文字。太阳神商标形象的设计特点在于追求单纯、明确、简练的造型，构成瞬间强烈的视觉冲击效果，同时也高层次地体现了企业独特的经营风格（图 5 - 1）。

图 5 - 1 太阳神商标

"太阳神"作为组织形象在识别系统的基础定位，其锐意在于希望通过更理性的设计手法，形成企业、商标、产品形象三位一体的整体形象战略，强化企业文化意识与凝聚力，利于导向高层次、多功能、国际化、商品化、系列化、标准化、集团式的全方位发展战略、便于企业从内部管理到外部经营形成良性发展前提，太阳神的商标设计意念，将唤起企业高度的社会责任感，更要求企业以健康和较深的经营内涵为其增辉。

（一）MIS （企业理念识别系统 Mind Identity system）

所谓企业理念，是指企业的发展思想、经营管理措施、员工培养方向和行为规范意识等方面的概括。企业理念是企业的精神和灵魂。理念就是指企业的经营管理的观念，是 CIS 战略的核心。理念识别系统主要体现在企业宗旨、企业精神、企业文化、企业口号、经营哲学、经营策略等方面。

拓展阅读

企业理念识别系统的对比

每一个企业都有不同的企业性质、企业文化、企业使命、企业价值观、企业作风、企业经营理念和企业奋斗宗旨等理念识别系统，它们的理念识别系统因企业本身的需要和企业的性质而不同。

华北制药集团理念识别系统

华药使命：一切为了人类健康。
华药宗旨：人类健康至上　质量永远第一。

华药愿景：创新领先 集约高效 开放共赢 和谐富裕。

企业核心价值观：不断创造历史。

企业作风：雷厉风行 执行到位。

经营观：专业经营 精细管理。

创新观：创造新价值。

责任观：说到做到 勇于担当。

质量观：关爱生命 追求卓越。

业绩观：以业绩论贡献 凭结果论奖惩。

市场观：满足需求 合作共赢。

用人观：知人善用 有为有位。

南京医药理念识别系统

企业精神：诚信勤勉、务实高效、创新创业、和谐共赢。

核心价值观：业绩为王，投资讲回报，盈利光荣。

企业理念：为公众和社会提供健康产品与服务，使人们生活得更健康、更安全、更有活力。

企业愿景：成为社会尊重、公众信赖、员工满意的健康企业。

企业作风：规范严谨、求真务实、责任担当。

（二）BIS （企业行为识别系统 Behavior Identity system）

BIS是企业实现经营理念和创造企业文化的具体行为准则，是企业内在的驱动力。企业的行为识别系统由两部分构成。

一是企业内部识别系统 包括企业组织机构、工作环境、员工培养、奖惩制度、生活福利、职称晋升、开发研究、决策方式、行为规范化、企业内外的人力资源活动等；

二是企业外部识别系统 包括信息传播、客户业务关系、市场调研、服务方式、竞争策略、公共关系、资源分配、促销方略、企业建筑、金融关系、领导形象等。

拓展阅读

企业行为识别系统的构成与作用

企业行为识别系统包含的内容是方方面面的，每一项行为准则都影响组织的生存和发展，都会给组织带来正面和负面的影响。严格规范的企业行为识别系统，可提高企业员工综合素质和企业综合形象，推动企业长足进步。

唐人医药的企业员工行为规范

对社会的态度：时刻牢记我们是社会成员，要有强烈的责任感。

对顾客的态度：视顾客为朋友，顾客满意是我们的责任。

对同事的态度：保持合作的态度，谦虚礼让，主动协调关系。

对自己的态度：有远大理想，不断提高自身素质，有挑战精神。

对工作的态度：言必行，行必果，尽职尽力做好本职工作。

（三）VIS （企业视觉识别系统 Visual Identity system）

视觉识别是企业的静态识别形式，企业的标志图案、标准字、标准色是通过视觉系统将企业的形象传递给公众的。而行为识别（BIS）和视觉识别（VIS）是在理念识别系统（MIS）形成的基础上，有了正确的思想内容，在企业精神和企业理念的指导下才能发挥更大的作用。

VIS 是企业理念视觉化传达的载体，承载着 MIS、BIS 的全部内涵，重点在外观。VIS是 CIS 的视觉冲击力，VIS 设计成功与否，关键在于 VIS 设计是否全面体现组织形象的价值。

企业视觉识别系统由体现企业理念和业务性质、行为特点的各种视觉设计等符号以及各种应用要素所构成。是对企业理念识别系统和企业行为识别系统在视觉上的具体化、形象化，将企业各种信息有效传递给社会公众，达到树立良好组织形象的目的。

VIS 包含的项目多、层面广、效果最为直接，与公众距离最近，有利于传递组织信息，大致分为两大内容。

1. VIS 的基本要素

①企业名称。②企业（品牌）标志。③企业（品牌）标准字体。④企业标准颜色。⑤企业标准印刷字体。⑥企业标志和企业标准字组合系统与规范使用。⑦企业精神标语和口号。⑧企业造型与图案。⑨企业精神标志、标准字与组织形象图案组合系统及其规范使用。

2. VIS 的应用要素

（1）经营方面　包括企业商标、合同模板、财务单据、传票、公关宣传品、企业橱窗、样品货架、公关纪念品、陈列室及展销会、产品说明书、产品目录、企业路牌灯箱、企业广告等。

（2）包装方面　包括胶带、包装纸、包装箱、标贴等。

（3）办公方面　包括印刷字体、电脑、奖牌、便笺、信封、请柬、名片、办公家具、办公室指示牌、文件夹、专用箱包、工作证、介绍信等。

（4）运输方面　包括运输车、船、传送带、集装箱、周转箱、油罐等。

（5）环境方面　包括建筑物与门面装饰、厂区的宣传画、标语牌、雕塑、配套设施。

（6）标志方面　包括企业员工的工作服的式样及颜色、旗帜、厂徽、帽徽、胸卡、纽扣、标志牌。

（7）生活用具方面　包括企业自备的水桶、热水瓶、茶具、毛巾、桌椅、甚至垃圾箱等。

（8）广告促销方面　企业识别音乐、歌曲和口号。

理念识别系统是企业发展的灵魂，表明企业发展的宗旨是什么，要怎么生存发展；行为识别系统是企业发展的具体行为和措施，表明要为企业的理念服务，为企业视觉识别系统护航；视觉识别系统是企业发展的外在表现，最具传播力和感染力。

CIS 作为塑造组织形象的有效战略方式，是一个完整的、科学的、可操作的和可控制的系统化体系。它突出整体性的表现特点，三种构成元素相互作用、相互影响，缺一不可。企业理念（MIS）指导 BIS 如何展开行动，引导 VIS 向公众直接传递企业信息，共同树立企业良好的形象。

拓展阅读

CI、MI、BI、VI 的关系

在 CI 系统的整个构成中，主要由 VI、BI、MI 三部分组成。其中 MI 是核心部分，是精神实质和根基，帮助 CI 吸取营养，是 CI 发展方向的依托；BI 是企业规定对内和对外的行为准则，是企业形象的载体，是传递 CI 的媒介物，是架在 MI 和 VI 之间的桥梁；VI 是外在具体形式和体现，是最为直观的部分，以形式美感染人、吸引人，是最能引人关注和形成印象的部分。

在当前的市场竞争中，组织形象的塑造十分重要，它已成为推动企业发展的一种动力，这种动力的大小取决于三个元素的准确性和高度一致性。而实施 CIS 战略的目的就是要加强这一动力，使企业通过完整的系统创意将企业的经营观念、企业的个性，通过动态和静态的传播方式，引起公众的注意，在公众的心目中树立良好的形象，使广大消费者产生对企业及其产品的信赖和好感的心理效应，这就是 CIS 战略的根本任务。

四、CIS 战略的导入

（一）CIS 导入时机

企业识别系统（CIS）的导入对于企业来说是一项意义深远、内容丰富的宏伟工程，要求具备一整套全方位、高标准、新思维的经营管理理念和操作办法。在导入过程中，企业要全面评价企业本身的战略思想、内外关系、经营策略和视觉形象等是否符合 CIS 的整体要求。每一个企业都有自己的特点和优势，在市场的运行过程中对组织形象系统的导入要求不同，总是因企业本身和市场运行的状况的变化而变化，这就要求企业导入 CIS 必须作长远的、全面的考虑，并抓住有利时机及时导入，以谋求组织形象取得最佳效果，获得社会公众的认可。导入 CIS 的最佳时机如下。

1. 企业新建、扩建、改建、转型和重组合并　新公司成立、公司合并组建、公司性质发生变化（如国有企业转变为中外合资企业或股份制经营）等是推行 CIS 的最佳时机。此时可以通过顶层设计大胆消除原有的旧观念、旧体制，引入最新的企业机制、经营理念和最佳的人力资源等新元素，把企业最佳的一面迅速展现给社会公众，树立良好的组织形象，占领有利的市场份额，这是导入组织形象系统的最佳时机。

2. 企业新项目和新产品推出　企业要更好地生存和发展，根据企业实力不断进行重大技术改造项目的投产、主体产品转产、重大服务项目推出等都是非常重要的。它能给企业带来新的发展动力，创造社会公众喜爱的产品和服务质量，这是社会公众所期待的，也是企业塑造形象的重要举措。所以，结合企业新项目和新产品推出之际导入 CIS 可以扩大宣传产品形象、提高企业知名度、增强职工信心和成就感的功用，是改变组织形象、赢得社会认可，创造社会新价值的一个良好时机。

3. 企业发展格局发生重大突破　随着企业的不断发展，企业规模扩大、员工数量增加、产品销售连锁化、产品获得重大奖项、市场规模化、经营多样化和国际化等都是企业格局发生变化的重要突破口，也是企业进行形象重塑的重要时机。企业在此时将新的成果、新的发展理念等信息通过 CIS 的导入就能全面地传递给社会公众，创新企业形象，提高社会地位，为企业带来不可估量的社会价值。

4. 企业创业周年纪念　企业利用创业周年纪念日抓住时机进行 CIS 的导入已经成

为一种常态，这既是对企业发展历史的信息推广，又是对企业产品、企业文化、企业特色与优势的一次宣传，更是对企业重大节日与社会公众共享的一个大好时机。可以拉近企业与社会公众的感情距离，促使社会公众对企业产生良好的印象，促进企业的长足发展。比如，利用周年纪念日举行现场音乐会、向消费者赠送礼品、开展新产品促销会等。

5. 企业危机时期　任何企业都会遇到危机时期，只是出现危机的原因和程度不同而已。比如，企业经营理念传统过时、企业体制不健全、企业设备落后、企业人才青黄不接、企业资金周转告急、企业突发安全事故等都会给企业带来不同的危机感，甚至造成组织形象受损。这个时候导入 CIS 是非常关键的，它可以使企业起死回生，转危为安，重塑企业良好形象。

总之，CIS 的导入既可以塑造企业的良好形象，也可以防止组织形象受损。它在企业的发展过程中既是一种塑造企业良好形象的有效工具，又是一种预防企业出现危机的重要手段。

（二）CIS 导入方法

CIS 计划拟定之后便进入实际的实施阶段，即 CIS 的具体推行阶段。在这个阶段，要完成有效导入 CIS 的任务，必须重点抓好以下几项工作。

1. 设立企业"CIS 执行委员会"　该委员会由企业领导亲自主持，企业公关部门为其办事机构。这个委员会并非临时组织，而是对企业 CIS 全面统筹、统一管理并组织 CIS 方案的实施和监督，负责实施过程中的关系协调及日常考核。对外搜集反馈信息，监测企业形象，评价效果，提出改进方案，完善 CIS 手册。

2. 全面开展目标管理　根据 CIS 手册规定的内容，按部门项目分解指标，落实措施，全面实行目标管理。在实施目标管理过程中应努力控制好以下三个阶段：①目标任务确立阶段；②目标分解阶段；③目标管理阶段。

3. 审核企业传播计划，制定传播战略　企业传播应分为内部传播和外部传播两条路线进行。

内部传播应以全员公关形式推行，其核心是树立共同价值观念。具体方式有 CIS 战略教育、全员公关活动、企业内部刊物、统一服装及标识物、提示物。制定行为规范及规章制度，树立具有企业特色的企业文化，促使员工与企业共振，把塑造与传播企业良好形象，维护企业整体利益变为企业全员的自觉行动。

企业外部传播，主要是传播企业形象及企业产品形象，积极开展与社会公众的双向沟通。通过对企业理念、企业政策宣传并运用视觉标识系统，重复传播企业标志、商标、环境、产品质量、服务特色，使社会公众了解企业特性，提高对企业的信任感。

4. 全面开展 CIS 战略教育　CIS 战略教育的目的是强化企业全员的公关意识、企业整体意识及竞争意识，使全体员工人人了解 CIS 的内容和导入 CIS 的意义。把教育贯穿于 CIS 战略的始终是导入 CIS 的关键。

（三）CIS 导入程序

企业要导入 CIS，必须先做好充分的准备工作，规划和编制相应的导入程序，根据导入程序的要求进行策划和部署。具体导入程序如下。

1. 导入准备阶段　①确立 CIS 的动机。②组建导入的机构。③确定 CIS 导入的日程与时间。④制定导入的实施措施。⑤确定导入的价值取向。⑥评价企业内外经营环境。⑦规划员工参与导入的各项活动。⑧编制预算。⑨企业内外调研和评估。⑩制作 CIS 完整方案。

2. 规划设计阶段   主要包括 MI、BI 和 VI 三个部分。

（1）MIS 设计   MI 系统是 CIS 的核心，主要包括：企业战略思想、企业目标战略、企业精神口号、企业精神标语、企业文化等方面的规划设计。

MIS 系统规划时应该围绕以下几个方面来进行。

①MI 规划要体现企业发展观。

英国葛兰素史克公司：让人们能够做到更多、感觉更舒适、生活更长久，从而提高人类的生活质量。

中国哈药集团有限公司：敢走天下路，敢为天下先。

②企业精神与行业紧密联系。

中国太极集团企业精神：光大太极、振兴中华。

哈药集团有限公司的企业精神：济世救人   兴业报国。

广州医药集团有限公司企业精神：艰苦创业、勤俭办企业、爱岗敬业、团结协作、敢打硬仗。

③企业目标战略体现企业的核心价值观。

哈药集团有限公司核心价值观：立信于心   尽责至善。

广州医药有限公司核心价值观：诚信、稳健、创新、共赢。

山东东阿阿胶股份有限公司核心价值观：厚道·地道·传承·创新。

九州通医药集团核心价值观：责任心   危机感   执行力   融合度。

④企业经营服务理念将企业的服务意识传达给目标公众。

中国医药集团企业服务理念：关爱生命、呵护健康。

上海医药集团企业服务理念：持之以恒，致力于提升民众的健康生活品质。

广州医药集团有限公司服务理念：以客户为中心，创造超越客户期望的服务体验。

九州通医药集团经营服务理念：我们的领导为员工服务，员工为客户服务，客户是我们的上帝！

总之，MIS 设计应以求真务实、集思广益的原则，企业理念体现民族化、个性化和目标化，具备导向力、凝聚力、辐射力、稳定力等基本功能。

（2）BIS 设计   BIS 设计主要包括：服务流程设计、服务戒律明确、服务用语规范、服务作业标准化设计、顾客投诉处理方法制订、顾客满意度指标确定。

（3）VIS 设计   VIS 设计是在企业经营的指导下，利用平面设计等手法将企业的内在气质和市场定位视觉化、形象化的设计结果。VI 系统包括基础设计系统和应用设计系统。

基础设计系统   以企业标志、标准字体和标准色为其核心，一般称为 VI 的三大核心。VI 设计系统必须建立在这三大核心的基础之上。主要包括以下几点。

①企业名称   突出个性、美感、容易记忆、良好的语感和美好的寓意。

仁和：人为本，和为贵。

修正：修元正本，造福苍生。

汇仁：仁者爱人，汇仁集团。

②企业标志   企业标志包括文字标志、图案标志和复合标志。企业标志以简洁明快、新颖独特、巧妙精致、优美典雅为原则。

拓展阅读

同仁堂的百年记忆

"同仁堂"标志的设计意图：在有着悠久历史文化的中国，龙是至高无上的象征。北京同仁堂数百年的制药精华与特色是：处方独特，选料上乘，工艺精湛，疗效显著（图5-2），因而在国内外医药市场上享有盛名。本标志采用两条飞龙，代表着源远流长的中国医药文化历史，"同仁堂"作为主要图案是药品质量的象征；整个标志图案标志着北京同仁堂是国之瑰宝，在继承传统制药特色的基础上，采用现代的科学技术，研制开发更多的新药造福人民。

图5-2　同仁堂标志

③企业、品牌标准字　标准字，又称组合字体，是指将企业或者品牌的名称进行整体组合所形成的字体。企业或品牌标准字的设计以强化公众视觉冲击力，展现企业文化理念为原则，并根据企业性质、产品的特性和公众心理进行的。标准字要将造型美观、视觉色彩效果和组合流畅方面巧妙结合，全面展现企业整体上个性特征（图5-3）。

图5-3　企业标志

医药类企业和品牌标准字根据企业的经营理念和品牌内涵字体各异，应以造型美观，中英文流畅组合，视觉感强烈，富于节奏感为设计理念。

④企业的标准色　标准色是VI中最关键的要素，是直接给予视觉感官的部分，对于组织形象的宣传具有渲染作用。企业或者品牌的标准色是运用色彩来创造美感，引起视觉神经反应的重要手段，以渲染组织形象的优美和谐。人们常有的第一感官意识就是色彩，其次图形，再才是文字造型。色彩最具识别效应。如同仁堂和汇仁都是以红色为标准色；康弘药业和三金药业都是以绿色为标准色，这就是色彩的识别功能。

除了以上四个主要方面外，变形标志、印刷字体、辅助色彩、商标品牌、编排模式、象征纹样和吉祥物等也是基础设计系统不可缺少的组成部分。

组织标准色的设计以强化审美意识，增强艺术感染力、突出组织风格，体现组织理念、展现组织个性为原则。

拓展阅读

企业标准色

深圳海王集团：公司的标准色为蓝色，象征公司向海洋进军的战略目标，给人冷静、理智、安全、和谐的蓝色，体现产品的特性和公司为人类健康幸福美好而孜孜以求的组织形象。海王集团标识见图5－4。

中国国药集团标识的结构是由"中国医药集团"的英文简称"SINOPHARM"和变形"S"、"P"组成的（图5－5）。标准色：绿色代表生命、自然和健康，蓝色代表科技、智慧和博大。造型与寓意：V形：是英文胜利"VICTORY"的手语化"V"的象形体，代表胜利与发展；心形：是双手合拢为心的艺术表现，代表关爱与呵护；锥形：是不断旋转上升的陀螺，代表创新与活力。

图5－4　深圳海王集团标识

图5－5　中国国药集团标识

应用设计系统　包括办公事务用品形象系列、商业文书表格形象系列、内外环境（如花圃）形象、员工服装形象系列、组织用车车体形象、广告宣传形象系列、公关促销用品形象系列。

VI的应用系统是对基础系统内涵的诠释，旨在创造出一个个忄化、系统化的组织形象，给公众以美好、强烈的视觉体验。

3. 实施管理阶段

（1）建立相应的领导机构　CIS设计开发阶段结束以后，原有的CIS委员会就应当进行改组，变成CIS管理委员会。

（2）CIS的发布　企业CIS的导入是企业一个重大事件，必须慎重地选择时机，举行隆重的发布仪式，以便在企业内部产生重大的震动，在社会上产生强烈的反响。因此，CIS的发布最好是在企业的重要庆典、社会的重大节日，企业经营的转折关头等时机进行。

（3）企业理念的学习与认同　CIS的核心是理念，一次CIS导入的过程、也就是全体员工对组织宗旨再一次学习、理解、认识的过程。只要使企业理念真正落实到了全体员工的意识里，才能很好地发挥它的功效。

（4）行为识别的执行和拓展　组织全体员工认真学习企业的行为规范手册，这是落实企业理念的具体行动。只有全体员工将企业的理念变成了自己的一言一行，企业才能以一种崭新的面貌出现在社会的面前。

（5）CIS效果的评估　在企业CIS导入一段时间以后，应当对CIS的效果进行认真的评估，以便总结经验，发现问题，寻找进一步解决的方法。CIS效果的评估可分为内部测试和外部测试。具体方法包括：民意测验、当面访问、公众座谈、统计分析等。导入的效果可以通过公众对企业认知、信赖、好感及一流评价的变化表现出来。当然，CIS的最终结果还是表现在企业经济效益的增长上。

📊 重点小结

　　在世界传媒高度发达的今天，组织形象的塑造越来越受到各个企事业单位和个体组织的重视，它们通过各种手段来充分展现组织的优势，抓住有利的时机不断强化和提高组织的形象地位和社会影响，创造自己的核心价值。本项目主要讲述了组织形象的内涵、组织形象的分析、组织形象的设计、组织形象的塑造、CIS战略的含义、功能、构成要素和导入，对组织形象管理与CIS战略起到积极的作用。

目标检测

　　运用所学知识，分析以下案例。

　　1. 某医药集团有限公司是集药品研发、生产、经营为主的高科技新兴医药企业。连续十年名列北京市高新技术产业开发试验区经济20强。公司很注重管理，建立了各项规范的管理制度，但是由于公司是由国有药厂改制而来，计划经济下国有企业观念层面的弊端依然存在，使各项规范管理推行受阻，成为影响企业发展关键的障碍。在这样的背景下，医药集团聘请某公关公司协助进行企业文化的建设，以提高组织形象，完善自身体制障碍。

　　讨论：假如你是公关公司负责人，面对激烈的市场竞争，如何制定与公司发展战略相匹配的价值体系，以支持企业的可持续发展？在新的经营体制和运作规范下，如何转变员工原有的行为模式和旧有观念？如何将企业文化渗透到企业管理的各个方面，成为公司员工的行为和思维方式？

　　2. 尊崇物竞天择，共享生命价值。

湖北省新华医院CIS策划案例

（1）全案导入CIS系统，构建核心竞争力的框架。

2001年湖北省新华医院率先从文化建设入手，以医院文化为先导着手培植医院新的核心竞争力。在经过周密的市场调研后，医院率先在国内医疗卫生行业中全案导入组织形象识别系统（CIS），将医院的经营观念与精神文化进行有效整合。在理念识别（MI）子系统中，提炼出了"共享生命价值"的新华理念，崇尚生命之美、生命之尊，遵循"物竞天择"的法则，积极主动参与市场竞争，以生命的互动实现价值的传递，倡导医院与患者、员工、医院结为利益共同体，实现价值共享，共同创造美好未来，此举统一了员工的价值观。在行为识别（BI）子系统中，引进企业的管理文化，推行了员工通用行为规范、医护人员诊疗服务规范、后勤窗口岗位服务规范、语言行为规范、电话接听规范等，完善了配套的监管措施，使医院员工形成了统一的行为观。而在视觉识别（VI）子系统中，则借鉴优秀企业的经验，推出了一整套具有新华特色的视觉识别系统，从而增加员工的集体荣誉感和向心力。通过以上三者的有机整合和推广，逐步建立、形成并优化了医院的综合形象，并通过运用整体传达系统，将医院的理念传达给周边的群众，提升了医院内部员工的自我认识和公众对医院的外部认识，取得了意想不到的效果。

（2）树立以人为中心的管理理念，夯实核心竞争力的基础。

在这一范畴内的做法是：对外以客户为中心，实行人文关怀，营造温馨环境，获取患者的认同感；对内以员工为中心，实施人本管理，搭建宽松平台，培养员工的归属感；倡导人性化服务，推出服务之星，树立服务意识，培植先进人物的感召力。提出把"三个有利于"作为医院工作的出发点和落脚点。与此同时提出，医生围绕病人转，护士围绕医生转，后勤临床一线转，行政管理则应围绕病人全院职工转，整个过程中充分凸显人文关怀和人本管理，处处以人为中心，营造人文型的医院文化氛围。

（3）提出"创造健康生活"的医院使命，打造核心竞争力的特色。

提出了这一医院使命，其目的是应对医疗市场的激烈竞争。"创造健康生活"是源于对市场的重新定位。提倡"创造"，是为了改变"坐堂行医"等病人来的被动状况，传递一种主动的工作态度；倡导"健康"，则体现医院的任务不仅仅是治疗，还包括了客户患病前的预防、治愈后的康复以及对亚健康人群甚至健康人群的关注。在这一使命的指导下，全院统一了思想，职工的主人翁意识得到加强，同时也明确了市场营销的对象和方式，形成了自己独特的营销模式，拓展了医疗市场。

（4）引进管理咨询，推行优化后的管理体系，铸造核心竞争力的后盾。

有了先进的管理理念就必须要有配套的管理措施。医院在 2003 年聘请北大纵横管理咨询公司对医院发展战略、品牌营销、组织结构、管理及业务流程、岗位说明、绩效考核体系、薪酬体系、员工职业生涯规划等九大模块进行设计，重新构建医院的管理体系，此举推动了管理文化向深层次发展。

"管理出品牌、管理出效益"，一个医院要想从优秀走向卓越，培植自己的核心竞争力，则必须要有先进的管理理念和优秀的管理体系护航。随着医疗市场竞争的白热化，越来越多的医院已经清醒地认识到医院之间的竞争实际上就是医院文化的竞争，创新和培育独特的优秀医院文化已成为医院生存之本、兴盛之源，从我们自身的经验来看，先进的管理文化无疑是其核心所在。

讨论：如何理解组织形象识别系统的内涵和作用？案例中从哪些方面来表现行为识别系统、理念识别系统和视觉识别系统？

项目六

公共关系危机

学习目标

知识要求　1. **掌握**　公共关系危机处理的原则、程序及对策。
　　　　　　2. **熟悉**　公共关系危机的概念及产生的原因。
　　　　　　3. **了解**　公共关系危机的特征和类型。
技能要求　1. 能够树立公共关系危机预防的意识。
　　　　　　2. 学会妥善处理公共关系危机。

案例导入

　　案例：某天一大早，一位顾客怒气冲冲地跑到某连锁药店店长王乐的办公室"兴师问罪"："你是这里的店长吧？我刚才来你们药店买药，电动自行车停放在店外的'存车处'。谁知出去的时候，却发现车子'不翼而飞'。既然我来你们药店购药，你们就有义务确保我的财产安全。对我的损失，你们药店必须赔偿！"王店长听了，觉得很为难。顾客就是上帝，不赔吧，闹起来对药店的形象肯定有影响；赔偿吧，药店的损失也很大，倘若每个顾客都说自己丢了东西，药店给每个顾客都进行赔偿吗？

　　讨论：假如你是王乐，作为店长的你该怎样将此事情圆满加以解决？

任务一　认知公共关系危机

一、公共关系危机的含义

　　公共关系危机是指突然发生的、严重损害组织形象、给组织造成严重损失的事件。如恶性事故、顾客的投诉、员工罢工等。危机使组织面临严重的困难，面临强大的公众舆论压力和危机四伏的社会关系环境，使组织失去公众的信任，直接或间接地影响组织的生存和发展。

二、公共关系危机的特征

　　公共关系危机的特征主要表现在以下几个方面。

　　1. 突发性　危机事件一般是在意想不到、组织毫无准备的情况下突然发生的，具有突发性特征。危机事件容易给组织带来混乱和惊慌，使人措手不及，如果对事件没有任何防备就可能造成更大的损失。这一特征要求社会组织及其公关人员在工作中应当防微杜渐，并随时准备应付突如其来的危机事件。

　　2. 难以预测性　组织所面临的危机往往是在正常的生产经营过程中难以预料的，它在某种程度上具有不可预测性，会给组织带来各种意想不到的困难，特别是那些组织外部的原因造成的危机，往往是组织始料不及并难以抗拒的，如自然灾害、国家政策的变化、竞争对手的恶意攻击等。这一特征要求社会组织及其公关人员，时刻监测组织微观和宏观环境，并积极进行危机预防。

3. 严重的危害性　危机一旦出现，在本质上或事实上都会对组织、对社会造成相当的损害。对组织来说，它不仅会破坏目前正常的生产经营秩序，使组织陷入混乱，而且还会对组织未来的发展带来深远的影响。从社会角度看，组织危机会给社会公众带来恐慌，有时还会给社会造成直接的物质损失，如产品质量不合格事故、污染环境等给人们生命健康造成的破坏等。这一特征要求社会组织及其公关人员，采取主动心态，勇于面对，善于面对，将危机的危害降到最低程度。

4. 舆论的关注性　现代社会，大众传播十分发达，加之危机事件总是在短时间内爆发，造成巨大影响，因此，常常会成为社会和舆论关注的焦点、热点，成为媒介捕捉的最佳新闻素材和报道线索。这一特征要求社会组织及其公关人员，必须牢记"兵贵神速"，注重公共关系危机事件处理的及时性和时效性。

5. 不规则性　每次危机事件的出现原因、影响范围、对社会组织的危害和破坏程度等都不尽相同，因此，对危机事件的处理没有规律可循，这给社会组织处理危机带来了很大的难度。这一特征要求社会组织及其公关人员，不能简单机械地寻找原因，而应整体分析，对症治疗。

三、公共关系危机的类型

公共关系危机按照不同的分类依据，主要分为以下类型。

1. 按照危机的严重程度，公共关系危机可划分为一般性危机和重大危机。一般性危机，是指对组织及其公众产生轻微危害的危机事件，如公共关系纠纷。重大危机是指对组织及其公众产生全面影响，并使组织形象和利益受到严重损害的危机事仁，如产品的重大质量事故、组织的信誉危机、组织的重大工伤事故和大的劳资纠纷等。

2. 按照危机的涉及范围，公共关系危机可分为内部公关危机和外部公关危机。内部公关危机指发生在组织内部的公共关系危机。内部公关危机发生在组织之内，或者，这种危机的发生主要是由该组织的成员直接造成的。如员工罢工、股东撤资等。外部公关危机是与内部公关危机相对而言的，是指发生在组织外部，影响多数公众利益的一种公关危机，本组织只是受害者之一。如谣言引起的危机，国家政策变化引起的危机，组织的计算机网络被"黑客"袭击而导致的危机，自然灾害或其他不可控因素导致的危机。

3. 按照危机给企业带来损失的表现形态，公共关系危机可分为有形公关危机和无形公关危机。有形公关危机是指给组织带来直接而明显的损失，凭借肉眼即可观测到组织的损失。如房屋倒塌、爆炸、商品流转中的交通事故等造成的人员伤亡或财产损失。无形公关危机是指危机事件的发生严重损害组织形象，如果不采取紧急有效的措施阻止，已受损害的组织形象将使组织蒙受更大的有形损失。如信誉危机、商誉危机等。

拓展阅读

医药企业公共关系危机的主要表现形式

☆ 资金链断裂。

☆ 员工怠工（内部纠纷）。

☆ 员工工作过程中受伤受害等。

☆ 员工素质低下引起的负面影响（与人打架、犯罪等）。

☆ 发生盗抢事件。

☆ 发生火灾、爆炸、交通事故等事件。

☆ 因产品质量导致顾客生命、健康出现问题。

☆ 媒体的负面报道。

☆ 网上突发负面帖子。

☆ 重大客户的投诉。

☆ 客户在经营现场出现意外（生病、摔倒、被困电梯、顾客贵重物品丢失、中暑等）。

☆ 上游企业停止供货。

☆ 下游企业拒绝接收货物。

☆ 产品大量积压。

☆ 关于组织的谣言。

☆ 群访事件。

☆ 企业间的恶性竞争。

☆ 国家政策、体制给组织带来的不利。

四、公共关系危机产生的原因

公关危机产生的原因很多，一般来自于组织的内部和外部两个方面。

1. 内部原因

（1）自身素质低下　组织自身素质低下的核心是人员素质低下，包括领导者素质和员工素质。组织自身素质低下不仅可能引发公关危机事件，而且在危机事件出现后也难以自觉有效地处理危机事件。

（2）管理缺乏规范性　管理缺乏规范性包括两方面，其一是组织基础工作差，管理的规章制度不健全，工作无定额，技术无标准，计量无规矩，操作无规程；其二是员工行为无规范，员工工作中无计划，不讲质量，不讲服务礼节，不讲信誉，不讲职业道德，甚至严重损害公众的利益，伤害了公众的感情。这些都是导致公关危机的祸根。

（3）经营决策失误　经营决策失误主要体现为方向的失误、策略的失误、时机的失误等。这些失误可能严重危及社会公众、社会环境的利益要求，也可能引发公众对组织的敌视、反感和排斥，使组织陷入危机。

（4）法制观念淡薄　现代社会是法制社会，任何组织都应具有法律意识，都应知法、懂法、守法，并将组织的生产经营活动置于法律的监督和保护之下，否则，企业的生产经营行为将会损害公众的权利，违反国家的法律，最终导致公共关系危机，严重损害组织形象。

（5）公关行为失策　各种公关行为是塑造组织形象，扩大组织社会影响力的必要手段，如果社会组织公关行为失误，如公关活动组织策划不当、实施公关活动准备不充分、忽视与公众的信息沟通等，不仅起不到应有的作用，还会危及企业的形象，给企业带来危机。

> **拓展阅读**
>
> ### 多行不义必自毙
>
> 某年盛夏，广大解放军官兵正连日奋战在抗洪一线，抵御百年难遇的洪水，湖南省水利厅受国家水利部委托，购买了当地某公司13万瓶"长沙水"牌纯净水，赠送给解放军官兵。结果，喝了此纯净水的许多战士不到半日，即出现腹泻症状，英雄塔山旅八连有9人腹泻严重，10人腹痛难忍，1人发烧，3人呕吐。连队领导立即将剩余的"长沙水"牌纯净水进行检测，发现近500瓶水中有异物，而在事后与该公司的协调处理过程中，公司以多种理由推诿，并拒绝承担责任。更为严重的是，在10月10日的协商会上，该公司的董事长非但没有给广大官兵一个满意的答复，反而当众打开一瓶有异物的"长沙水"牌纯净水一饮而尽，并强调饮后没有任何不良感觉。此事件经当地传媒披露，尤其经中央电视台报道抗洪救灾物资中有假冒伪劣，甚至是过期变质产品后，"长沙水"牌纯净水这一地方知名品牌，最终被市场淘汰。

2. 外部原因

（1）自然环境突变　包括自然灾害和建设性破坏两个方面。自然灾害是不以人的主观意志为转移的，它往往给组织带来意想不到的打击，如台风、洪水、地震等。建设性灾害指由于人类出现短视、决策失当等原因，没有按照客观规律办事所导致的破坏机制，如人为因素造成的溃坝事件、乱砍滥伐导致的泥石流等。这些灾害具有很大的破坏性、无法回避性，常常使组织面临灭顶之灾。

（2）组织间的恶性竞争　恶性竞争即不正当竞争，指市场经济活动中，经营者违反法律规定，损害其他经营者的合法权益，扰乱社会经济秩序的行为，包括诋毁竞争对手、假冒他人的注册商标等。这些恶性竞争行为，都可能导致社会组织出现公共关系危机。

（3）公众的误解　公众对社会组织的了解并不都是全面的，有的公众会因偏听偏信、小道消息等对社会组织产生误解，因而形成对组织的敌视和偏见，给组织带来负面影响。

（4）舆论的负面报道　传媒的舆论导向作用是非常显著的，在某种程度上讲，传媒宣传还起到树立某种社会评价标准的作用，往往直接影响着民众对某种社会现象的评价态度与关注程度。因此对任何一种舆论负面报道，都必须引起足够的重视。

（5）政策体制不利　国家的政策和管理体制对社会组织的经营和发展有着重大的影响。国家政策对组织的发展不利，管理体制的不顺，都会给组织带来风险，使组织出现危机，陷入困境。

五、公共关系危机的预防

对公共关系部门而言，危机的预防有两个环节：一是预测危机，即及时发现产生危机的"萌芽"；二是制定处理危机的对策，即当危机一旦发生不至于手忙脚乱，而是从容不迫地采取有效措施。这就需要平时要有应付危机的准备。

1. 增强全体员工的危机管理意识　任何一个组织，无论性质、类型、规模如何，也不管其过去的历史和现在的情况怎样，都免不了出现危机。因此，组织必须经常对全体员工进行危机教育，开展有关安全、法律、质量等方面的培训，培养员工忧患意识，使员工树立居安思危、未雨绸缪、防患于未然的思想，减少危机发生概率，防止危机到来时内部出现恐慌和混乱。

2. 建立漏洞审查制度 加强问题管理，及时解决小问题，堵住漏洞，将危机预防工作落到日常工作的实处，减少公共关系危机形成的概率，防患于未然。社会组织公共关系危机事件形成的原因主要包括社会组织内部因素、相关公众因素、传播媒介因素和社会环境因素。在以上诸因素中，存在着许多社会组织的可控因素，只要对这些可控因素加以控制，使其保持正常状态，就有可能减少危机形成的概率，进而把危机的发生率降低到最低程度。

3. 建立公共关系危机预警系统 任何公关危机事件的形成都要经过潜伏期、初显期和爆发期，而任何时期都会显示出危机产生的信号。组织可采用各种监控手段进行监测，以便在危机的潜伏期和初显期及时发现危机的苗头，并采取果断措施，把危机消除在萌芽状态；组建危机管理小组，并对危机管理小组进行专门培训；建立公共关系危机预警系统，制定应变计划与应变对策以应付危机事件，为危机事件的处理打下良好的基础，提高公关危机事件的处理水平。

4. 保持良好媒介关系 建立与媒介长久的、融洽的、互信的关系，有利于在危机出现时传播更多有利于组织的真实信息。良好的媒体公关是靠平时积累，慢慢培养出来的，组织应积极配合媒体的工作，主动向记者和有关媒介提供最新、最具新闻价值的信息和各种新闻素材，及时通报组织内部发生的重大事件，吸引媒介的关注，争取有利于组织的新闻报道。平日注意与新闻界人士保持良好的沟通与往来，对记者以礼相待、以诚相待。如果记者有需要，组织应该伸出援手，急他们之所需，主动帮助他们解决困难。

案例讨论

案例： 美国女记者基泰斯到东京探亲，她在东京的奥达克余百货公司买了一台"索尼牌"电唱机，准备送给东京的亲戚，售货员彬彬有礼，特意为她挑选了一台未启封包装的机子。

回到住处后，基泰斯试用时，却发现该机未装内件，是一台空心唱机，根本无法使用。她不由得火冒三丈，准备第二天一早就到公司进行交涉，并迅速写好了一篇新闻稿，题目是《笑脸背后的真面目》。

第二天一早，基泰斯在动身之前忽然接到奥达克余百货公司打来的道歉电话。50分钟以后，一辆汽车赶到了她的住处。从车上跳下奥达克余百货公司的副总经理和提着大皮箱的职员。两人一进客厅就俯身鞠躬，表示特来请罪。除了送上一台新唱机之外，又加送蛋糕一盒、毛巾一条和著名唱片一张。在谢罪的同时，他们讲述了公司自行发觉并尽快纠正这一条错误的经过。

当天下午4点32分，售货员发现售出一台空心唱机后，即报告警卫人员迅速寻找这位美国顾客，但为时已晚，遂报告监理员，监理员又向副经理汇报。经分析，决定从顾客留下的"美国快递公司"的名片这一线索出发，当晚连续打了32次紧急电话向东京周围的旅馆询问联系。另外还派专员用长途电话向"美国快递公司"总部打听，结果从快递公司回电中知悉这位顾客在纽约母亲家中的电话，随即再打电话了解到这位顾客在京东亲戚家的电话，结果终于在她离开之前，打通了电话，找到了"空心唱机"的买主，更换了唱机，取得了这位美国顾客的充分谅解和信任。

这一切使基泰斯深受感动。她立即重写了新闻稿，题目就叫《35次紧急电话》。

讨论： 本案例对组织预防公共关系危机有何借鉴意义？

任务二　公共关系危机的处理

社会组织在处理危机事件时，决不能随心所欲，跟着感觉走，必须按照危机处理原则，遵循危机处理程序，运用危机处理的技巧和方法，妥善地加以处理，以便尽早赢得公众的谅解和信任，尽快恢复组织的信誉和形象。

一、公共关系危机处理的原则

1. 真实性原则　组织在处理危机的过程中，无论是对组织内部职工，还是对新闻记者、受害者、上级领导等，都要实事求是，不能隐瞒事实真相。

2. 及时性原则　及时原则是指危机一旦发生能及时给予控制。危机突发时，可能会造成一定程度的混乱，并给人们心理上造成紧张、恐惧，各种谣言也最易流传。因此社会组织必须当机立断，快速反应，果决行动，与媒介和公众进行沟通，迅速控制事态，否则会扩大危机的范围。

3. 主动性原则　即主动承担责任原则。危机发生后，公众会关心两方面的问题，一是利益问题，二是感情问题。无论谁是谁非，社会组织都应该承担责任，即使受害方在危机事件中有一定的责任，社会组织也不应先追究其责任，否则会加深矛盾，引起公众的反感。社会组织应站在受害者的立场上表示同情和慰问，并通过新闻媒介向公众致歉，赢得公众的理解和信任。

4. 灵活性原则　公关危机事件是形形色色的，具有不规则性的特点，因此，对危机事件的处理手段也不尽相同，公关人员应根据危机事件的具体情况，进行有针对性、灵活性的处理。

拓展阅读

危机处理的 3T 原则

3T 原则由英国危机公关专家里杰斯特在 Crisis Management 一书提出，强调危机处理时把握信息发布的重要性。

☆ tell you own tale（以我为主提供情况）。这一原则强调组织牢牢掌握信息发布主动权。

☆ tell it fast（尽快提供情况）。这一原则强调危机处理时组织应该尽快不断地发布信息。

☆ tell it all（提供全部情况）。这一原则强调信息发布全面，必须实言相告。

二、公共关系危机处理的程序

一般来说，公共关系危机处理的基本程序主要包括以下几步。

1. 成立处理危机事件的专门机构　成立处理危机事件的专门机构是有效处理危机事件的组织保障。机构的组成人员应包括组织负责人、公共关系部门负责人和经过培训的危机处理人员。危机处理机构的成员应尽快确定应急方案。另外，还要指定新闻发言人和值班人员。

2. 采取措施，控制损失　危机发生后，一定要按照拟定的应急处理方案，全力采取措施，控制事态的进一步发展，把损失控制在最低限度，尤其要珍视组织的声誉和形象。

3. 深入现场，了解事实 通过观察、访谈等方式，迅速弄清危机事件发生的原因、人员伤亡和财产损失等情况，掌握事态的发展及控制的情况。

4. 分析情况，确定对策 在掌握危机事件真实情况的基础上，深入研究和确定应采取的对策和措施。对策和措施不仅仅要考虑危机本身的处理，还要考虑如何处理好危机涉及的各方面关系。针对不同的公众，采取相应的对策。

5. 总结评估，重塑形象 危机处理组织机构应对危机处理情况进行全面检查、评估，并将检查结果向领导机构、公众和媒介公布，表明社会组织敢于承担责任。从公众利益出发，认真做好善后工作，才能恢复和重新塑造组织形象。

典型实例

强生公司对 "泰莱诺尔" 事件的处理

某日，有媒介报道，美国芝加哥地区有人因服用"泰莱诺尔"止痛胶囊而中毒。起先，仅有 3 人因服用该药中毒死亡。但随着消息的不断扩散，传说美国全国各地有 250 人中毒死亡或致病，这件事一下子成了全国性的事件。不断扩散的消息引起约 1 亿服用"泰莱诺尔"胶囊的消费者的极大恐慌。民意测试表明，94% 的服药者表示今后不再服用此药。强生公司正面临着一场生死存亡的巨大危机。

危机发生后，强生公司首先成立了一个危机处理委员会。该委员会成员包括公司董事长伯克，一名负责公共关系的副总经理，其他的业务和管理专家。委员会每天开两次会，对处理"泰莱诺尔"事件进行讨论决策。

其次，召开新闻发布会。与新闻媒介密切合作，迅速地传播公司的各种消息。强生公司坦诚地对待新闻媒介，并表示不论好消息还是坏消息都公布结果。

第三，宣布决定。公司毅然宣布在 5 天内全部收回芝加哥地区价值近 1 亿美元的所有"泰莱诺尔"止痛胶囊，并花费 50 万美元通知内科医生、医院、经销商停止使用该药品，同时向受害者赔偿。

第四，查清真相。强生公司敞开大门，积极配合美国公众和医药管理局开展事故原因调查，在 5 天内对全国收回的 800 万片药剂进行抽检，发现所有这些受污染的药片只源于一批药，总共不超过 75 片。最终的死亡人数只有 7 人，且全在芝加哥地区。为向社会负责，该公司将调查结果通过媒介发向全国。

第五，开展恢复声誉工作。强生公司请美国著名的博雅公共关系公司策划，开始恢复信誉、重返市场的工作。具体做法有：向消费者表明对危机事件的立场；显示社会责任心；公司承担巨大损失而使他人免受伤害；率先实施美国政府和芝加哥发布的《药品包装新规定》；出重金征求"泰莱诺尔"防污止痛胶囊新包装，并且迅速使用新包装；举行大规模记者招待会，发布消息，并通过卫星向全国传播。

第六，处理善后工作。对受害者进行赔偿，对其家属进行关怀，尽量达到他们满意，尽量争取他们的原谅。

第七，总结、检查、评估。危机事件后，危机处理委员会全面总结了自己的工作，并把这一危机处理情况写成案例，用来教育员工，并留档保存。

三、公共关系危机处理的对策

公共关系危机处理的对策包括总对策和具体对策。总对策要求尊重事实，迅速调查，妥善处理，做好善后工作，重塑组织形象；具体对策要根据不同的公众对象，分别采取不同的对策。

1. 对受害者对策 ①认真了解受害者情况后，诚恳地向他们及其亲属道歉，并实事求是地承担相应的责任；②应由专人负责与受害者及其亲属慎之又慎地接触，耐心而冷静地听取受害者的意见，包括他们要求赔偿损失的意见；③给受害者安慰与同情，并尽可能提供其所需的服务，尽最大努力作好善后处理工作；④避免与受害者及其家属发生争辩与纠纷。即使受害者有一定责任，也不要在现场追究；⑤组织应避免出现为自身辩护的言辞；⑥了解、确认有关赔偿损失的文件规定与处理原则；⑦向受害者及其家属公布补偿方法与标准，并尽快实施。

2. 对新闻界对策　①如何向新闻界公布危机事故，公布时如何措辞，采用什么形式，有关信息怎样有计划地披露等事项应事先达成共识，统一口径；②成立临时记者接待机构，专人负责发布消息，集中处理与事件有关的新闻采访，向记者提供权威的资料；③对新闻界表示出合作、主动和自信的态度，不可采取隐瞒、搪塞、对抗的态度；④主动向新闻界提供真实、准确的消息，公开表明组织的立场和态度。注意提供公众所关心的消息，如补偿方法，善后措施等；⑤为了避免报道失实，向记者提供的资料应尽可能采用书面形式；⑥除新闻报道外，可在刊登有关事件消息的报刊上发歉意广告，向公众说明事实真相，并向公众表示道歉及承担责任；⑦当记者发表了不符合事实真相的报道时，应尽快向该报刊提出更正要求，并指明失实的地方。向该刊提供全部与事实有关的资料，派重要发言人接受采访，表明立场，要求公平处理，但应尽力避免相互产生敌意。

3. 对消费者对策　①所有的危机处理对策、措施，都应以尊重消费者权益为前提；②热情接待消费者团体的代表，回答他们的询问、质询。听取受到不同程度影响的消费者对事故处理的意见和愿望；③通过不同的传播渠道向消费者传递说明事故梗概的书面材料；④及时与消费者团体中的领导以及意见领袖进行沟通、磋商；⑤通过不同的渠道公布事故的经过、处理方法和今后的预防措施，公布与消费者团体达成的一致意见或处理办法。

4. 对上级领导部门对策　①危机事件发生后，要以最快的速度向组织的直属上级部门实事求是地报告，争取他们的援助与支持；②在危机事件的处理过程中，应定期汇报事态发展的状况，求得上级领导部门的指导；③危机事件处理完毕后，应向上级领导部门详细地报告处理的经过、解决方法、事件发生的原因等情况，并提出今后的预防计划和措施。

四、常见公关危机事件处理要点

1. 内部纠纷事件处理要点　组织的内部纠纷事件通常是由于员工的后顾之忧无法得到解决、物质利益被忽视、工资奖金分配不合理、福利待遇偏低、工作环境差、对待员工不能一视同仁、处理问题不公平等引起的，处理要点如下。

（1）认真倾听并吸取员工的意见和建议。

（2）尽量化解矛盾，协调关系，给员工在物质和精神方面给予一定的补偿。

（3）增强组织的透明度，加强沟通，让员工了解组织的难处，求得员工的理解。

（4）对领导者的不合理行为做出严肃处理，以平息员工的不满情绪。

（5）事件平息后将事件处理结果向员工公布，争取员工的谅解。

2. 顾客投诉事件处理要点　顾客就某个问题对组织进行投诉，是顾客的正当权益。虽然投诉对组织的形象不利，但组织应正确、理性地对待，并做出妥善处理。

（1）诚恳倾听投诉意见，对投诉者表示同情和感谢。

（2）听完投诉后应立即表态，对投诉对象做出妥善处理。

（3）对不合理投诉要耐心地解释，并给投诉者适当安抚。

（4）如发现投诉具有普遍意义，可视情况采取相应对策，如登发广告启示、组织退货等，以挽回不良影响。

（5）对合理投诉者进行适当奖励，以求广大顾客的关心和理解。

3. 火灾事件处理要点　火灾是组织的一种严重的安全事故，对组织的形象损害极大，必须及时妥善处理，其要点如下。

（1）发现火警后，立即通知公安消防部门，并根据情况迅速做出安排，组织灭火。

（2）迅速进入现场，奋力抢救各类人员及财产。

（3）及时做好对伤亡人员的抢救和处理工作，并对其家属做好安抚工作。

（4）深入调查火灾事件的原因，并做好记录，写出报告。

（5）根据情况对火灾事故责任人做出严肃处理。

（6）将调查结果、事故原因、损失情况、处理情况等，实事求是地提供给政府部门及新闻单位，以控制舆论走向。

（7）组织员工总结经验教训，制定防火措施，争取各方理解，恢复和重建组织形象。

4. 报道失实事件处理要点　报道失实事件是指新闻媒介报道的情况与事实本身不符时而导致组织的形象受损，甚至出现严重的后果。处理要点如下。

（1）迅速搜集新闻媒介失实报道的信息内容，并核准其失实程度。

（2）立即据实向发表失实报道的新闻单位提出更正要求。

（3）尽力找到失实报道的记者、编辑及制作者，诚恳地提出更正要求和理由，必要时要督促其发表更正或道歉。

（4）如失实报道的新闻单位和个人拒不"认账"，可由上级主管部门出面处理，通过其他新闻单位发表文章或广告，把真实情况公之于众。

（5）如失实报道情节特别严重，给组织带来不良后果和严重损失，可诉诸法律，依法维护组织声誉。

5. 谣言传播事件处理要点　谣言传播一般指不正确事实的非正式渠道传播，它是对事实的蓄意渲染、夸大、歪曲，或根本是无中生有。谣言具有一种暗示力量，流传广泛，易造成组织形象和信誉的损害。其处理要点如下。

（1）做好深入细致的调查研究工作，对谣言进行追根溯源，揪出谣言制造者，并给予适当处理。

（2）邀请本领域、本行业的权威人士、有关领导、新闻记者及其他有关公众到本组织参观考察，并请有关人士发表讲话，做出表态，以澄清事实，妥善辟谣。

（3）如有必要，可组织新闻发布会，就有关问题向新闻界做出说明，公开事实真相；若能请有关公众现身说法，驳回谣言，效果更佳。

（4）认真检查组织自身存在的问题，找出原因，勇于改过。

（5）倘若属于不正当竞争而发生的恶性中伤事件，则应针锋相对，据理力争，甚至通过法律途径解决。

📖 典型实例

中美史克成功处理公共关系危机

1996 年，耶鲁大学的一个医学研究小组经过研究发现：过量服用 PPA 会使患者血压升高、肾功能衰竭、心律紊乱，严重的可能导致因中风、心脏病而丧生。随即，该小组向 FDA（美国药品和食品管理局）提出了禁止使用 PPA 的建议。2000 年 11 月，中国政府下发通知：禁止 PPA！

作为 PPA 感冒药的最大制造商，中美史克首当其冲。

面对突如其来的变化，中美史克公司迅速作出回应。接到通知的 11 月 16 日，中美史克立即由 10

位公司经理等组成危机管理小组，10 余名工作人员负责协调、跟进。危机管理小组分工如下。

危机管理领导小组，制定应对危机的立场基调，统一口径，协调各小组工作；

沟通小组，负责信息发布和内、外部的信息沟通，是所有信息的发布者；

市场小组，负责加快新产品开发；

生产小组，负责组织调整生产并处理正在生产线上的中间产品。

危机管理小组发布了危机公关纲领：执行政府暂停令，向政府部门表态，坚决执行政府法令，暂停生产和销售；通知经销商和客户立即停止康泰克和康得的销售，取消相关合同；停止广告宣传和市场推广活动。

即日，全体员工大会召开。总经理向员工通报了事情的来龙去脉，表示了公司不会裁员的决心，赢得了员工空前一致的团结精神。同日，全国各地的 50 多位销售经理被迅速召回天津总部，危机管理小组深入其中做思想工作，以保障企业危机应对措施的有效执行。18 日，他们带着中美史克《给医院的信》《给客户的信》回归地方，应急行动纲领在全国各地按部就班地展开。公司专门培训了数十名专职接线员，负责接听来自客户、消费者的问讯电话，做出准确专业回答以打消其疑虑。21 日，15 条消费者热线全面开通。

同时，公司积极与媒体沟通，在北京召开了新闻媒介恳谈会。

正是因为这些措施落实到位，康泰克良好的品牌形象得以保存下来。经过几年卧薪尝胆，2001 年 9 月，中美史克的不含 PPA 的新康泰克重新上市。

重点小结

处于复杂多变的社会环境中，企业与其社会公众之间难免出现矛盾和冲突，进而演变为公共关系危机，在传媒高度发达的今天，组织的公共关系危机可能在短时间内迅速扩散和蔓延。面对公共关系危机，社会组织应采取恰当的对策和措施加以处理，否则，将影响企业的生存和发展。本项目主要讲述了公共关系危机产生的原因、公共关系危机的预防、公共关系危机处理的原则、程序及对策，对社会组织公共关系危机管理能起到一定的作用。

目标检测

一、案例分析题

1. 2012 年 4 月 15 日，央视《每周质量报告》本期节目《胶囊里的秘密》，对"非法厂商用皮革下脚料造药用胶囊"曝光。河北一些企业，用生石灰处理反革废料，熬制成工业明胶，卖给绍兴新昌一些企业制成药用胶囊，最终流入药品企业，进入患者腹中。由于皮革在工业加工时，要使用含铬的鞣制剂，因此这样制成的胶囊，往往重金属铬超标。经检测，修正药业等 9 家药厂 13 个批次药品，所用胶囊重金属铬含量超标。

由于涉嫌铬超标，国家食品药品监督管理局于 2012 年 4 月 16 日发出紧急通知，要求对 13 个药用空心胶囊产品暂停销售和使用，其中包括修正药业生产的羚羊感冒胶囊。2012 年 4 月 21 日，卫生部要求毒胶囊企业所有胶囊药停用，药用胶囊接受审批检验。

舆论哗然！修正药业陷入诚信危机，顾客大量流失，销售停滞，市场占有率急剧下降。对于修正药业被曝光，有网友很是悲愤："我现在还能记得修正的广告：修正药，良心药，放心药，管用的药。试问修正，这就是你的良心么?!"

黑客在修正药业的官网上留言："我的烂鞋子被你们拿去做胶囊了吗？现在只能光脚路过！"

……

面对危机事件，修正药业公司主要采取以下措施。

（1）在央视曝光"问题胶囊"4天后，修正药业通过官方网站于2012年4月19日发布"关于疑似铬超标羚羊感冒胶囊处理进程的通告"，称目前已经召回199件疑似铬超标羚羊感冒胶囊，并通过网站对公众表示歉意。通告说，目前修正药业羚羊感冒胶囊生产线已全部停产自查，同时安全小组已展开内部质检、采购、流通等环节的检查和责任追溯，并积极配合国家药监机构对胶囊产品的检验。修正药业还表示，计划在未来2年内，投资3亿元自建胶囊生产企业。修正药业认为此事件对企业是一个警醒，对此事件带给消费者、客户、政府及媒体的不便影响，他们表示深表歉意。并表示在今后的行动中，会就后续进展及时向公众进行通报。

（2）召开主题为"修正药，良心药，放心药，管用的药""在修正中成长，在成长中修正"新闻发布会。发布会的主要内容为：①对未能及时处理事件表示道歉，并表示进行弥补；②对已经召回的200种产品进行处理和销毁；③就"官网道歉"一事进行全面解释和说明；④重新贯彻修正思想，积极纠正错误，正确研制让公众满意、放心的药；⑤呼吁同行坚决抵制不良药品，坚持和维护社会公德心；⑥向全社会公开承诺：修元正本，造福苍生，修德正心，创造无限。

讨论分析：修正药业公司对铬超标危机事件的处理有什么特点？你从中可以得到什么启示？

2. 四叶草大药房开业在即，为提高知名度，公关部策划了一次别出心裁的活动。开业当天，在药房外举行抛发礼券活动，每张礼券200元，共抛售1000张。活动当天，先后有数万人参加了抢礼券活动。受活动影响，周围交通被迫中断，导致市政当局的不满。同时，活动本身秩序失控，导致一些人被挤伤。对此，当地几家媒体对活动所带来的问题进行了报道。

讨论分析：您认为四叶草大药房的做法是否科学、合理？假如你是该公司的公关部部长或总经理，你会如何处理此局面？

二、技能操作题

某药店不慎出售了过期药品，购买者向消费者协会、食品药品监督管理部门投诉，称该药店出售假药，一时间，众多购买者到药店要求退掉原来购买的药品。

假如你是药店的经理，请写出处理这次危机的具体措施和方法。

项目七

网络公共关系

学习目标

知识要求 1. **掌握** 网络危机处理方针与方法。
          2. **熟悉** 网络公共关系的传播方式及注意事项。
          3. **了解** 网络公共关系的含义及优势。
技能要求 能够树立网络公关意识，开展网络公共关系活动，恰当处理网络公关危机。

案例导入

　　案例：2016 年的"疫苗"事件创下了刷屏记录新高，2016 年 3 月 18 日，澎湃新闻发布题为"上亿元疫苗未冷藏流入 18 省份：'这是杀人'，山东发协查函"的报道。随后，山东疫苗案引发舆论持续关注。3 月 22 日，随着财新记者在 2013 年采写的一篇名为《疫苗之殇》的文章，借助网络等新媒体的优势在朋友圈、微博疯狂转发，引爆公众恐慌情绪。紧接着，当天中午 12 点，知名网络写手和菜头通过个人公众号发表文章《每个文盲都喜欢用"殇"字》，文章直指《疫苗之殇》过于夸大其词，认为媒体完全是在混淆概念，操控公众认知和情绪。于是，公众关于打过期疫苗是否致命、监管部门是否疏于监管等展开了一场"厮杀"。

　　直到当天晚上，国务院总理李克强针对疫苗事件作出批示，"此次疫苗安全事件引发社会高度关注，暴露出监管方面存在诸多漏洞。食药监总局、卫生计生委、公安部要切实加强协同配合，彻查'问题疫苗'的流向和使用情况，及时回应社会关切，依法严厉打击违法犯罪行为，对相关失职渎职行为严肃问责，绝不姑息。"至此，关于疫苗的权责、舆论争吵才逐渐归于正常。

　　民众对疫苗的恐慌，不仅是民众非理性的焦虑情绪，也有媒体与网友"合谋"旧事重提后的夸张传播。

　　讨论：如何认识"疫苗事件"引起的这一网络危机？

任务一　认知网络公共关系

一、网络公共关系的含义

　　网络公关（Public Relations on Net），又叫线上公关或 E 公关，是组织以互联网为手段，加强与社会公众的信息沟通与交流，从而有利于塑造良好组织形象的一种新型公关活动。

二、网络公共关系的传播方式

网络公共关系是随着现代电子技术和传播技术的发展和应用而产生的。伴随着电脑的普及和互联网＋时代的到来，网络在人们生产生活中发挥着越来越重要的作用，网络公关在传播范围、传播时间、空间、互动性和成本等诸多因素上，比传统媒体略胜一筹，网络公关有以下传播方式。

1. 创建公关特点的组织网站 组织网站是宣传组织良好形象的有利工具，网站上的组织背景资料、商标、广告、经营理念及组织文化可以持续地向公众进行传播；公众也可以通过网站平台提出自己的疑问及投诉，并快速地得到组织回复。这个过程充分体现了组织与公众之间信息的双向沟通，这也意味着组织建设的网站不仅是一个销售平台、服务平台、采购平台和广告平台，更重要的是一个公关活动平台。公关人员在网络公关的过程中要注意公关对象的范围、特点以及具有特殊性质的信息服务。

2. 通过电子邮件发布信息 不同的信息需求者需要组织提供多种多样的信息服务，组织可以及时地将组织的产品信息及服务通过电子邮件传达给公众，公众同时也可以迅速反馈意见。组织公关人员可以借助电子邮件及时向媒体发送新闻稿，提供新闻线索，有利于组织公关目的的实现。

3. 借助网络媒体发布新闻 网络媒体在新闻传播方面的发展速度惊人，新浪、搜狐、网易等站点在新闻传播的影响力方面丝毫不逊于传统媒体，组织完全可以借助网络站点发布新闻，但是网上新闻稿的制作要注意稿件的超链接问题，应创建新闻稿与各种相关信息的链接。同时还应注意稿件的形式问题，新闻稿的形式要求生动、活泼，富有创意，增加新闻发布形式的趣味性，从而加深组织在公众心目中的印象。

4. 推广网络公关广告 网络广告是借助网络平台投放的广告，是企业推销自身形象的一种有效手段。网络广告策略的核心思想在于引起用户关注和点击。组织在网络上的形象广告、公益广告及概念广告等内容便于加强公众对企业的理解，从而有利于协调组织与公众之间的关系。

5. 开展网上社会服务活动 组织通过在网上举办各种专项社会服务互动，无偿的为公众提供服务，以活动便捷和优惠吸引公众兴趣，获得公众对组织的好感，如网上办理手续、网上缴费、网上公众座谈会等。这是一种较好的网络公关活动方式，为了赢得公众对组织的良好评价，组织可以借助网络为公众提供便利、符合公众需求的社会服务。

6. 有效利用新媒体公关 "新媒体"是相对于传统媒体而言的，它是利用数字技术、网络信息技术，通过互联网、无线通信网、卫星等渠道，以及电脑、手机等终端，向用户提供信息的传播形态。比如我们生活中经常会使用 QQ、微信、博客、论坛等新媒体。新媒体具有传播内容的丰富性、传播过程的开放性、传播的全球化与时效性等特点，这些特点促使了新媒体与公共关系传播的有机结合，新媒体的出现为公共关系的传播开拓了新的传播途径，能迅速提高信息传播内容的到达率，并且让公关传播更具个性与便捷性。

 典型实例

"天士力大健康" 新媒体公关

"天士力大健康"作为天士力控股集团大健康产业宣传的新媒体窗口，依靠信息与互联网技术，秉承天士力控股集团大健康产业战略发展理念，通过"大健康资讯、新媒体平台、多元化传媒、反馈与互动结合"等多种方式，在行业内建立起大健康新媒体平台，积极有效地进行品牌形象新媒体传播。"天士力大健康"微信公共平台自 2013 年建立至今，已经成为消费者与企业之间的联络纽带与桥梁。经过两年多的发展，目前已积累了 2 万多名粉丝，日均接收信息 40 次，日图文阅读约 14000 人次。"天士力大健康"微信平台通过形式与内容不断进行创新，积极进行线上线下推广结合进行传播运营。

形式上创新："天士力大健康"微网站，通过公共平台前端引流的方式将用户吸引到大健康微网站上，使消费者能有不一样的体验。目前大健康微网站共分 8 大板块，内容涵盖了企业介绍、产品、投资、招商等消费者关注的企业信息，日均访问量达千次，受到了消费者的欢迎。

内容上创新："生活家"栏目，是内容创新上的一个尝试，通过语音加音乐加热点话题的方式，让用户能对资讯产生耳目一新的感觉。在生活家栏目发起的有奖活动，得到了粉丝们的强烈响应。"生活家"栏目自 2015 年 5 月份创建以来，收到了粉丝们积极反馈与支持。

线下推广：线上活动的运维离不开线下的推广。2015 年天士力大健康微信通过与天士力大药房门店等多方面合作开展线下有奖关注活动卓有成效。2016 年，"天士力大健康"已经规划将与多家权威媒体开展更加广泛而有效的合作。

目前天士力大健康通过加强内容信息建设以及积极运用互联网多媒体技术进行形式再创新，增强传播体验的可读性易读性与趣味性等方式进行持续化运营建设。

"天士力大健康"微信因在形式创新、内容创新和营销创新方面所取得的成绩，跻身 2015 年"全国中医药企业微信十强"之列，为天士力企业新媒体建设赢得第一个全国性的殊荣。

三、网络公共关系的传播优势及注意事项

1. 网络公关的传播优势

（1）及时性　组织借助互联网这个虚拟平台进行公关活动，使组织的公关行为不再受时间或地域的限制。传统的报纸或杂志需要每天或每月才发行一次，因此，组织的新闻发布活动也要遵循媒体的发行规律，然而组织通过互联网却可以全天 24 小时随时公布组织新闻；传统媒体会受到媒体发行区域的局限，而互联网不会，全世界连接到 INTERNET 的用户都可能及时通过访问该网络媒体迅速得到组织信息。

（2）互动性　互联网技术让组织与客户、媒体与受众之间的即时互动成为可能。组织在网上进行的公关活动，可与公众之间进行即时地互动交流，组织向公众传达信息的同时，可以获得公众对组织的评价与反馈，而这一切不再需要繁琐的市场程序和众多的人力资源，网络公关实现了组织与公众的即时互动。

（3）多样性　互联网为组织公关提供了多种多样的公关渠道与形式，组织可根据自身的情况和需要，选择适当的形式。同时，由于互联网的运用，带来了即时性、娱乐性、个性化和互动性等特点，这些特点的适当运用都将大大增强组织公关活动多样化的效果。

（4）自主性　传统媒体总是单向地传播信息，公众成为被动的信息接受者，信息技术的发展让网络平台给公众提供了主动选择和接受信息的机会，比起传统媒体，网络公关更具人性化，网络是大众的媒体，而不是"媒体机构"的媒体，因此，公众对于组织公关信息的选择与公关活动的参与具有更强的主动性和目的性。

2. 网络公关传播的注意事项　随着网络技术的不断发展，网络媒体运作更加规范化，互联网已经成为社会公众获取信息的主要通道，因此，网络公关传播对公关传播具有很大的影响力。那么，网络公关传播重点在于宣传什么？向谁宣传？在何处宣传？为做好网络公关传播，我们需要注意以下三方面。

首先，日常公关传播的目的主要表现在两个层面，一是提升组织知名度，二是宣传产品或服务特色，促进销售，网络公关的传播目的与其一致。因此，在每个网络公关项目之前，首先要熟悉当前网络公关传播的目的和重点，因为不同的网络公关传播目的导致文章

的表现形式和媒体的选择方式具有很大差异。

其次，"向谁宣传"即受众方面，不同的目标受众会对网络公关传播的操作流程及要求提出不同的意见，一般来说，组织公关宣传的目标受众包括消费者、政府、股东、合作者、竞争者等，而不同的目标受众对网络媒体的阅读习惯具有很大差异，为了有效地进行公关传播，网络公关对不同的受众应该选择合适的网络媒体进行投放，而不是简单、随意地在网络媒体上投放组织信息。

最后，选好在何处宣传。组织的很多公关人员往往只看重新浪、搜狐等少数几个综合性门户网站，认为新闻稿能在这些网站上挂出来就可以达到传播信息的目的，而忽视了网络公关传播效果。组织信息如何占据主要位置是网络传播的重中之重，一般来说，网络新闻分为几类，头条和要闻、一类、二类，然后就是三类、滚动。头条和要闻位置很醒目，一类大致就是首屏可见，位置也非常重要，二类在一类之下，三类、滚动则一般就进了二级页面，首页很难显示。组织要想扩大信息的影响度，与网络媒体的合作和深度沟通是必不可少的，组织的重要信息可以通过专题、特别栏目等形式来占据网络位置的制高点。

任务二　网络公关危机的处理

网络危机公关是组织借助互联网维护形象的公关活动，尽量避免让公众在搜索组织的相关人物与产品服务中出现负面信息。网络的普及加快了组织危机传播的速度，组织要想增强自身的网络危机公关能力，必须掌握网络公关危机处理方针与方法。

一、网络公关危机的处理方针

网络是把双刃剑，既给组织带来广阔市场，同时也让组织危机四伏，如何防范与化解网络危机是组织必须重视的新课题。处理网络危机过程中可以坚持以下方针。

1. 建立和完善网络危机预防机制　在极速发展的大数据时代下，组织传统的公关策略已经无法全面应对网络危机，如何有效地应对网络危机已成为组织公关关注的重要部分。在组织的日常公关工作中，应建立和完善防范网络危机的机制，使得防范网络危机的工作制度化和常态化，提高组织的公信力；可以设立网络安全专员，建立网络预警机制与监测体系；加强全员的网络安全培训，在危机没有爆发之前，全面监测社会舆论导向，防止负面信息在网络上的扩大传播，减少危机造成的损害，做到未雨绸缪。

2. 组织勇于承担责任，公正还原事件真相　敢于承担责任是组织面对网络危机的首要原则。网络时代下的危机事件传播不同于传统的传播方式，网络中片面失实的语言会诱发广大网民的一种负面情绪，然后再经过推测加工放大后传播，这一切的驱动力都是情绪的传染，在这个传播过程中，绝大部分人不会在意真相，只是喜欢相信想象。面对负面情绪，应对的态度要比事实重要，组织要以承担责任的心态去对待公众情绪，而不是回避或敷衍，这样会让公众感到组织会负责任的解决问题，同时也会防止危机事件的扩大，待事态平息后理性的解决问题，追究责任。

3. 迅速反应，掌握舆论话语权　网络传播的广泛性决定了一条信息可以在很短时间内迅速被全球多个不同网络传播平台予以发布，使得信息短时间内在网上被传得铺天盖地，信息传播后出现的后果也是无法控制和预料的。当出现网络危机时，组织需要反应迅速，及时做出回应，积极争夺网络话语权，重新设置舆论议题，化被动为主动，使舆论方向朝积极的方面发展，重新建构组织与公众的关系，重塑组织良好形象。

4. 加大信息公开度，消除公众疑虑　网络社会像一个信息超市，公众不是被动的信息受众，而是具有很大的自由性与选择性。在网络中，人们只会选择跟自己观点相近或相似的信息，而缺少不同经验的分享，所以，有关事件不同版本的解说在经过一段时间传播后，会朝着极端方向发展。负面舆论出现之时，组织唯一的选择是开诚布公的向公众传播真实信息，满足公众的愿望。为了防止网络以讹传讹的扩大，及早化解公众不满情绪，组织在事件之初应当公开信息，将事件的真相、处理方法公之于众，缓解舆论压力。

拓展阅读
解决网络危机应具备的六大素质

☆ 必须掌握网络媒体资源：能通过合法手段从网络上抹去所有恶意不实信息。

☆ 必须深刻洞悉危机心理：知晓如何体面地摆平不同危机中的平衡点。

☆ 必须面对危机反应迅速：能在事发 24 小时内采取有效手段遏止危机进一步恶化。

☆ 必须懂得如何曲线救国：能动用第三方权威机构为企业消除公众的抵制情绪。

☆ 必须要处理得一干二净：作风雷厉风行，服务到位。

☆ 要有专业危机管理体系：面对危机，能进行系统处理，而绝非简单的头痛医头。

二、网络公关危机的处理方法

网络危机的传播速度与影响力超出了组织的想象，当网络危机到来时，组织务必做出迅速反应，以积极务实的态度面对问题，抢占舆论先机。因此，组织可以采取以下方法。

1. 成立危机预警与评估体系，加强信息监测　组织应根据自身特点与实际情况成立危机预警与评估体系，及时了解危机动态。预警与评估体系内容包括分析危机发生的频率、危机发生的影响力、危机管理的难度及危机引起的公众关注度，形成完整的危机分析表。组织如果在第一时间内及时发现危机信息，并加以有效地预警、处置和引导，避免其进一步传播和发酵，既有利于解决涉及的相关问题的信息，也有利于维护组织形象。

2. 成立网络危机处理机构　网络危机处理过程是一个系统性过程，危机的复杂性与多变性需要组织成立网络危机处理机构，成立以组织高层领导为组长、网络安全专员牵头技术部门、生产部门、公关部门、客服部门和法律部门等各方面组成的网络危机处理小组，这样可以确保高效率的处理危机工作。

3. 优化搜索引擎，组织积极发表声明　网络危机到来之时，组织通过召开新闻发布会、在官方网站发表声明网页或借助报纸、电视台、杂志等主流媒体发表新闻稿等途径发表官方声明，以此来平复公众情绪，如果产品或服务出现缺陷时，应公开道歉。官方声明必须有足够的诚意和耐心，否则会适得其反。优化搜索引擎，是解决公关危机的一个重点技术应用区域，搜索引擎使网络行为模式变得更加捉摸不定，当危机出现时，人们希望看到企业的说法，希望解决问题，消除顾虑。但通常情况下，如果搜索引擎看不到来自企业自身任何正式的回应或者说明，在现实中会增强大众对"危机"的认同，其主要原因是企业危机公关对搜索引擎的认识不够。其实，危机出现时，可以优化搜索引擎，在技术层面上使得公司的声明、新闻、相关链接排在关键词搜索的前列，并利用新闻稿网络优化或企业博客，来化解互联网的"声誉"危机。

4. 采取实际行动解决问题　只有采取实际行动才能化解危机。对于网络病毒以及黑客攻击可以迅速组织技术人员进行维修，尽快回复网站和服务，加强网络维护与管理，增强公众信心，配合公安机关追查攻击来源，必要时运用法律武器保护自身合法权益。

对于网络谣言，组织可以澄清事实真相，必要时可以提供权威机构认证，揭露谣言的险恶用心，赢得公众的信任与支持。可以邀请公众参观组织，接受公众的监督，重塑组织良好形象。

对于组织产品或服务发生的问题，组织应该保证退换或召回相关产品，封存并销毁有问题产品，对受到损失的消费者及时赔偿，尽快进行整改，让权威部门出具证明，处罚责任部门和责任人，通过一系列活动加强组织内部质量管理，重塑组织形象。

5. 注重危机后形象重塑工作　网络危机解决后，组织要通过各种网络媒体让这些正面信息分散在网络上，这样可以让网民借助搜索引擎进行搜索相关信息时，不会只看到一堆负面信息。组织应加强与新闻媒体的联系，传播组织更多的一些正面信息，重拾公众对组织的信心。组织要加强员工内部培训，深刻反思危机事件的处理，争取做到以后不犯同样的错误。

📖 典型实例

王老吉 "添加门" 事件的危机公关

凉茶是广东、广西地区的一种由中草药熬制，具有清热去湿等功效的"药茶"。在众多老字号凉茶中，王老吉最为著名。2009年4月初，叶某从广告上看到王老吉宣称："怕上火，请喝王老吉……"因此，他每天买"王老吉"喝。但不久后，叶某胃部顿感不适，前去就医，结果医生诊断为胃溃疡。医生分析认为，胃溃疡与其经常喝"王老吉"这种饮料有一定的关系，熬夜上火属"虚火"，饮用"王老吉"不但得不到缓解，反而会加重病情。叶某的一篇博文将王老吉推上风口浪尖，并宣布将与"怕上火喝王老吉"对簿公堂。5月11日，卫生部公布凉茶王老吉含有不在卫生部公布的允许食用中药材目录中的成分，矛头直指其配方中的夏枯草。由于王老吉的巨大知名度与品牌影响力，"添加门"事件发生之后，迅速点燃了众多媒体的兴奋点，在客观报道的同时，各种各样的谣言与攻击也铺天盖地而来，让王老吉一时背负着巨大的舆论压力。

在外界看来，王老吉应该马上站出来做出澄清和解释。可是对于外界的质疑与媒体的曝光，王老吉像什么都没有发生一样，干脆置之不理。王老吉选择沉默，但并不代表王老吉没有动作。其实，正当人们为其为何如此低调失语而百思不得其解的时候，王老吉的危机公关却在悄然进行。就在卫生部新闻发布会的第二天，广东省食品行业协会就"王老吉凉茶饮料中有关添加物问题"召开记者招待会，明确表示王老吉凉茶饮料是严格按照国家有关规定组织生产与经营，根本不存在添加物违规问题，并表示在2005年4月25日卫生部已经以卫监督发［2005］1169号文《关于普通食品添加夏枯草有关问题的请示》批复将王老吉凉茶在卫生部备案。

5月13日，王老吉网站刊登一份公告，延续12日广东食品协会对此事的说法称：夏枯草作为许多凉茶的主料之一，已被广东人民食用了数百年。另外，夏枯草是1991年国家公布的食物成分表中的野菜食物，且王老吉2005年就在卫生部备案。而红色罐装王老吉凉茶饮料已在罐体上明确了产品的属性为"植物饮料"，并获得了卫生行政部门颁发的卫生许可证，因此是受国家法律保护的。

第三天，卫生部的网站挂出声明：王老吉凉茶是依据《中华人民共和国食品卫生法》和《禁止食品加药卫生管理办法》的有关规定，依法备案和销售的产品，并认可了夏枯草的安全性。这一声明无疑将其他声音"一剑封喉"。

总之，我们可以看出王老吉的危机公关抓住了网络危机公关的很多关键点。

重点小结

在纷繁复杂的网络时代背景下，组织与其社会公众之间的矛盾和冲突借助网络不断升级，进而演变为网络公共关系危机，组织的公共关系危机可能在短时间内迅速扩散和蔓延。面对网络公共关系危机，社会组织应采取恰当的对策和措施加以处理，否则，会影响组织的生存和发展。本项目主要讲述了网络公共关系危机的含义、传播方式、优势及注意事项，分析了处理网络公关危机的方针与方法。

目标检测

一、案例分析题

1. 某药店的店长，为提高该药店的知名度，利用自己的微信朋友圈、博客开展了药品优惠活动，她提出："凡是在微信朋友圈里、微博里为该药店做宣传的朋友，并转发 2 人，凭借截屏信息，均可获得店内一些药品的 5 折优惠价"，该活动吸引了很多朋友。这一网络公关提升了该药店的知名度，你从本案例中得到哪些启示？

2. 2010 年，凤凰网、腾讯网都设立了专刊，新浪、搜狐、百度、网易论坛上的帖子满天飞，"受害人"喊着要赔偿，网民天天要说法，国内某奶粉企业陷入了空前的危机。

然而，如果您"百度"一下，你会发现一个令人奇怪的现象：负面新闻几乎没有，有的只是该企业的百度推广和正面信息，完全一副事件没有发生以前的样子。想知道其中的奥秘吗？一句话：都是网络危机公关的功劳。

奶粉事件发生之初，该企业竟然在其官方网站上明确表示，已经委托律师事务所准备起诉凤凰卫视和凤凰网，起诉的理由是香港凤凰卫视断章取义。本身自己已经遭遇质量而引起的信任危机，如果还与观众心目中历来素有公正客观报道而著称的凤凰卫视打官司，无疑又陷入另一个舆论漩涡，如此下去，将无法挽回在消费者心中的高端品牌形象。

幸运的是，不久，该企业突然清醒。随后，企业的网络危机处理手段开始有计划的实施：①百度贴吧里出现了第一篇力挺该奶粉企业的帖子，顶贴者无数。②各大论坛上的反面帖子渐渐沉底或减少。③百度上开始出现了该品牌奶粉产品的推广链接。④搜索引擎上关于该企业的正面报道迅速暴涨。这些帖子就是网络公关小组成员们写的，也是他们顶的。这样做的目的是：让网民不要仅仅看到该企业的负面信息。各大论坛上的反面帖子渐渐沉底或减少。这是网络公关小组的成员们的沉贴和删帖手法。这样做的目的是：让网民尽可能的少见或不见到关于该企业的负面信息。百度上出现的产品推广链接是让广大网民使用搜索引擎时首先看到有利于企业形象的官方网站。网络公关人员进而通过在各大网站、论坛上发布或转载大量的正面文字让企业的正面报道迅速暴涨。搜索引擎的蜘蛛是到处爬的，发现相关的文字就收录集中（如果买通了蜘蛛效果就更不用说了），蜘蛛们把网站上的各类正面信息都集中起来，大家看到的自然都是该企业的正面信息。

该企业形象的挽回离不开巧妙的网络公关。某网络专家说：其实所有的企业都不应该忽视网络危机公关。

本案例对企业开展网络危机公关有何启示?

二、技能操作题

网上盛传某药店"卖假药",很多网民纷纷在贴吧发帖,谴责该药店,一时间许多购买者到药店要求退掉原来购买的药品。假如你是药店的经理,请你写出处理这次危机的方案。

项目八

公共关系礼仪

学习目标

知识要求　**1. 掌握**　公共关系个人礼仪和社交礼仪。

　　　　　2. 熟悉　公共关系礼仪的原则。

　　　　　3. 了解　公共关系礼仪的概念和作用。

技能要求　1. 建立职业习惯，塑造专业形象。

　　　　　2. 学会并善于运用社交场合的标准行为规范。

案例导入

案例：某医疗器械厂的业务员金先生按原计划，手拿企业新设计的医疗器械样品，兴冲冲地登上六楼，直接走进了业务部张经理的办公室，正在处理业务的张经理被吓了一跳。"对不起，这是我们企业设计的新产品，请您过目。"金先生说。张经理停下手中的工作，接过金先生递过的医疗器械，随口称赞了一下，并请金先生坐下，倒上一杯茶递给他，然后拿起医疗器械仔细研究起来。金先生看到张经理对新产品如此感兴趣，如释重负，便往沙发上一靠，跷起二郎腿，一边吸烟一边悠闲地环视着张经理的办公室。当张经理问他电源开关为什么装在这个位置时，金先生习惯性地用手搔了搔头皮，然后才开始解释。谈到价格时，张经理希望再优惠一些，金先生回答："我们经理说了，这是最低价格，一分也不能再降了。"张经理沉默了半天没有开口。金先生却有点沉不住气，不由自主地拉松领带，眼睛盯着张经理，张经理皱了皱眉，托辞离开了办公室，只剩下金先生一个人。金先生等了一会，感到无聊，便非常随便地抄起办公桌上的电话，同一个朋友闲谈起来。这时，门被推开，进来的却不是张经理，而是办公室秘书。

问题：请结合案例分析，金先生的生意没有谈成的礼仪缺陷有哪些？

任务一　认知公共关系礼仪

一、公共关系礼仪的概念

"礼仪"一词，在西方源于法语"Etiquette"，原意是指法庭上的通行证，上面写着进入法庭的每一个人必需遵守的行为规范。而随着它进入英语，渐渐发展，这个词就有了"礼仪"的含义，引伸为"人际交往的通行证"。

在我国"礼"之名，起于事神，是来源于敬颂天神，祭祀上天的活动。在进入文明社会以后，礼仪活动从原来的敬神活动渐渐发展开来，成为人与人相互尊重，相互表达敬意的活动，开始在上流社会渐渐发展，最后传播到民间。

简单地说，礼，即礼节，礼貌；仪，既仪表，仪态，仪容，仪式等。礼仪就是人们在社会的各种具体交往中，为了互相尊重，在仪表、仪态、仪式、仪容、言谈举止等方面约定俗称的、共同认可的规范和程序。

公共关系礼仪是社会组织的公关工作人员或其他人员在公关活动中，为了塑造个人和组织的良好形象而应当遵循的尊重他人、讲究礼节和注重仪表、仪态、仪容、仪式等的规范或程序。

二、公共关系礼仪的作用

第一，公关礼仪对于塑造个人自身形象与公司形象都起到积极作用。

第二，公关礼仪起到了工作开展中的媒介作用。

第三，公关礼仪对于商务谈判、个人交流、公司开展合作都起到了联络感情的纽带作用。

第四，公关礼仪有利于增加互信互爱的关系，增进友谊。在恰当的场合使用适当的公关礼仪将有助于合作的进行。

第五，公关礼仪有利于健全公司领导与管理机制，维持公司稳定协调发展。因此，开展公关礼仪培训工作、培养和训练员工掌握公关礼仪技巧将有利于公司形象的树立、日常工作的顺利开展与公司的发展。

三、公共关系礼仪的原则

1. 尊重公众原则　公共关系礼仪最根本的原则就是对公众的尊敬。只有尊重公众，才能很好地与公众沟通，赢得公众的理解、信任和支持，达到组织的公关目标。

2. 公平对等原则　在公共关系工作中平等的对待一切公众，是搞好公关工作的前提。

3. 身份差异原则　在实际公共关系工作中公平对等原则是相对的，还要考虑一些差异性，例如外事礼宾差异、地位的差异、性别的差异、女士优先等。

4. 从简实效原则　在实际的公关活动中，要本着古为今用、洋为中用的原则，去除繁文缛节，礼宾教条，使公关礼仪更好地为个人和组织服务。

5. 适中原则　在公关交往中的各种礼仪都要遵循一定的规范或约定俗成的惯例，自然得体，恰到好处。

四、公关人员的礼仪修养

（一）礼仪修养的含义

所谓修养就是人们在思想、理论、知识、艺术等方面进行不断的自我教育、自我学习和自我实践，从而逐渐养成高尚的品质，正确的待人处世态度和完善的行为规范。

礼仪修养就是指个体在一定的社会风气和道德环境下，为了达到一定的社交目标，在交往实践中不断适应交往双方所共同认知的礼仪规范，对交际对象充分尊重，并结合自身的实际情况，进行不断的锻炼和改造，从而形成的良好的礼仪品质和礼仪意识。从个人修养的角度看，礼仪修养是一个自我认识、自我养成、自我提高的过程，是通过有意识的借鉴、仿效、学习和积累而逐步形成的，是要有高度自觉性的。只有把礼仪修养看作是自身素质不可或缺的一部分，看作事业发展的基础，看作完美人格的组成，才能真正地形成自觉意识和主动性。良好的礼仪修养，必然以高尚的道德情操为前提、基础和依据，道德品质的修炼是礼仪修养的根基。

公共关系礼仪修养就是指为了塑造组织和自身的良好形象，公共关系人员对于自己在公关场合应遵守的公关礼仪规范自觉认识、自觉遵守、自觉提高与完善的过程。现代社会生活中，社会组织与公众之间、组织与组织之间、公众与公众之间以及人与人之间的交往活动日益频繁，公关人员在组织的公关活动中扮演了重要的角色，发挥着重要的作用。公关人员必须全面提高自身的素质水平，加强修养，从塑造良好的个体形象着手进而担负起塑造良好的组织形象的重任。

（二）公关礼仪修养的特征

俗话说"相由心生"。礼仪修养是人内在的思想、道德、文化的反映和折射。良好的公共关系礼仪修养，在很大程度上取决于公关人员的思想境界、道德情操和文化素养等内在品质，外化成为优雅的礼仪行为。有些公关人员尽管遵循礼仪规范，但却给人一种"做作"、"虚情假意"的感觉，究其原因，可以归结为他们只注重了对公关礼仪的认知，而没有将礼仪内化为自己的修养。

拓展阅读

商务礼仪 3A 原则

3A 原则——商务礼仪的立足之本，由美国的布吉尼提出，强调处理人际关系应重视三方面，即 3A：

☆ Accept 接受对方：宽以待人，如服务行业讲"客人永远是对的"。

☆ Appreciate 重视对方：不提缺点，善于使用尊称，并记住对方。

☆ Admire 赞美对方：要善于发现并善于欣赏对方的长处。

公共关系礼仪修养是一个长期的积累过程，具有高度的自觉能动性和客观的发展规律。根据公关人员在公关实践中的体验，可以总结出公共关系礼仪修养具有如下特征。

1. 同时性 公关礼仪修养包括文化修养、审美修养、道德修养、心理素质修养、行为修养、礼仪品质修养。这些要素不是彼此孤立、互不相干的。在公共关系实践中，这些要素同时起作用，才能达到公共关系活动的目标。

2. 多端性 由于个体的认知水平，生活环境、社会阅历、学术背景等存在差异，个体对礼仪的认知、理解和应用上存在差异，因而公关人员的礼仪修养就形成了个体独有的特征。同时从整个社会来看，由于交往关系是错综复杂的，因而在交往过程中碰到的礼仪问题就呈现复杂的状况。比如，国内的礼仪规范与国际礼仪规范之间就存在着诸多差别，这些差别决定了公关人员的礼仪修养具有多端性。

3. 重复性 公关人员的行为举止要符合礼仪规范，必须经过长期反复的学习和实践，才能达到对言谈举止规范的认知。只有通过多次重复实践，才能达到对公关礼仪行为自觉化的程度，最后内化为一定的公关礼仪品质。

4. 实践性 首先，增强公关礼仪修养，必须将认知的公关礼仪知识付诸实践，即是靠自己亲力亲为，在实践中不断形成适合自身气质的行为举止，养成习惯，并在实践中不断提高。其次，公关礼仪修养必须适应社会实践的客观状况和客观要求。不同时代、不同社会对于礼仪的要求是有差别的。

5. 渐进性 任何人的礼仪水平从根本上说都是通过不断的努力，循序渐进，逐步提高的过程。公关礼仪修养的培育是从身边的点滴小事做起，通过立志、明理、省察、强志、慎染、力行，寓礼仪精神于细微之中，然后逐步扩展，最后使礼仪与自身达到完美结合，成为一个时时、处处都彰显礼仪文明的人。

（三）公关礼仪行为修养

1. 真诚　交往时，待人要真心诚意，心口如一。待人真诚的人，也会得到别人的信任。表里不一、口是心非，缺乏诚意的人，即使在礼仪形式上做得无可指责，最终还是得不到他人的信任，使交往难以继续。

2. 热情　热情会使人感到亲切、温暖，从而缩短与他人的感情距离，使人愿意接近、交往。但热情过分，会使人感到虚情假意，因而有所戒备，无意中筑起一道心理防线。过分的吹捧语言、勉强他人吃饭喝酒，会使人不堪分担，陷于难堪。而交往时冷冰冰，就使人难以接近，甚至产生误解。

3. 温和　温和的人，说话和气，一般比较有耐性，待人不严厉、不急躁、不粗暴。这样的人，态度亲切，乐意听取他人的意见，有事能与他人商量，容易同他人建立亲近的关系。公关交往中需要这种性格。温和不能唯唯诺诺，过分顺从，缺乏个性和主见，否则会令人轻视，不利于交际。

4. 宽容　公共关系人员与各种公众、不同思想性格的人打交道，要处理各种各样的问题。对对方的误解、无理，要有气量，宽大为怀；谅解他人的过失，允许别人与自己的不同，可以化解矛盾，赢得他人的敬重，有利于大局。

5. 大方　公共关系人员需要代表组织与社会人士联络沟通，参加各种社交活动，所以要讲究姿态和风度，稳重庄重，落落大方，举止自然。讲话、表演、道歉、走路等都要大方，表现出自信和成熟，使人感到你所代表的组织可敬重。

6. 幽默　公关人员应当争取交往中的位置。言谈幽默风趣，使他人觉得因为有了你而兴奋、活泼，并使人从你身上受到启发和鼓励。这样，你就会成为交往中的一个核心，他人乐于与你在一起，围在你的周围，有利于你开展有关工作。

总之，开展公共关系工作，应配备一些素质优良的公关人员。良好的公关礼仪修养，是公关人员优良素质的体现，也是做好公关工作的基础。

任务二　熟悉公共关系礼仪

一、公共关系个人礼仪

（一）仪容修饰

仪容，通常是指人的外观、外貌，其中的重点，则是指人的容貌。在人际交往中，每个人的仪容都会引起交往对象的特别关注，并将影响到对方对自己的整体评价。在个人的仪表问题之中，仪容是重点之中的重点。

1. 发型　发型应得体，保持适当长度，整洁、干净，不宜涂抹过多的头油、发胶，不应有头皮屑等。男性头发前不盖眉，侧不掩耳，后不及领。女性根据年龄、职业、场合的不同，梳理得当。披肩发要整齐，不要看上去没有经过梳理。不要留怪异的发型，头发刘海不要长过眉毛，挡住眼睛。

2. 面部　面部应保持清爽。男性宜每日剃须修面，注意鼻毛不要露在外面。女性宜淡妆修饰。注意保持口腔清洁。口味应保持清新，牙缝不要有食物残渣。口中无异味，嘴角无泡沫，会客时不嚼口香糖等食物。

3. 表情　健康的表情留给人们的印象是深刻的，它是优雅风度的重要组成部分。在与人交往过程中，表情应自然，做到目光温顺平和，嘴角略显笑意。与人交谈要时刻表示关注，始终保持微笑，肯定处微微点头；说话、交谈与对方视线应经常交流，每次 3 ~ 5 秒，其余时候应将视线保持在对方眼下方到嘴上方之间的任一位置。重要时刻，眼神尤其要与对方有交流。

目光运用过程中，要做到"散点柔视"，即应将目光柔和地照在别人的整个脸上，而不是聚焦于对方的眼睛。当双方沉默不语时，应将目光移开。一对多交流时，要用眼神关注到在座的每一个人。避免一些不良的眼神：天地型、紧盯型、游离型、溜号型。

4. 手部 在交际活动中，手占有重要的位置。接待客人时，我们通常以握手的礼节来表示对客人的欢迎，然后再伸出手递送名片等，客人总是先接触到我们的手，形成第一印象。通过观察手，可以判断出一个人的修养与卫生习惯，甚至对生活的态度。因此，应定期修剪指甲并保持手部洁净。女性在正式场合不宜涂抹浓艳的指甲油。

（二）服饰

意大利影星索菲亚·罗兰说："你的衣服往往表明你是哪一类人，它代表你的个性"。美国一位专家做过一次试验：他本人以不同的打扮出现在同一地点，当他身穿西服，以绅士模样出现时，无论是向他问路，还是问时间的人，大多彬彬有礼，而且对方看上去都是绅士阶层的人。当他打扮成无业游民时，接近他的多半是流浪汉，或来找火借烟的。衣着服饰往往代表一个人的修养身份，一般来说，自信、珍惜生活的人，衣着经常是美观整齐的，文化素养高的人，衣着经常是文雅端庄的。公关人员无论着什么服装，都应符合稳重大方，整齐清爽，干净利落的原则。

服装最好能配套，显得内行，有身份，档次高；服装颜色不要太鲜艳，太鲜艳的色彩会使人紧张。冬季颜色要深些，夏季颜色浅些；服装大小要合体；不可穿轻佻或过分暴露的服装。

1. 男士着装 男士主要的商务正装是"西装"。

（1）穿西装的基本原则 ①三色原则。全身颜色不宜多于三种，力求太多反而难以达到协调统一的效果。最好是深色西装、白色衬衫、黑色袜子，领带的颜色最好与西装保持一致。②三一定律。鞋、包和腰带三个部位颜色保持一致，形成一个主色调，体现正规性，首选黑色。③三大禁忌。一是穿新西装未拆除袖口上的商标；二是穿休闲服配领带（穿夹克/短袖衬衫配领带）；三是穿深色皮鞋配浅色袜子（特别是白色袜子）。

（2）男士着装应注意的细节 ①西装的衣袋、裤袋不要装东西。永远不要把手插在西服上衣的两侧口袋，这被认为没有教养。②衬衫特别要注意清洁，领子、袖子要干净。③根据衬衫来挑选领带的颜色，注意色彩的搭配。打好的领带长度到腰带上面就可以了，不能长于腰带。④领带夹的位置放在衬衫从上往下数的第四粒纽扣处或领结下 3/5 处为宜，西装上衣系上扣子后，领带夹应当看不见。⑤袜子的颜色应比西裤的颜色深。最简单的规则：选用黑袜子是绝对不会有问题的。关键要买长的袜子，抬腿坐时，不应该让人看到腿上的皮肤，无论是坐着或腿放下来的时候，从裤子到袜子到鞋，连起来都应该是看不到腿的。这个穿法在冬天和夏天是一样的。只有在休闲的场合才穿白色的袜子。白色的运动短袜适合于休闲鞋、胶底运动鞋或慢跑鞋，一般不与黑色或棕色的皮鞋搭配。⑥最容易与腰带、衣服搭配的鞋子是黑颜色的。要注意鞋子的清洁，闪亮的皮鞋给人以专业、整齐的感觉。⑦腰间忌挂东西。一个有品位的人，在大庭广众之前，腰上是不挂任何东西的。

2. 女士着装 对女性来讲，套装和连衣裙是比较正式的礼服，可以选择深颜色的套装，以给人稳重大方之感。不要穿过短的裙子、暴露的上衣。

（1）套裙的穿着　女士穿的套裙是西装套裙的简称。上身为一件女士西装，下身是半截式的裙子。女士只要一穿上套裙就会显得与众不同，展示女性的精明、干练和成熟。女士的套裙的颜色可以丰富一些，而且上下衣的颜色可以不一样。但是，套裙的全部颜色至多不超过两种。

套裙穿着时的三大禁忌：①不穿黑色皮裙。因为在国外，只有街头女郎才如此装扮，与欧美国家打交道时，是绝对不可以这样穿的。②裙、鞋、袜不搭配。鞋与袜子的颜色应该是相配的，一般是同属于一个色系，或者是黑色皮鞋与肉色袜子。③袜子不应该与裙子之间有太多的"空间"，即不要形成一段腿既没有袜子遮盖，也没有裙子遮盖的"三截腿"。

此外，袜子应该没有跳丝或漏洞，否则还不如不穿袜子。高统袜和连裤袜为套裙的标准搭配。

拓展阅读

公关人员日常着装　"五忌"

☆ 忌露。公关人员不是演艺界人士，工作与外出时，着装不能露出肚脐、脊背等。

☆ 忌透。衣服再薄、天气再热，也不能使内衣、背心等若隐若现，时髦的"透视装"绝不适合公关人员，仿效某些时尚人士"内衣外穿"对公关人员来说也是不可取的。

☆ 忌紧。制服过于紧身，让内衣、内裤的轮廓在外显露，是既不文雅也不庄重的，与公关人员的身份不符。

☆ 忌异。公关人员不是时装模特，不能过分新奇古怪与标新立异。

☆ 忌乱。公关人员在正式场合卷袖子、敞扣子，着装颜色过乱，饰物过多，衣服脏、破、皱，不烫不熨，衣服布满油垢、污渍，都会影响个人和组织的形象，必须避免。

（2）化妆和佩戴首饰　在工作场合，既不可以不化妆，也不可以化浓妆。化妆的最后效果应该是给人"妆成有却无"的感觉。唇彩的颜色与服装的颜色要搭配。不要当众化妆、补妆，不借用别人的化妆品。

就佩饰而言以少为佳、符合身份。商务人员一般不戴或戴少一点的首饰。一般情况下，佩戴首饰不应超过三种，每种不宜多于两件。不配戴太多饰品或配件，大戒指、手镯绝对禁止；可佩戴某种能代表公司的标记或穿与药品印象相符的衣服，以加深客户对公司的印象和药品的联想。

（三）仪态礼仪

人际交往中，人的感情流露和交流往往借助于人体的各种姿态，这就是我们常说的"体态语言"。体态又称举止，是指人的行为动作和表情，日常生活中的站、坐、走的姿态，一举手一投足，一颦一笑都可以称为举止。"站如松，坐如钟，行如风，卧如弓"。也就是说坐立行，应当坐有坐相，站有站态，走有走姿。体态与人的风度密切相关，是构成人们特有风度的主要方面。体态是一种不说话的"语言"，是内涵极为丰富的语言。举止的高雅得体与否，直接反映出人的内在素养；举止的规范到位与否，直接影响他人对自己的印象和评价。"行为举止是心灵的外衣",它不仅反映一个人的外表,也可以反映一个人的品格和精神气质。有些人尽管相貌一般,甚至有生理缺陷,但举止端庄文雅、落落大方,也能给人以深刻良好的印象,获得他人的好感。

1. 站姿 站立是人们生活交往中的一种最基本的举止,是生活静力造型的动作。优美而典雅的造型,是优雅举止的基础。男士要求"站如松",刚毅洒脱;女士则应秀雅优美,亭亭玉立,如图 8-1。

2. 坐姿 坐是举止的主要内容之一,无论是伏案学习、参加会议,还是会客交谈、娱乐休息都离不开坐。坐,作为一种举止,有着美与丑、优雅与粗俗之分。坐姿要求"坐如钟",指人的坐姿像座钟般端直,当然这里的端直指上体的端直(图 8-2)。优美的坐姿让人觉得安详、舒适、端正、舒展大方。坐姿的基本要求如下。

图 8-1 女士基本站姿示意图   图 8-2 女性坐姿

(1)入座时要轻、稳、缓。走到座位前,转身后轻稳地坐下。女士入座时,若是裙装,应用手将裙子稍稍拢一下,不要坐下后再拉拽衣裙。正式场合一般从椅子的左边入座,离座时也要从椅子左边离开,这是一种礼貌。女士入座尤要娴雅、文静、柔美。如果椅子位置不合适,需要挪动椅子的位置,应当先把椅子移至欲就座处,然后入座。坐在椅子上移动位置,是有违社交礼仪的。

(2)神态从容自如(嘴唇微闭,下颌微收,面容平和自然)。

(3)双肩平正放松,两臂自然弯曲放在腿上,亦可放在椅子或是沙发扶手上,以自然得体为宜,掌心向下。

(4)坐在椅子上,要立腰、挺胸,上体自然挺直。

(5)双膝自然并拢,双腿正放或侧放,双脚并拢或交叠或成小"V"字形。男士两膝间可分开一拳左右的距离,脚态可取小八字步或稍分开,以显自然洒脱之美,但不可尽情打开腿脚,那样会显得粗俗和傲慢。

(6)坐在椅子上,应至少坐满椅子的 2/3,宽座沙发则至少坐 1/2。落座后至少 10 分钟左右时间不要靠椅背。时间久了,可轻靠椅背。

(7)谈话时应根据交谈者方位,将上体双膝侧转向交谈者,上身仍保持挺直,不要出现自卑、恭维、讨好的姿态。讲究礼仪要尊重别人但不能失去自尊。

(8)离座时,要自然稳当,右脚向后收半步,而后站起。

3. 走姿 走姿又称步态。走姿要求"行如风",是指人行走时,如风行水上,有一种轻快自然的美。走姿的基本要求应是从容、平稳的，应走出直线。

二、公共关系社交礼仪

（一）称呼礼仪

日常交往中正确称呼别人是起码的交往礼仪。称呼，也叫称谓，是对亲属、朋友、同事或其他有关人员的称呼。商务礼仪中的称呼是至关重要的，它是进一步交往的敲门砖。称呼的基本规范是要表现尊敬、亲切和文雅，使双方心灵沟通，感情融洽，缩短彼此之间的距离。

1. 称谓的种类和用法

（1）全姓名称谓　即直呼其姓和名，如"李大伟"、"刘建华"等。全姓名称谓有一种庄严感、严肃感。一般地说，在年纪、职务相差不大的情况下，可以直呼其名，但是，如果对方比你年长许多或职务相差较大的情况下，指名道姓地称呼对方是不礼貌的，甚至是粗鲁的。

（2）名称称谓　即省去姓氏，只呼其名字，如"大伟"、"建华"等，这样称呼显得既礼貌又亲切，运用场合比较广泛。

（3）姓名加修饰称谓：即在姓之前加一修饰字，如"老李"、"小刘"、"大张红"、"小张红"等，这种称呼亲切、真挚。一般用于在一起工作和生活中相互比较熟悉的同事之间。

（4）职务称谓　职务称谓就是用所担任的职务作称呼。这种称谓方式，古已有之，目的是不称呼其姓名、字号，以表尊敬、爱戴，如诸葛亮因是蜀国丞相而被称"诸葛丞相"。现在人们用职务称谓的现象已相当普遍，目的也是为了表示对对方的尊敬和礼貌。主要有两种形式：第一，用职务称呼，如"李局长"、"陈科长"、"张院长"等。第二，用专业技术职务称呼，如"方教授"、"苏工程师"、"郑医师"等。

（5）政府机关称呼　目前国家部委机关一般分为部、司、处三级领导，省厅机关分为厅、处两级领导。为表示尊敬一般称呼为姓加职务，比如"李部长"、"张司长"、"刘厅长"、"吴处长"等。在机关职务称呼中，对姓"付"的正职领导一般都只称呼职务而不加姓，如姓"付"的正厅长只称呼"厅长"而不称呼"付厅长"或"付正厅长"，但是对姓"郑"的副职往往是一定要加上姓和职务，如姓"郑"的副处长一般称呼"郑处长"，而不称呼"郑副处长"。

（6）职业尊称　即用其从事的职业工作当作称谓，如"李律师"、"刘会计"等。除了姓名称呼还有用"您"和"你"。"您"和"你"有不同的界限，"您"用来称呼长辈、上级和熟识的人，以示尊重；而"你"用来称呼自家人、熟人、朋友、平辈、晚辈和儿童，表示亲切、友好和随便。

2. 称呼的禁忌

（1）错误的称呼　常见的错误称呼无非就是误读或是误会。误读也就是念错姓名。为了避免这种情况的发生，对于不认识的字，事先要有所准备；如果是临时遇到，就要谦虚请教。误会，主要是对被称呼者的年纪、辈份、婚否以及与其他人的关系作出了错误判断。

（2）用不通行的称呼　有些称呼，具有一定的地域性，比如山东人喜欢称呼"伙计"，但南方人听来"伙计"肯定是"打工仔"。中国人把配偶经常称为"爱人"，而外国人认为，"爱人"是"第三者"的意思。

（3）使用庸俗的称呼　有些称呼在正式场合不适合使用。例如，"兄弟"、"哥们儿"等一类的称呼，虽然听起来亲切，但显得档次不高。

（4）称呼外号　对于关系一般的，不要自作主张给对方起外号，更不能用道听途说来的外号称呼对方，也不能随便拿别人的姓名乱开玩笑。

（二）介绍礼仪

他人介绍，又称第三者介绍，是为彼此不相识的双方引见、介绍的一种交际方式。他人介绍，通常是双向的，即对被介绍的双方各自作一番介绍。有时，也会进行单向的他人介绍。为他人做介绍，需要把握下列要点。

1. 介绍的顺序　在为他人作介绍时谁先谁后，是一个比较敏感的礼仪头号问题。根据商务礼仪规范，在处理为他人做介绍的问题上，必须遵守"尊者优先了解情况"规则。先要确定双方地位的尊卑，然后先介绍位卑者，后介绍位尊者。根据规则，为他人作介绍时的礼仪顺序大致有以下几种。

（1）介绍上级与下级认识时，先介绍下级，后介绍上级。

（2）介绍长辈与晚辈认识时，应先介绍晚辈，后介绍长辈。

（3）介绍年长者与年幼者认识时，应先介绍年幼者，后介绍年长者。

（4）介绍女士与男士认识时，应先介绍男士，后介绍女士。

（5）介绍已婚者与未婚者认识时，应先介绍未婚者，后介绍已婚者。

（6）介绍同事、朋友与家人认识时，应先介绍家人，后介绍同事、朋友。

（7）介绍客人和主人认识时，应先介绍主人，后介绍客人。

（8）介绍与会先到者与后来者认识时，应先介绍后来者，后介绍先到者。

2. 掌握介绍的方式　由于实际需用的不同，为他人作介绍时的方式也不尽相同。

（1）一般式　也称标准式，以介绍双方的姓名、单位、职务等为主，适用于正式场合。如："请允许我来为两位引见一下。这位是雅秀公司营销部主任李小姐，这位是新河集团副总江嫣小姐。"

（2）简单式　只介绍双方姓名一项，甚至只提到双方姓氏而已，适用一般的社交场合。如："我来为大家介绍一下，这位是谢总，这位是徐董。希望大家合作愉快。"

（3）附加式　也可以叫强调式，用于强调其中一位被介绍者与介绍者之间的关系，以期引起另一位被介绍者的重视。如："大家好！这位是新月公司的业务主管张先生，这是小儿刘放，请各位多多关照。"

（4）引见式　介绍者所要做的，是将被介绍的双方引到一起即可，适用于普通场合。如："OK，两位认识一下吧。大家其实都曾经在一个公司共事，只是不在一个部门。接下来的，请自己说吧。"

（5）推荐式　介绍者经过精心准备再将某人举荐给某人，介绍时通常会对前者的优点加以重点介绍。通常，适用于比较正规的场合。如："这位是张峰先生，这位是海天公司的赵海天董事长。张先生是经济博士，管理学专家。赵总，我想您一定有兴趣和他聊聊吧。"

（6）礼仪式　是一种最为正规的他人介绍，适用于正式场合。其语气、表达、称呼上都更为规范和谦恭。如："孙小姐，您好！请允许我把北京远方公司的执行总裁李放先生介绍给你。李先生，这位就是广东润发集团的人力资源经理孙晓小姐。"

3. 注意介绍时的细节　在介绍他人时，介绍者与被介绍者都要注意一些细节。

（1）介绍者要注意自己的姿态：作为介绍者，无论介绍哪一方，都应手势动作文雅，手心向上，四指并拢，拇指微张，胳膊略向外伸，指向被介绍的一方，并向另一方点头微笑，上体略前倾，手臂与身体约50~60度。在介绍一方时，应微笑着用自己的视线把另一方的注意力引导过来。态度热情友好，语言清晰明快。

（2）介绍应语言明快，脉络清楚，忌啰嗦。介绍他人时最好加上尊称或者职务，如先生、夫人、博士、经理、律师等。

（3）介绍者为被介绍者作介绍之前，要先征求双方被介绍者的意见。被介绍者在介绍者询问自己是否有意认识某人时，一般应欣然表示接受。如果实在不愿意，应向介绍者说明缘由，取得谅解。

（4）当介绍者走上前来为被介绍者进行介绍时，被介绍者双方均应起身站立，面带微笑，大大方方地目视介绍者或者对方。女士、长者有时可不用站起。宴会、谈判会，略略欠身致意即可。

（5）介绍者介绍完毕，被介绍者双方应依照合乎礼仪的顺序进行握手，并且彼此使用"您好"、"很高兴认识您"、"久仰大名"、"幸会"等语句问候对方。不要心不在焉，要用心记住对方名字，以免造成尴尬。

（6）如果其中有媒体人士，要清楚地告知对方。这一点在比较敏感的人群中要格外注意。

（7）介绍过程中如果有个别的失误，不要回避，自然、幽默地及时更正是明智、从容的表现。

（三）握手礼仪

握手在日常生活中，是一种常用的礼节方式，不仅常用在人们见面和告辞时，更可作为一种祝贺、感谢或相互鼓励的表示。握手看似简单，但却是沟通、交流、增进人际交往的重要手段。

1. 握手的正确姿态　距离对方约一步左右，两足立正，上身微微前倾，面带微笑，伸出右手握住对方的右手。伸出的右手应四指并拢，拇指自然向上张开，紧握住对方的手，伸出手时稍带角度，双方虎口应互相接触（图8-3）。握手要坚定有力，上下摇晃两至三下即可。握手时间应以3~5秒为好，如果要表示自己的真诚，也可较长时间握手。最好边握手边问候致意："你好!"、"欢迎您!"、"见到你很高兴!"等等。强调一点，与女士握手时间不宜过长，握住女士的手不放，是很不礼貌的。

图8-3　握手示意图

2. 握手的顺序　在社交场合，握手时伸手的先后顺序讲究颇多，一般握手的顺序是等女士、长辈、已婚者、职位高者伸出手来之后，男士、晚辈、未婚者、职位低者方可伸出手去呼应。而朋友和平辈之间则不用计较谁先伸手，一般谁伸手快，谁更为有礼。另外，在祝贺对方、宽慰对方，或表示谅解对方的场合下，应主动向对方伸手。

在公共场合，如果需要与之握手的人士较多，应注意握手的顺序，先同性后异性，先长辈后晚辈，先已婚者后未婚者，先职位高者后职位低者。也可以由近及远地依次与之握手。需要提醒的一点是，男士和女士之间，绝不能男士先伸手，这样不但失礼，而且还有占人便宜的嫌疑。

3. 握手的时间和力度　握手的力量、姿势与时间的长短往往能够表现握手人对对方的不同礼节与态度，应该根据不同的场合以及对方的年龄、性格、地位等因素正确使用。

（1）握手的时间　握手的时间要恰当，长短要因人而异。握手时间的控制可根据双方的熟悉程度灵活掌握。初次见面握手时间不宜过长，以3秒钟为宜。切忌握住异性的手久久不松开，与同性握手的时间也不宜过长，以免对方欲罢不能。

（2）握手的力度　握手时的力度要适当，可握得稍紧些，以示热情，但不可太用力。男士握女士的手应轻一些，不宜握满全手，只握其手指部位即可。如果下级或晚辈与你的手紧紧相握，作为上级和长辈一般也应报以相同的力度，这容易使晚辈或下级对自己产生强烈的信任感，也可以使威望、感召力在晚辈或下级之中得到提高。与老人、贵宾、上级握手，不仅是为了表示问候，还有尊敬之意。

（四）名片使用礼仪

名片是现代社会一个人身份的象征，是人们社交活动的重要工具。因此，个人名片的设计、名片的递送、接受、存放也要讲究社交礼仪。

1. 名片的内容和分类　名片是推销必备的工具之一，一张形象效果俱佳的名片应包括以下几项内容：①公司标志，商标或公司的徽记；②姓名、职务、公司名称；③公司地址、电话号码、传真号码；④若有必要，可印上其他办事处的地址；⑤在涉外交往中一定要用两种语言印制名片，一面用中文，另一面用当地语言。

拓展阅读

交换名片的四种标准化做法

☆ 交易法：主动将名片给对方。

☆ 激将法：递名片时说："能否有幸和您交换一下名片?"

☆ 谦恭法："不知道以后如何向您请教?"

☆ 平等法："认识你很荣幸，不知道以后怎么和你联系?"

---

2. 名片的递送和接受

（1）名片的递送　交换名片的顺序一般是：客先主后；身份低者先，身份高者后。当与多人交换名片时，应依照职位高低的顺序，或是由近及远，依次进行，切勿跳跃式地进行，以免对方误认为有厚此薄彼之感。递送时应将名片正面面向对方，双手奉上，如图8－4。眼睛应注视对方，面带微笑，并大方地说："这是我的名片，请多多关照。"

图8－4　名片递送示意图

（2）名片的接受　接受名片时应起身，面带微笑注视对方。接过名片时应说："谢谢"，随后有一个微笑阅读名片的过程，阅读时可将对方的姓名职衔念出声来，并抬头看看对方的脸，使对方产生一种受重视的满足感。然后，回敬一张本人的名片，如身上未带名片，应向对方表示歉意。

3. 名片的存放　不论是自己的名片还是他人的名片，都不要随便地塞在口袋里或丢在包里，尤其不可放在裤子后边的口袋里。名片最好装入名片夹放在上衣左边贴胸的口袋或公事包里，以示尊重。

（五）电话礼仪

电话是被现代人公认为便利的通讯工具，在日常工作中，使用电话的语言很关键，它直接影响着一个公司的声誉；在日常生活中，人们通过电话也能粗略判断对方的人品、性格。因而，掌握正确的、礼貌待人的打电话方法是非常必要的。看起来打电话很容易，其实不然，打电话大有讲究，可以说是一门学问、一门艺术。

1. 打电话的礼仪

（1）拿起话筒前，应先做好准备工作：本、笔、对方号码、谈话主要内容。

（2）电话的开头语会直接影响顾客对你的态度、看法。通电话时要注意尽量使用礼貌用词，如"您好"、"请"、"谢谢"、"麻烦您"等等。打电话时，姿势要端正，说话态度要和蔼，语言要清晰，既不装腔作势，也不娇声娇气。打电话时所使用的语言，应当礼貌而谦恭，力求简短准确，关键部分要重复一遍。一般来讲时间一长，对方会不耐烦，效果不一定就好。

（3）打电话时，应礼貌地询问："现在说话方便吗？"要考虑对方的时间，一般往家中打电话，以晚餐以后或休息日下午为好，往办公室打电话，以上午十点左右或下午上班以后为好。也就是打电话应选在对方方便的时间，吃饭时间、早7点以前，午休时间、晚10点以后，一般不宜打电话。

（4）打电话时，如果对方没有离开，不要和他人谈笑，也不要用手捂住听筒与他人谈话，如果不得已，要向对方道歉，请其稍候，或者过一会儿再与对方通电话。

（5）挂电话前的礼貌也不应忽视。挂电话前，向对方说声："请您多多指教"、"抱歉，在百忙中打扰您"等等，会给对方留下好印象。

（6）办公场合尽量不要打私人电话，若在办公室里接到私人电话时，尽量缩短通话时间，以免影响其他人工作和损害自身的职业形象。

（7）打电话时最好双手持握话筒。讲话时，嘴部与话筒之间应保持3厘米左右的距离。

（8）无论什么原因，电话中断，首先打电话的人应该再拨。

2. 接电话的礼仪

（1）电话铃响两遍就接，不要拖时间。拿起听筒第一句话先说"您好"。如果电话铃响过四遍后，拿起听筒应向对方说："对不起，让您久等了"，这是礼貌的表示，可消除久等心情的不快。如果电话内容比较重要，应做好电话记录。

（2）接电话时，要注意自己的语言和语气。在通话途中，不要对着话筒打哈欠，或是吃东西。也不要同时与其他人闲聊，通话时注意背景不要太吵。结束通话时，应认真地道别。在接待外来的电话时，理当一律给予同等的待遇，不卑不亢，无论对方是生人还是熟人，均应热情相待，让对方在电话里感到一张微笑的脸，绝不可冷言冷语，或简单地说："不在"，"不知道"，甚至表现出极不耐烦的样子，气急败坏地扔下话筒。

（3）如对方找人，说"请稍候"，"您等一下"；如对方找的人不在，应告诉去了什么地方，何时回来，不要随便传话以免不必要的麻烦，如必要，可记下其电话、姓名、以便回电话。

（4）要学会配合别人谈话。接电话时为了表示认真听对方说话，应不断地说："是，是"、"好，好吧"等，一定要用得恰到好处，否则会适得其反。要根据对方的身份、年龄、场合等具体情况，应付方式各异。

（5）在接电话时，要注意代接电话时的态度。有可能亲自接的电话，就不要麻烦别人。

（6）打长途电话给别人请求帮助，正好对方不在，应该选合适的时间再打去，最好不要让对方回电话；当别人给你打电话时，有礼貌的做法是当天回电话给对方。

3. 挂电话的顺序 通话完毕，挂电话声音不要太响，以免让人产生粗鲁无礼之感。不要对方话音未落，就挂断电话。一般挂电话的顺序遵循以下原则：①地位高者先挂（上级先挂）；②客户先挂；③上级机关人员先挂；④平等之间，主叫先挂，被叫后挂。

（六）接待礼仪

1. 引导访客

（1）迎接客户的三阶段行礼　我们国内通行的三阶段行礼包括 15 度、30 度和 45 度的鞠躬行礼。15 度的鞠躬行礼是指打招呼，表示轻微寒暄；30 度的鞠躬行礼是敬礼，表示一般寒暄；45 度的鞠躬行礼是最高规格的敬礼，表达深切的敬意。

在行礼过程中，不要低头，要弯下腰，但绝不能看到自己的脚尖；要尽量举动自然，令人舒适；切忌用下巴跟人问好。

（2）引导手势要优雅　接待人员在引导访客的时候要注意引导的手势。

男性引导人员的正确手势应该是——当访客进来的时候你只需要行个礼，鞠个躬，当你的手伸出的时候，眼睛要随着手动，手的位置在哪里眼睛就跟着云哪里。千万不要口中说着"那里走"，手却指着不同的方向。

女性接待人员在做指引时，手要从腰边顺上来，视线随之过去，很明确地告诉访客正确的方位；当开始走动时，手就要放下来，否则会碰到其他过路的人，等到必须转弯的时候，需要再次打个手势告诉访客"对不起，我们这边要右转"。打手势时切忌五指张开或表现出软绵绵的无力感。

（3）注意危机提醒　在引导过程中要注意对访客进行危机提醒。比如，在引导访客转弯的时候，如果转弯处有一根柱子，这时就要提前对访客进行危机提醒；如果拐弯处有斜坡，你就要提前对访客说"请您注意，拐弯处有个斜坡"。对访客进行危机提醒，让其高高兴兴地进来、平平安安地离开，这是每一位接待人员的职责。

（4）行进中与客户擦身而过应打招呼　在行进中，如果跟客户即将擦身而过的时候，你应该往旁边靠一下，并轻松有礼地向他鞠个躬，同时说声"您好"。千万不要无视客户的存在，装作没看到客户。如果你能够在行进中向与你擦身而过的客户打个亲切招呼，客户会带着良好的心情去与你所在的公司进行交易，那么你就给公司间接地带来了利益。

（5）上下楼梯的引导方式　爬楼梯引导客户时，假设你是女性，穿的是短裙，那么你千万不要在引导客人上楼时自告奋勇"请跟我来"，因为差两个阶梯客户视线就会投射在你的臀部与大腿之间，此时，你要尽量真心诚意跟对方讲"对不起，我今天服装比较不方便，麻烦您先上楼，上了楼右转"，很明确地将正确方位告诉客户就可以了。

（6）开启会客室大门　会客室的门分为内开和外开，在打开内开的门时不要急着把手放开，这样会令后面的客户受伤；如果要开外开的门，就更要注意安全，一旦没有控制好门，很容易伤及客户的后脑勺。所以，开外开门时，你千万要用身体扣住门板，并做一个请的动作，当客户进去之后再随后将门轻轻地扣住。

2. 会客室安排　一般会客室离门口最远的地方是主宾的位子。假设某会议室对着门口有一个一字形的座位席，这些位子就是主管们的位子，而与门口成斜角线的位子就是主宾的位子，旁边是主宾的随从或者直属人员的位子，离门口最近的位子安排给年龄辈分比较低的员工。

会客室座位的安排除了遵照一般的情况，也要兼顾特殊。有些人位居高职，却不喜欢坐在主位，如果他坚持一定要坐在靠近门口的位子时，你要顺着他的意思，让客户自己去挑选他喜欢的位置，接下来你只要做好其他位子的顺应调整就好。

3. 奉茶礼仪　接待客户必不可少的一项服务就是奉茶。一名优秀的接待人员，一定要学会用合宜的方法为客户奉茶，通过奉茶的礼仪展现你个人乃至公司良好的专业素养。

接待客人时应依季节选择适合的茶饮。端茶时，在杯子下半段二分之一处，右手在上，左手在下托着茶杯，勿以手指拿捏杯缘。两杯以上要使用托盘端茶，在托盘内准备一张湿纸巾或干净的小毛巾，托盘勿置于前胸。搁茶杯时先将小拇指压在杯底再放杯，将茶杯搁置在客人方便拿取之处，咖啡杯应先将汤匙、糖包、奶油球放置在杯碟上再端给客人。要先给主宾和他的同事奉茶，最后给本公司的人员奉茶，空间不便时的奉茶法即依照顺时针的方向把茶水端给客人，最后是自己单位的人员。

4. 送客礼仪　不同的客户应享受不同的送客礼，虽然都是谦恭有礼，但是每个公司要根据实际情况的不同将客户送至不同的地点，从而也就需要不同的送客礼。一般来说，客户离开时都要享受"全员送客礼"，其他的主要送客礼还有电梯送客礼、玄关送客礼以及车旁送客礼。

（1）全员送客礼　全员送客礼一般发生在客户离开公司，经过一些办公室的时候。客户结束会谈将要走出公司时，必然要经过许多办公室。如果方客恰好经过你与其他员工办公的地方，你们只要看见访客就应该马上站起，将椅子推入桌下，每人都抬头看一下客户说一声"谢谢！再见！"，一定要力求做到"人人迎宾，人人送客"。这样的举动会带给客户宾至如归的感觉。

（2）电梯送客礼　若是将客户送到电梯口时，接待人员在电梯门关上之前，都要对客户注目相送，等电梯即将关上的一刹那挥手示意或做最后一次的鞠躬礼，并说声"谢谢，欢迎再次光临！再见！"

（3）玄关送客礼　接待人员如果要将客人送到门口，就要等到客人即将离开时做最后一次鞠躬，同时说声"谢谢，欢迎再次光临"，并目送客人的身影，直至消失不见才可返回自己的工作岗位。

（4）车旁送客礼　如果将客户一直送到他的车旁，一定不要忘了在将关车门的一刹那做最后一次鞠躬并说"谢谢，请注意行车安全"，然后目送车子离开，直至看不见车影才可离开。

（七）宴请礼仪

宴请是在社交活动中，尤其是在商务场合中表示欢迎、庆贺、饯行、答谢，以增进友谊和融洽气氛的重要手段。招待宴请活动的形式多样，礼仪繁杂，掌握其礼仪规范是十分重要的。

1. 宴请的准备

（1）确定宴会的目的与形式。

（2）确定宴会规格　宴会规格对礼仪效果的影响是十分明显的。宴会规格一般应考虑宴会出席者的最高身份、人数、目的、主人情况等因素。

（3）确定宴请时间和地点　一般来说，宴会时间不应与宾客工作、生活安排发生冲突，通常安排在晚上6～8点。同时还应注意宴请时间上要尽量避开对方的禁忌日。

（4）邀请　宴请对象、时间和地点确定后，应提前1～2周制作、分发请柬，以便被邀请的宾客有充分的时间对自己的行程进行安排。

2. 用餐方式　中餐的用餐方式，在此主要是指以哪一种具体形式用餐的问题。依据不同的划分标准，中餐的用餐方式可以有多种多样的划分。按规模划分，主要可以分为宴会、家宴和便餐三种常见方式；若按所用餐具划分，则有分餐式、公筷式、自助式、混餐式四种常见用餐方式。

一般在正式宴会上，多采用分餐式用餐形式。即一人一份，讲究用餐公平，体现用餐卫生。其他方式，大多不太苛求用餐礼仪，讲究较少，主要注意用餐时讲究基本社会公德，注意维护卫生、环境和秩序即可。切忌请西方人共同用餐时，采用"混餐式"用餐方式，即多人一道用餐时，主食和菜肴被置于公用的碗、盘之内，而由用餐者根据自己的口味嗜好，使用自己的餐具，直接从前者之中取用。

3. 时空选择 吃中餐，特别是举办正式的中餐宴会时，必须兼顾举办的具体时间和地点。"时空的选择"不是想当然的事。

（1）时间的选择 在时间上，要考虑民俗习惯、主随客便、控制用餐时间三方面。一般人们习惯在晚上邀请客人一同进餐；但也有特例，例如，在广东、海南、港澳等地，亲朋好友聚会，多爱"饮早茶"。为了显示诚意，主人应尽可能给客人多几个就餐时间的选择，体现"主随客便"。共同进餐时，时间长度的把握也要科学，一般1~2小时。

（2）空间的选择 在空间上，要考虑优雅的环境、良好的卫生、完备的设施、方便的交通四个方面。环境应尽量清静、优雅，保证卫生。就餐地点的设施要完备，保证人身安全；就餐地点，要选在交通发达、畅通之处。

4. 菜单安排

（1）点菜的礼规 点菜时，钱与食量都要量入为出，要吃饱、吃好，不要图虚荣、讲排场，让人讥笑。同时，不要对别人所点的菜挑三拣四，相互体谅是社交聚餐的首要原则。

上菜时，次序常常是：冷盘、热菜、主菜、点心、汤、水果拼盘。通常讲究：咸点心配咸汤，甜点心配甜汤。

（2）菜单的准备 准备菜单时，要注意可选菜肴和忌选菜肴两个问题。诸如特色菜、地方菜、看家菜都是首选的可选菜肴。选菜时，一定要回避进餐人的宗教禁忌、地方禁忌、职业禁忌和个人禁忌。

5. 席位安排 举办正式宴会，应当提前排定桌次和席次，或者只排定主桌席位，其他只排桌次。桌、席排次时，先定主桌主位，后排座位高低。

（1）桌次的安排 中式宴会通常8~12人一桌，人数较多时也可以平均分成几桌。在宴会不止一桌时，要安排桌次。其具体原则是：居中为上、以右为上、以远为上。按习惯，桌次的高低以离主桌位置远近而定。以主人的桌为基准，右高左低，近高远低；桌子之间的距离要适中，各个座位之间的距离要相等。

中式宴会多使用圆桌，如果是多桌中餐，则每桌都有一位主人或招待人负责照应，其两侧的座位是留给本桌上宾的。除非受到邀请，其余赴宴者也不宜去坐。

如果桌数较多时，则将排列序号放在各餐桌上。隆重的中餐还应为每位客人准备一份菜单。

（2）位次的安排 在国际交往场合和商务交际场合，中餐习惯于按职务和身份高低排列席位。具体原则是：右高左低，面门为上。

两人一同并排就坐，通常以右为上座，以左为下座。这是因为中餐上菜时多以顺时针方向为上菜方向，居右坐的因此要比居左坐的优先受到照顾。三人一同就坐用餐，坐在中间的人在位次上高于两侧的人。用餐的时候，按照礼仪惯例，面对正门者是上座，背对正门者是下座。座次安排见图8-5。

（八）拜访礼仪

1. 拜访的基本礼节 拜访客户时，一定要遵守礼节、尊重客户，不能在客户面前表现得随随便便。一定要按照以下基本礼节去拜访客户。

（1）事先约定拜访时间 约定拜访时间是拜访的第一步，约定强调的是不能贸然拜访，而是要依约前往。在与客户约定时间时，要以客户的时间为准，要在客户方便的时候进行拜访，这样可以充分体现出对客户的尊重之情，会在未见面时就先给客户留下较好的印象。

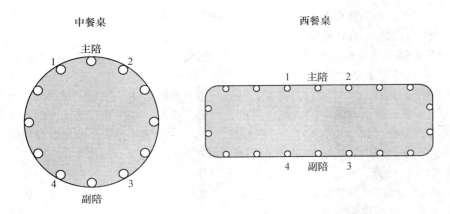

图 8-5　位次安排示意图

（2）备妥资料及名片　在进入访客所定地点之前，要做好以下的自我检查工作：首先，重新确认是否遗漏了任何在谈话中可能涉及到的资料；接着确认资料摆放的顺序在出示时是否方便；最后确认名片是否准备妥当。

（3）注意仪容形象的修饰　拜访客户还要注意仪容的修饰，衣着要大方得体，要表现出良好的精神风貌。特别需要强调的是对头发的修饰，不要让刘海遮住眼睛，最好用发胶稍微把它固定一下；切忌用手玩弄发丝，否则会给客户留下不稳重的印象。

（4）遵守时间观念　与客户见面最忌讳的事情之一就是迟到。一定要遵守约定的时间，千万不要迟到，一定要准时到达所定地点。

（5）谦恭有礼的谈话技巧　与客户交谈要在谦恭有礼的前提下注意谈话技巧。若你的讲话让客户听得很舒服，那么他与你谈话的欲望就会比较高；如果你对客户言谈无礼或是说话空洞无味，对方就会对你产生厌烦心理，就会提早结束与你的谈话。所以，平时要多多练习说话的技巧，在不违反原则的情况下，尽量做到随时说好话，会说话。

2. 拜访的合宜时间　拜访客户需要选择以下的合宜时间：首先，要选择客户心情很好的时候；其次，要选择客户不太忙碌的时间；要避免在刚上班的时间、午休或下班前去拜访客户，尤其不要在下班前去拜访客户，因为你的这种莽撞行为可能会耽误客户需要办理的私事；客户工作告一段落的时间是你前去拜访的一个最佳时段，因为在这个时段客户比较放松，往往能够和你坐下来好好交谈。

3. 商务车次安排　在普通小轿车和吉普车的车次安排中，主宾一般都坐在离主人较近、容易上下车的地方；9人以下的小客车在车次安排中，主宾坐在以中排靠近右车门旁边的座位；而在游览车的车次安排中，主宾则坐在驾驶座后面第一排右侧的第一个座位上。由此可见，若商务车类型不同，主宾的座位安排也要做出相应调整。所以，接待人员一定要事先了解自己引导的客户将要乘坐的是哪种类型的车，然后才能正确地将客户引导至恰当的位置。

4. 拜访注意事项

（1）拜访客户要非礼勿听、勿视、勿动　千万不要一看到客户与其他人交谈，耳朵就竖起来；未经客户允许，就私自翻阅客户资料；不要触动客户的任何东西，包括电子用品，尤其是电脑，因为电脑中可能会存有机密性的资料，而且你的触动很可能将其中的档案和程序弄乱。

（2）保持正确坐姿　拜访客户与客户交谈时，一定要保持正确的坐姿，要坐有坐相。

男性和女性有不同的坐姿要求。当男性在与客户谈话的时候，应使两膝平整；两膝分开1～2个拳头的距离；两脚垂直向下；两手轻轻放在膝上，使脚尖与脚跟齐平一致。

当女性在与客户谈话时，背不要靠紧座背，要保持一个拳头的距离，挺起脊背，两手在膝上轻轻地重叠；脚要使之成为同一方向；把靠内侧的腿稍微向后略偏，看起来会显得很漂亮。

（3）感谢接待的人员　拜访结束，当你要离开时，千万别忘了真心诚意地跟客户说"感谢你们！感谢你们今天的招待！耽误你们的时间了！"。感谢客户时，切忌使用过于夸张的语言动作，否则就会适得其反。

（4）拜访时间勿太长　拜访客户还要注意控制拜访时间，不要在客户那里逗留太久，一般性的拜访最好控制在15分钟左右。如果拜访时间过长，很可能会耽误对方的其他事情，所以要适可而止。

（5）肢体语言要得体　肢体语言要得体，不可过于夸张。通常要求肢体语言的动作幅度不要高过头，不可宽于肩。高过头时动作太夸张，宽于肩时，旁边如果坐着别人，就会打到别人。离开时，双手放在腹部，真心诚意地鞠个躬向主人表示感谢。

总而言之，提前做好准备、拜访时言语得体、结束时善解人意，这样的拜访才可以称之为成功的拜访，这是一个优秀的公关人员必须掌握的技能。

📊 重点小结

良好的组织形象是组织生存和发展的基础，塑造组织形象是公共关系工作的根本职能。公关人员对外代表组织，在与各类公众交往时，其良好的礼仪修养，会给交际对方留下良好的印象，会让公众产生对组织的信赖感，有利于获得公众对组织的支持，最终为组织创造良好的外部环境，增强组织的竞争力。本项目主要讲述了公共关系人员的礼仪修养、公共关系个人礼仪、公共关系社交礼仪等内容，为公关人员塑造个人形象和组织形象提供了理论指导与帮助。

目标检测

一、案例分析题

1. 泰国某政府机构就一项庞大的建筑工程向美国工程公司招标。经过筛选，最后剩下4家候选公司。泰国人派遣代表团到美国亲自去各公司商谈。代表团到达芝加哥时，那家工程公司忙乱中出了差错，没有仔细复核飞机到达时间，未去机场迎接泰国客人。泰国代表团初来乍到不熟悉芝加哥，最终勉强找到了芝加哥商业中心的一家旅馆。他们打电话给那位局促不安的美国经理，听了他的道歉后，泰国人同意第二天11时在经理办公室会面。第二天美国经理按时到达办公室等候，直到下午三四点才接到客人的电话："我们一直在旅馆等候，始终没有人前来接我们。我们对这样的接待实在不习惯。我们已订了下午的机票飞赴下一目的地。再见吧！"请指出文中不符合商务礼仪的地方。

2. 一位外经贸委的处长王女士前去欧洲开展招商引资工作，但是出国之前她忘记重新印制一套名片，所以，每到送名片的时候，为了让对方能找到自己最新的电话和住址，赶紧在名片上临时用钢笔加注了几个有用的电话号码和地址。半个月跑下来，王女士累得精疲力尽，却未见有外商与其有过实质性接触，后经人指点，才明白问题出在哪儿。原来是她奉送给外商的名片不合规范。为了图省事，王女士临时在自己的名片上加注了几个有用的电话号码，本想这样联系起来更方便有效。可是在外商看来，名片犹如一个人的"脸面"，对其任意涂涂改改，表明她的为人处世敷衍了事，马马虎虎。试结合王女士的错误来谈一谈名片在当今的商业交往中的重要作用。

二、技能操作题

学生以寝室为单位分组，或自由分组，每组不超过 6 人，运用所学的公共关系礼仪知识以"话剧"、"音乐剧"、"情景剧"等表演形式，展示所学公共关系礼仪。具体要求如下。

1. 表演的题材、具体角色分工由小组讨论决定；

2. 每组至少展示 4~5 个礼仪知识点，如接待礼仪、握手礼仪、见面礼仪、电话礼仪、就餐礼仪等。

参考文献

[1] 窦红平. 公共关系实用教程[M]. 北京：北京邮电大学出版社，2016.

[2] 王艳洁. 公共关系实务[M]. 青岛：中国海洋大学出版社，2012.

[3] 邢伟，徐盈群. 公共关系[M]. 北京：高等教育出版社，2015.

[4] 杨玲，吴淑梅. 公共关系学[M]. 青岛：中国海洋大学出版社，2012.

[5] 邸胜男. 公共关系学[M]. 哈尔滨：哈尔滨工业大学出版社，2012.

[6] 郎群秀. 公共关系学[M]. 北京：科学出版社，2012.

[7] 王悦. 公共关系学[M]. 第2版. 北京：人民卫生出版社，2013.

[8] 姚凤云，郑郁. 公共关系学[M]. 北京：清华大学出版社，2015.

[9] 钟育赣. 公共关系学[M]. 北京：高等教育出版社，2016.

[10] 肖辉，赵卫红. 使用公共关系学[M]. 北京：北京大学出版社，2016.

[11] 杨树森. 公共关系学[M]. 北京：北京师范大学出版社，2013.

[12] 张佶，杨煌. 庆典活动实务[M]. 重庆：重庆大学出版社，2013.

[13] 黄彬. 展览策划与组织[M]. 杭州：浙江大学出版社，2013.

[14] 秦东华. 公共关系基础[M]. 北京：人民卫生出版社，2013.

[15] 任焕琴. 公共关系学实用教程[M]. 北京：北京大学出版社，2012.

[16] 周安华，苗晋平. 公共关系——理论、实务与技巧[M]. 北京：中国人民大学出版社，2013.

[17] 仇勇. 新媒体革命[M]. 北京：电子工业出版社，2016.

[18] 范卫锋. 新媒体十讲[M]. 北京：中信出版集团，2015.

[19] （美）西泰尔. 公共关系实务[M]. 潘艳丽等，译. 第12版. 北京：清华大学出版社，2014.

[20] 蔺洪杰. 公共关系实务[M]. 北京：中国人民大学出版社，2012.

[21] 沈小美，谭宏. 公共关系基础[M]. 北京：中国医药科技出版社，2015.

[22] 林雨萩. 职场礼仪[M]. 北京：北京大学音像出版社，2013.

[23] 金正昆. 商务礼仪[M]. 北京：北京联合出版公司，2013.

目标检测参考答案

项目一

1. 一次出色的大规模公共关系专题活动，往往可以产生巨大的社会影响，可以迅速提高组织的知名度，并且在一定程度上还可以改变公共关系公众的态度。但要使组织保持长远的发展，必须致力于公共关系的长期不懈努力，坚持长期性原则。组织的发展离不开社会各界的广泛支持，人是有感情的动物，公共关系归根结底是与人打交道，持之以恒的公共关系努力能为组织广结良缘，从而为组织的发展创造一个和谐的环境。这就是该药房连锁有限公司开展购药积分赠礼制度的目的。

2. 一旦企业发生了公共关系危机，就会失去公众的信任，使原本是企业的顺意公众变成了逆意公众，同时企业也丧失了长期以来经过艰辛努力所建立的良好公关环境和产品市场份额，导致企业美誉度及经济效益下降。因此，如何挽狂澜于既倒，重塑企业形象是企业面临的重要问题，杭州三株公司的危机管理之道是颇值得我们借鉴的。

杭州三株公司面对危机，努力寻找自身失误，不回避问题，尽快拿出整改措施。在制定公关方案前，深入分析公众心理和企业公关环境，坚持"互惠互利，真诚合作"的公关原则，使企业的每一个决策都有利于公关危机的解决，都是正确而恰到好处的决策。尤其难能可贵的是杭州三株公司积极开展成功的公关活动，弥补企业公众难以愈合的心理创伤，从根本上着手恢复企业的公共关系状态，充分体现出企业的远见，是公关危机处理中难得的大手笔。

项目二

1. 情感沟通。在沟通中，通过情感互动和思想交流，产生接近和认同，最终达到态度一致性，使对方与组织产生感情的融洽。有效的情感沟通可以快速地树立企业形象；可以为顾客留下深刻的印象；可以扭转企业在公众中不良的影响。

2. 公共关系活动要用诚实信用换来信誉，切忌传播虚假信息或自吹自擂。企业的产品，只有靠它本身的质量好，才能建立信誉，才有市场，当然再加上公关策略，那就如虎添翼；反之产品本身质量不过关，甚至是劣质产品，那么再好的公关也是欲盖弥彰、适得其反。

3. （1）社区关系是指社会组织与其所在地的行政主管机构、居民和其他组织的关系。发展良好的社区关系是为了争取社区公众对组织了解、理解和支持，为组织创造一个稳定的生存环境。

（2）处理好社区关系重要性：社区能提供可靠的社会服务；社区有必要的公益事业；社区可提供充足的劳动力资源；社区提供良好的生产、生活环境。

（3）方法：邀请参观；参加联谊活动；参加社区公益活动及文体活动；资助福利事业；支持发展中小企业和服务业。

项目三

1. 义州职业技术学院的毕业生竞争力调查问卷例文

义州职业技术学院的毕业生竞争力调查问卷

义州职业技术学院毕业生：

你好！这里是由义州职业技术学院招生与就业办公室进行的关于我院毕业生竞争力的专题调研。请你根据实际情况如实填写。谢谢！

1. 你的基本信息：

   姓名：_____ 性别：_____ 籍贯：_____ 民族：_____ 政治面貌：_____

   毕业时间：_____ 毕业院系：_____ 毕业专业：_____

2. 你目前所从事的职业与在校时学习的专业是否一致？

   A. 是　　　　　　　　B. 否

3. 你目前的就业地点是在_____。

   A. 最后学历毕业院校所在地　　　　　B. 家庭所在地

   C. 北京、上海、广州等一线城市　　　D. 其他

4. 你在职业生涯中主要的竞争优势是什么？

   A. 理论基础好　　　B. 实践能力强　　　C. 综合素质突出

   D. 人际交往能力出色　　　　　　　　　E. 其他：_____

5. 请你对你所学专业对你就业竞争力的影响程度进行总体评价。

   A. 正面影响很大　　B. 正面影响一般　　C. 基本没有影响

   D. 有负面影响　　　　　　　　　　　　E. 负面影响很大

6. 请你对你在校学习期间的学习总体上对你就业竞争力的所产生影响进行总体评价。

   A. 正面影响很大　　B. 正面影响一般　　C. 基本没有影响

   D. 有负面影响　　　　　　　　　　　　E. 负面影响很大

7. 请根据对你毕业后职场竞争力的实际，选出在大学期间对你产生影响最大的几个要素：（可多选，选项最多不超过 3 项）

   A. 理论课课堂教学　　B. 实验课课堂教学　　C. 课后学习

   D. 顶岗实习　　　　　E. 校园文化　　　　　F. 社团活动

   G. 学院大型活动　　　H. 寝室文化　　　　　I. 来自于教师的单独指导

   J. 其他：_____

8. 你认为我院在提升毕业生竞争力工作方面还有哪些方面还需要进行改进和提升？

   _____

2. 公关策划书例文

"信心文化工程"公关策划书
河南信心药业集团

一、项目背景及目标

原郑州市制药厂系河南信心药业集团的前身，破产后为我集团整体收购。由于原郑州市被收购后企业性质发生变化，原厂职工对收购产生猜测、疑虑甚至由此产生抵触。因此，我们在聘请专家指导协助下开展"信心文化工程"，以便推动企业迅速尽快走上正轨。

二、调研分析

企业具有的优势：

1. 企业全体员工非常优秀，爱厂如家，恢复生产愿望强烈。

2. 企业的各届领导班子，大多数是好的，个别的出了问题。

3. 这个企业有巨大潜力：有国优部优产品和有 100 年历史的"肥儿丸"这种百年名牌；有具备相当实力的科技人员；有一大批任劳任怨的骨干和忠心耿耿的工人。

企业存在的问题：

1. 领导班子和领导能力有待提高；

2. 企业管理机制不完善；

3. 破产引起思想动荡，人心浮动。

三、策划

1. 召开集中说明会。集团领导及有关职能部门专门召开集中说明会，针对职工中存在的疑惑进行说明。

2. 加强对职工的人文关怀。集团工会加强对职工的走访，及时了解职工的实际需要并努力解决，以便进一步树立职工对企业的归属感。

3. 对原厂领导班子进行调整，提高领导力。

4. 重塑"肥儿丸"品牌，发挥技术优势。调动原厂技术优势，并针对原有瓶颈问题给予集团支持，一方面重新树立原厂职工的信心，另一方面使原厂职工进一步认识集团并购的重要意义。

5. 进行有关文体活动，增强原厂职工对集团的亲切感。

四、实施方案

按照策划实施即可，在实施中对反馈问题及时处理。

五、经费预算

集中说明会经费纳入集团日常行政经费预算；对职工人文关怀初期经费预算不超过 20 万元；重塑"婴儿肥"预算纳入集团品牌建设经费预算；有关问题活动经费预算不超过 8 万元。

项目四

一、案例分析题

1. 该企业的行为为赞助活动，通过资金赞助"社区居民艺术作品展览会"活动，能够提高组织的知名度与美誉度，协调组织与社区公众之间的关系，树立组织关心社会事业或社会活动的良好形象，为组织的生存和发展创造更有利的社会环境。

2. 此活动属于展览活动。长城饭店通过接待员工的家属、政府有关部门人员、社区公众到饭店做客参观，让公众充分感受饭店的接待能力与服务品质，实现体验价值，通过口碑传播，让公众了解组织、信任组织、支持组织，从而可能为饭店争取更多的潜在客户。

二、综合应用题

1. 新闻发布会的方案应包括：主办单位，发布主题，发布时间、地点，组织分工，确定主持人与发言人，邀请媒体及有关领导、出席人员，会场布置安排，议程安排，经费预算，等等。

2. 小型展览会的策划与实施方案应考虑：展览活动的主题和目标，确定展览项目，确定展览会的组织人员，确定展览的地点和时间，明确参观者的类型和数量，对展览会的工作人员进行培训，准备好展览相关的宣传资料，做好经费预算，等等。

根据题目的背景资料，可以考虑将该企业的新闻发布会和小型展览会结合起来举办，将小型展览会放在新闻发布会之后进行，做好时间、地点、人员的衔接工作，既可以增强宣传效果，又节约成本。

项目五

1. （1）分析现有的企业文化内涵，剖析企业的成长与发展史，从中找出促进企业发展的文化要素，得出企业现有文化中存在的问题和应该继承发扬的优点；

（2）在对企业经营理念、企业使命、经营哲学、价值标准、企业作风、企业形象、传统习惯、道德伦理、精神风貌、行为规范、规章制度等进行详细调研、挖掘、提炼的基础上，分析企业群体意识中适应行业特点、具有企业个性和普遍认同度的核心价值观念，进行企业文化的内容体系的设计，包括企业宗旨、企业经营理念、企业使命、经营哲学、价值标准、企业作风、企业形象、道德伦理、精神风貌、行为规范、规章制度等；

（3）为保证企业文化建设的可操作性，设计企业文化建设的组织体系、推动方法体系以及评价体系，包括具体的步骤和详细的措施，指导下一步强势文化的培育。

（4）编制《企业文化手册》，以进行宣传教育、灌输提高，使之成为员工潜意识的思想和行为。

2. （1）企业形象识别系统英文为"Corporate Identity System"，简称 CIS。是针对企业的经营状况和所处的市场竞争环境，为使企业在竞争中脱颖而出而制定的策略实施。CI 分为 MI（理念识别 mind identity）、BI（行为识别 behavior identity）和 VI（视觉识别 visual identity）三个部分组成。医院从文化建设入手导入 CIS 系统，构建核心竞争力的框架，从理念上统一了员工的价值观，从行为上统一了行为观，从视觉识别系统中增加了员工的集体荣誉感和向心力。逐步建立、形成并优化了医院的综合形象，并通过运用整体传达系统，将医院的理念传达给周边的群众，提升了医院内部员工的自我认识和公众对医院的外部认识，取得了意想不到的效果。

（2）医院在激烈的竞争中，为了有效传递医院信息，提高社会影响力，该院率先从文化建设入手，以医院文化为先导着手培植医院新的核心竞争力。

从理念识别（MI）子系统中，树立以人为中心的管理理念，夯实核心竞争力的基础，提炼出了"共享生命价值"的新华理念，崇尚生命之美、生命之尊，遵循"物竞天择"的法则，积极主动参与市场竞争，以生命的互动实现价值的传递，倡导医院与患者、员工、医院结为利益共同体，实现价值共享，共同创造美好未来，此举统一了员工的价值观。

在行为识别（BI）子系统中，提出"创造健康生活"的医院使命，打造核心竞争力的特色，引进管理咨询，推行优化后的管理体系，引进企业的管理文化，推行了员工通用行为规范、医护人员诊疗服务规范、后勤窗口岗位服务规范、语言行为规范、电话接听规范等，完善了配套的监管措施，使医院员工形成了统一的行为观；对医院发展战略、品牌营销、组织结构、管理及业务流程、岗位说明、绩效考核体系、薪酬体系、员工职业生涯规划等九大模块进行设计，重新构建医院的管理体系，推动了管理文化向深层次发展。

在视觉识别（VI）子系统中，借鉴优秀企业的经验，推出了一整套具有新华特色的视觉识别系统，从而增加员工的集体荣誉感和向心力。

项目六

一、案例分析题

1. 修正药业公司对铬超标危机事件的处理特点：①修正药业公司对危机事件的处理未能遵循快速及时的原则，在危机事件出现 4 天后才做出反应；②对事件处理采取的措施比较科学、合理，有利于帮助企业度过危机

2. 四叶草大药房的做法有优点也有不足。优点：做法新颖，对公众极具吸引力，在公司开业之初，容易产生"轰动效应"，可以扩大公司的知名度和社会影响力。不足：前期准备工作没做好，没有充分考虑到公关活动实施过程中可能遇到的问题，活动实施过程中对现场的把控出现漏洞，从而惹祸上身。

可采取的措施：公开道歉；主动积极承担责任，采取恰当措施对受伤者进行安抚和慰问；与政府部门沟通，争取得到政府的谅解；和媒体沟通与协商，及时报道企业所做的各种努力。

二、技能操作题

假如我是药店经理，拟采取以下具体措施和方法：①诚恳道歉，积极承担责任；②满足消费者的需求，如确系本药店售出的药品，允许消费者退掉原来购买的药品；③查明并说明事情的真相，不是故意售出过期药（假药），而是因管理不到位，新来的营业员在业务不熟或不懂的情况下不小心售出过期药品的；④公开承诺不会再出现类似事件；⑤利用节假日、特殊时期为周围社区及居民开展"送温暖"服务或活动，如为在炎热夏天执勤的民警送茶水，免费为附近居民送药上门，中、高考日为考生免费送藿香正气水等。

项目七

一、案例分析题

1. 案例中所体现的网络公关传播方式有网络广告和博客公关，这则案例体现了网络公关传播方式的优势所在，即及时性、互动性、多样性、自主性。

2. 这则案例体现了企业处理危机的一些策略。

（1）发布关于公司正面言论的报道，建立用户正面认知。

（2）通过首页灌水，压低或沉默负面信息。

（3）通过优化搜索引擎技术，向社会公众传递企业更多的正面信息，重塑企业良好形象。

二、技能操作题

该药店经理处理危机应遵循网络公关危机处理方针与方法，从以下几方面进行阐述。

（1）建立和完善网络危机预防机制，加强店员网络安全培训。

（2）当出现网络谣言后，应迅速向社会公众做出反应。查明事实真相，通过网络媒体澄清事件真相。

（3）如果产品或服务出现缺陷时，应公开道歉。借助权威性较强的网络官方媒体发表声明，声明必须有足够的诚意和耐心，否则会适得其反。

（4）利用优化搜索引擎技术，做好危机之后药店形象重塑工作。

项目八

一、案例分析题

1. （1）芝加哥工程公司应提前了解并核实泰国政府来访人员的飞机的确切抵达时间，派人到机场迎接，并为对方安排好住宿。

（2）第二天应派车到泰国政府来访人员下榻的宾馆将其接到本公司来谈判。因为泰国政府来访人员不知道怎样到芝加哥工程公司所在的地址。

2. 王女士不该在代表着一个人的"脸面"的名片上胡乱涂改，这样给人马虎大意的不好感觉。名片是现代社会一个人身份的象征，是人们社交活动的重要工具。因此，个人名片的设计、名片的递送、接受、存放也要讲究社交礼仪。

二、技能操作题

评分标准：

（1）展示 4～5 个知识点。

（2）知识点运用正确，表演到位。

（3）剧情合理，衔接自然、流畅。

教学大纲

（供药学类、药品制造类、食品药品管理类、食品类专业用）

一、课程任务

  《公共关系实务》是高职高专院校药学类、药品制造类、食品药品管理类、食品类专业一门重要的专业课程。本课程的主要内容包括公共关系的原则和职能、公共关系的构成要素、公共关系协调、公共关系工作程序、公共关系专题活动、组织形象管理、公共关系危机、网络公共关系、公共关系礼仪。本课程的任务是使学生具备公共关系协调、公共关系调查、公共关系策划、公共关系危机管理、组织和个人形象塑造等药学类、药品制造类、食品药品管理类、食品类专业人才所必需的公关知识和技能，为今后的职业生涯奠定良好的基础。

二、课程目标

  1. 熟悉和掌握公共关系的基础理论知识，包括公共关系的概念、构成要素、职能、原则等。

  2. 掌握与公共关系操作有关的理论知识，包括公共关系协调、公共关系调查、公共关系策划、公共关系专题活动、公共关系危机处理等。

  3. 掌握基本的礼仪规范和程序，能够在言行中注重礼仪规范的训练与养成。

  4. 会运用公共关系调查方法开展公关调查。

  5. 会策划、实施公共关系活动和公共关系专题活动。

  6. 懂得如何开展公共关系工作，懂得公关理论知识如何在实践中得到更好的应用。

  7. 具备公关文书写作、演讲、协调、危机管理和社会交际等能力。

  8. 树立形象观念，具有公共关系意识，具备实事求是的作风和创新精神。

三、教学时间分配

教学内容	学时数		
	理论	实践	合计
一、公共关系基础知识	6	2	8
二、公共关系协调	4	2	6
三、公共关系工作程序	4	6	10
四、公共关系专题活动	4	4	8
五、组织形象管理	3	1	4
六、公共关系危机	2	2	4
七、网络公共关系	2	2	4
八、公共关系礼仪	2	2	4
合　计	27	21	48

四、教学内容与要求

单 元	教学内容	教学要求	教学活动建议	参考学时 理论	参考学时 实践
一、公共关系基础知识	（一）认知公共关系		理论讲授讨论	6	
	1. 公共关系的定义与内涵	掌握			
	2. 公共关系的基本特征	了解			
	（二）熟知公共关系的原则和职能	熟悉			
	1. 公共关系的原则				
	2. 公共关系的职能				
	（三）掌握公共关系构成要素	掌握			
	1. 公共关系的主体				
	2. 公共关系的客体				
	3. 公共关系传播				
	实践1：案例分析	学会	技能实践		2
二、公共关系协调	（一）内部公共关系协调		理论讲授讨论	2	
	1. 与员工关系的协调	掌握			
	2. 与股东关系的协调	熟悉			
	实践2：处理组织内部关系	学会	技能实践		1
	（二）外部公共关系协调		理论讲授讨论	2	
	1. 与政府关系的协调	熟悉			
	2. 与媒介关系的协调	掌握			
	3. 与顾客关系的协调	掌握			
	4. 与供应商、经销商关系的协调	熟悉			
	5. 与社区关系的协调	掌握			
	实践3：处理组织外部关系	学会	技能实践		1
三、公共关系工作程序	（一）公共关系调查		理论讲授多媒体演示讨论	4	
	1. 公共关系调查的原则	熟悉			
	2. 公共关系调查的内容	掌握			
	3. 公共关系调查的方法	掌握			
	4. 公共关系调查的程序	熟悉			
	（二）公共关系策划				
	1. 公共关系策划的原则	熟悉			
	2. 公共关系策划的程序	熟悉			
	3. 公共关系策划的方法和技巧	掌握			

单　元	教学内容	教学要求	教学活动建议	参考学时	
				理论	实践
三、公共关系工作程序	4. 公关策划书的撰写	掌握			
	（三）公共关系实施				
	1. 公共关系实施的特点	了解			
	2. 公共关系活动实施的原则	熟悉			
	3. 公共关系活动实施的障碍	熟悉			
	4. 公共关系活动实施的障碍的排除	熟悉			
	5. 公共关系实施的基本要求	熟悉			
	（四）公共关系评估	熟悉			
	1. 公共关系评估的内容				
	2. 公共关系评估的标准				
	3. 公共关系评估的程序				
	4. 公共关系评估的方法				
	实践4：模拟公共关系工作程序	学会	技能实践		6
四、公共关系专题活动	（一）举办新闻发布会		理论讲授	4	
	1. 新闻发布会的特点	了解	讨论		
	2. 制定新闻发布计划的程序	熟悉	多媒体演示		
	3. 新闻发布计划的内容	掌握			
	4. 新闻发布会的程序	掌握			
	5. 新闻发布会的注意事项	掌握			
	6. 新闻稿的撰写	掌握			
	（二）举办庆典活动				
	1. 庆典活动的效应	了解			
	2. 庆典活动的类型	了解			
	3. 庆典活动的基本流程	掌握			
	4. 庆典活动的注意事项	熟悉			
	（三）举办赞助活动				
	1. 赞助的类型	了解			
	2. 举办赞助活动的步骤	掌握			
	3. 赞助活动的策划技巧	掌握			
	4. 赞助活动的注意事项	熟悉			
	（四）举办展览会				
	1. 展览会的作用	了解			

单 元	教学内容	教学要求	教学活动建议	参考学时 理论	参考学时 实践
四、公共关系专题活动	2. 展览会的特点	了解			
	3. 展览会的类型	了解			
	4. 展览会的策划与实施	掌握			
	5. 展览会举办效果评估	熟悉			
	实践5：模拟举办公共关系专题活动	学会	技能实践		4
五、组织形象管理	（一）组织形象塑造		理论讲授 讨论 多媒体演示	3	
	1. 组织形象的内涵	了解			
	2. 组织形象的分析	熟悉			
	3. 组织形象设计的原则	熟悉			
	4. 组织形象的塑造	熟悉			
	（二）CIS战略应用	掌握			
	1. CIS战略的含义				
	2. CIS战略的功能				
	3. CIS基本构成要素				
	4. CIS战略的导入				
	实践6：案例分析	熟练掌握	技能实践		1
六、公共关系危机	（一）认知公共关系危机		理论讲授 讨论 多媒体演示	2	
	1. 公共关系危机的含义	熟悉			
	2. 公共关系危机的特征	了解			
	3. 公共关系危机的类型	了解			
	4. 公共关系危机产生的原因	熟悉			
	5. 公共关系危机的预防	熟悉			
	（二）公共关系危机的处理	掌握			
	1. 公共关系危机处理的原则				
	2. 公共关系危机处理的程序				
	3. 公共关系危机处理的对策				
	4. 常见公关危机事件处理要点				
	实践7：危机处理处理方案策划	学会	技能实践		2
七、网络公共关系	（一）认知网络公共关系		理论讲授 讨论 多媒体演示	2	
	1. 网络公共关系的含义	了解			
	2. 网络公共关系的传播方式	熟悉			

续表

单　元	教学内容	教学要求	教学活动建议	参考学时	
				理论	实践
七、网络公共关系	3. 网络公共关系的传播优势及注意事项	熟悉			
	（二）网络公关危机的处理				
	1. 网络公关危机的处理方针	掌握			
	2. 网络公关危机的处理方法	掌握			
	实践8：网络危机处理方案策划	学会	技能实践		2
八、公共关系礼仪	（一）认知公共关系礼仪		理论讲授示教	2	
	1. 公共关系礼仪的概念	了解			
	2. 公共关系礼仪的作用	了解			
	3. 公共关系礼仪的原则	熟悉			
	4. 公关人员的礼仪修养	熟悉			
	（二）熟悉公共关系礼仪				
	1. 公共关系个人礼仪	掌握			
	2. 公共关系社交礼仪	掌握			
	实践9：个人形象设计	学会	技能实践		22

五、大纲说明

（一）适应专业及参考学时

本教学大纲主要供高职高专院校药学类、药品制造类、食品药品管理类、食品类专业教学使用。总学时为48学时，其中理论教学为27学时，实践教学21学时。

（二）教学要求

1. 理论教学部分具体要求分为三个层次，分别是：了解，要求学生能够记住所学过的知识要点，并能够根据具体情况和实际材料识别是什么；熟悉，要求学生能够领会概念的基本含义，能够运用概念解释有关规律和特征等；掌握，要求在掌握基本概念、理论和规律的基础上，通过分析、归纳、比较等方法解决所遇到的实际问题，做到学以致用，融会贯通。

2. 实践教学部分具体要求分为两个层次，分别是：熟练掌握，能够熟练运用所学会的技能，合理应用理论知识，独立进行专业技能操作，合理进行公共关系活动；学会，在教师的指导下，能够正确地完成技能操作，说出操作要点和应用目的等，并能够独立进行公共关系活动。

（三）教学建议

1. 本大纲遵循了职业教育的特点，降低了理论难度，突出了技能实践的特点，并强化与专业课的联系。

2. 教学内容上要注意公共关系实务的基本知识、技能与专业实践相结合，要十分重视理论联系实际，要有重点的介绍公共关系的基本知识和基本技能在现代商务中的应用。

3. 教学方法上要充分把握公共关系实务的学科特点和学生的认知特点，建议采用"互动式""情景式"等教学方法，通过通俗易懂的讲解、课堂讨论和实践，引导学生通过观察、讨论、分析、比较、概括得出结论，并通过运用不断加深理解。合理运用视频、录像、多媒体课件等来加强直观教学，以培养学生的正确思维能力、观察能力和分析归纳能力。同时教学中要注意结合教学内容，对学生进行职业素养教育。

4. 考核方法可采用知识考核与技能考核，集中考核与日常考核相结合的方法，具体可采用考试、提问、作业、测验、讨论、实践、综合评定等多种方法。